D1319249

LE MONUMENT INATTENDU

LE MONUMENT-NATIONAL 1893-1993

JEAN-MARC LARRUE

LE MONUMENT INATTENDU

MONUMENT-NATIONAL 1893-1993

CAHIERS DU QUÉBEC — COLLECTION HISTOIRE

Données de catalogage avant publication (Canada)

Larrue, Jean-Marc

Le Monument inattendu : le Monument national de Montréal, 1893-1993

Cahiers du Québec ; 106. Collection Histoire)
Comprend un index.

ISBN 2-89428-007-6

1. Monument national (Montréal, Québec). 2. Ecole nationale de théâtre du Canada. 3. Ecoles de théâtre – Québec (Province) – Montréal – Histoire. 4. Centres culturels – Québec (Province) – Montréal – Histoire. 5. Spectacles et divertissements – Québec (Province) – Montréal – Histoire. I. Titre. II. Collection : Les Cahiers du Québec ; CQ106. III. Collection : Les Cahiers du Québec. Collection Histoire.

FC2947.8.M66L37 1993   792'.09714'28 C93-096795-X
F1054.5.M88L37 1993

Le Conseil des Arts a accordé une subvention pour la publication de cet ouvrage.

Maquette de couverture :
Olivier Lasser

Mise en pages :
Mégatexte, Montréal

Illustration de la couverture :
The Audience, huile sur bois, 11 x 14 pouces, 1947, Sylvia Ary, collection de l'artiste.

Illustration de 4ᵉ de couverture :
Monde Illustré, 4 octobre 1890, BNQ

Éditions Hurtubise HMH ltée
7360, boul. Newman
LaSalle (Québec)
H8N 1X2
Canada
Téléphone : (514) 364-0323

ISBN 2-89428-007-6

Dépôt légal / 2ᵉ trimestre 1993
Bibliothèque Nationale du Québec
Bibliothèque Nationale du Canada

Remerciements

La publication du *Monument inattendu* n'aurait pas été possible sans le concours gracieux des artistes ou des familles d'artistes qui ont collaboré à cette recherche historique en fournissant des renseignements précieux ou des documents iconographiques rares. Je remercie très sincèrement Sylvia Ary, Jean Daunais, Nini Durand, Gratien Gélinas, Jean Grimaldi, Guy Ho, Caro Lamoureux, Gustav Schachtir, Claude Vaillancourt et Dora Wasserman de leur aide très appréciée.

Merci aussi à André-G. Bourassa, Andrée Larrue, Simone Robitaille, David Rome et Rosanne Saint-Jacques, qui ont participé de près à cette recherche et l'ont enrichie de leurs conseils.

Je tiens à exprimer ma gratitude à Ron Finegold et Carol Katz de la Bibliothèque publique juive de Montréal, ainsi qu'aux architectes Paul Faucher et Éric Gauthier, à l'historien Jacques Clairoux, à Jean-Pol Britte, Rachel Duplisea et Simon Brault, de l'École nationale de théâtre du Canada, et à Gilbert Gardner, de la Société Saint-Jean-Baptiste, pour leur soutien et leur disponibilité.

Je remercie enfin Yves Fontaine et Sylvie McSween du Service de consultation pédagogique du Collège de Valleyfield, Jeanine Rivard de l'annexe Fauteux de la Bibliothèque nationale du Québec, Carole Ritchot des Archives nationales du Québec à Montréal, de même que les photographes Renaud Kasma, de la BNQ, et Gilles Roux, des Ateliers Photographiques de Trois-Rivières, pour leur contribution à cet ouvrage.

Le Monument inattendu est le résultat d'une recherche financée par le Fonds FCAR.

Du même auteur

Le Théâtre à Montréal à la fin du XIXᵉ siècle, Montréal, Fides, 1981.

Le Théâtre au Québec : Repères et perspectives, avec Renée Legris, André-G. Bourassa et Gilbert David, Montréal, vlb éditeur, 1988.

Montréal 1642-1992, sous la direction de Jean-Pierre Duquette, Le Théâtre, Montréal, Hurtubise HMH, 1992.

Les Nuits de la « Main » - Cent ans de spectacles sur le boulevard Saint-Laurent (1891-1991), avec André-G. Bourassa, Montréal, vlb éditeur, 1993.

Table des matières

Sources

1. Archives de l'École nationale de théâtre du Canada.
2. Archives de la Société Saint-Jean-Baptiste de Montréal.
3. Archives de la Chambre de commerce du Montréal métropolitain. Photo Armour Landry.
4. Extrait du *Monde illustré* du 4 octobre 1890, 1re page, p. 360 et p. 361. Fac-similé, BNQ.
5. *Canadian Illustrated News*, 3 janvier 1880. Fac-similé, BNQ.
6. *La Presse*, 27 mai 1899, p. 1. Fac-similé, BNQ.
7. Fonds Massicotte, *Album des rues*, n°7-34a. Fac-similé, BNQ.
8. *La Presse*, 24 juin 1893, p. 1. Fac-similé, BNQ.
9. Archives de l'École nationale de théâtre du Canada.
10. *La Presse*, 2 octobre 1894. Fac-similé, BNQ.
11. *La Patrie*, 9 janvier 1899, p. 1. Fac-similé, BNQ.
12. Photo tirée de l'ouvrage *Forty Years of Song* d'Emma Albani (Londres, Mills & Boon, Limited, 1911.
13. Yivo Institute, New York, Yiddish Theater Personalities Series, n°119.
14. *La Patrie*, 25 novembre 1907, p. 1. Fac-similé, BNQ.
15. ANQ-Montréal, Fonds Poirier, p. 48-5206.
16. *La Minerve*, 17 août 1894, p. 3. Fac-similé, BNQ.
17. ANQ-Montréal, Fonds Poirier, p. 48-5122.
18. ANQ-Montréal, Fonds Poirier, p. 48-5123.
19. ANQ-Montréal, Fonds Poirier, p. 48-5132.
20, 21, 22. Archives personnelles de Juliette Petrie.
23. ANQ-Montréal, Fonds Poirier, p. 120-15, 6.
24. ANQ-Montréal, Fonds Poirier, p. 120-15, 19.
25. ANQ-Montréal, Fonds Poirier, p. 120-15, 20.
26. ANQ-Montréal, Fonds Poirier, p. 120-15, 125.
27. *The Canadian Jewish Chronicle*, 12 juin 1914, p. 15.
28. Archives du Congrès juif canadien.
29. *La Presse*, 15 mai 1894, p. 2. Fac-similé, BNQ.
30. *La Presse*, 4 janvier 1899, p. 1. Fac-similé, BNQ.
31. Gravure de Henri Julien tirée de son *Album* (Montréal, Beauchemin, 1916, p. 44). Salle Gagnon, Bibliothèque municipale de Montréal.
32. Archives du Centre de recherche Lionel-Groulx de Montréal, document P1/T1,30.22.
33. Archives du Centre de recherche Lionel-Groulx de Montréal, document P1/T1,2.22. Photo André Larose.

34. Annonce parue dans *The Canadian Jewish Chronicle*, archives du Congrès juif canadien.
35. *La Presse*, 15 juin 1899, p. 1. Fac-similé, BNQ.
36. *Le Monde illustré*, 29 mars 1902, 1re page. Fac-similé, BNQ.
37. *Le Monde illustré*, 29 mars 1902, p. 803. Fac-similé, BNQ.
38. Gravure publiée dans un journal anglais en 1892. British Archives.
39. YIVO Institute, New York, Yiddish Theatre, 119-033.
40. YIVO Institute, New York, Papers of Jacob Mestel, 280 (457.16).
41. Archives personnelles de Gustav Schachtir.
42. Archives de la Société des francs-maçons chinois de Montréal.
43. Archives personnelles de Guy Ho.
44, 45. Archives de la Gaspésie, coll. Fernande M.A. Bolduc.
46, 47. Archives personnelles de Juliette Petrie.
48. YIVO Institute, New York, Papers of Jacob Mestel, 280 (475.84).
49. YIVO Institute, New York, Papers of Jacob Mestel, 280 (454.10).
50. YIVO Institute, New York, Papers of Jacob Mestel, 280 (466.42).
51. Extrait du programme souvenir de la dix-huitième saison du Yiddish Art Theatre de New York. Collection personnelle de l'auteur.
52. YIVO Institute, New York, Papers of Jacob Mestel, 280 (518.218).
53. YIVO Institute, New York, Papers of Jacob Mestel, 280 (474.74).
54. Archives personnelles de Claude Vaillancourt.
55. Extrait de l'album souvenir de 1928 de la Société canadienne d'opérette. Collection personnelle de l'auteur.
56. Archives personnelles de Caro Lamoureux.
57. Archives personnelles de Caro Lamoureux, extrait de *La Presse*, 31 octobre 1930.
58, 59, 61, 62. Archives personnelles de Jean Daunais.
60. Archives personnelles de Caro Lamoureux.
63. ANQ-Montréal, Fonds Poirier, p .48-12560.
64, 65. Archives personnelles de Gratien Gélinas.
66, 67, 68. Archives personnelles de Nini Durand.
69. Archives personnelles de Jean Grimaldi, photographie publiée dans *Jean Grimaldi présente* (Montréal, René Ferron éditeur, 1973, p. 90).
70. Archives personnelles de Jean Grimaldi, photographie publiée dans *Jean Grimaldi présente* (Montréal, René Ferron éditeur, 1973, p. 98).
71, 73. Collection privée.
72. Archives personnelles de Caro Lamoureux.
74. Archives du Théâtre du Rideau Vert.
75. Archives personnelles de Dora Wasserman du Théâtre yiddish de Montréal.
76. Photographie de Gabriel Lefebvre, archives de l'École nationale de théâtre du Canada.
77, 78, 79. Archives de l'École nationale de théâtre.

Introduction

Plus vieux théâtre du pays encore en activité, le Monument-National est également l'une des premières universités populaires du monde, sinon à la lettre, du moins par l'esprit. Au cours de ses cinquante premières années d'existence, il a aussi été l'un des plus grands centres culturels yiddish d'Amérique et a servi de foyer au premier mouvement féministe québécois francophone. C'est au Monument-National que le mouvement associatif a pris son essor au Québec ; que certains des hommes politiques et des intellectuels, qui ont marqué le pays, ont livré leurs discours les plus percutants. C'est encore au Monument que le sionisme canadien a connu ses premiers moments de gloire.

En cent ans, le Monument-National a tenu lieu de centre de formation à des milliers de Québécois et de Québécoises francophones auxquels les établissements scolaires traditionnels ne pouvaient rien apporter. Avant la fondation de l'École des Hautes Études commerciales, de l'École des Beaux-Arts, de l'Institut de tourisme et d'hôtellerie, de l'École technique ou des conservatoires de musique ou d'art dramatique, c'est au Monument-National qu'on allait suivre des cours de sculpture, de génie, d'électricité, d'économie, de dactylographie, de solfège ou de théâtre. C'est le Monument qui, le premier, instaura les cours de français langue seconde pour les anglophones et les allophones en vue de mieux leur faire connaître la société québécoise francophone. C'est aussi au Monument que furent créés les premiers cours de français technique.

L'histoire des femmes québécoises et de leurs luttes les plus ardues est intimement liée à celle du Monument, dont elles sont les co-fondatrices méconnues. Les premières associations professionnelles féminines sont nées au Monument et c'est dans ses murs que le mouvement féministe s'est structuré et a préparé ses grandes campagnes en faveur de l'émancipation des femmes. De là, il a rayonné à travers toutes les communautés francophones du continent.

Du point de vue artistique, l'apport du Monument dépasse tout ce qu'on peut imaginer. Comme lieu de diffusion culturelle, il s'impose à la fois par le nombre et la variété des spectacles qui ont été présentés sur ses quatre scènes historiques : l'Éden, le Starland, la grande salle — aujourd'hui appelée salle Ludger-Duvernay, et le Studio. D'Émma Albani à Édith Piaf, de Ludmilla Pitoëff à Charles Trenet, de Molly Picon à Maurice Schwartz, les scènes du Monument-National ont accueilli la plupart des grandes vedettes internationales juives et francophones de passage à Montréal entre 1896 et 1960. Mais le Monument-National a également été un remarquable centre de création artistique. C'est là que le burlesque québécois est né, grâce à des artistes comme Olivier Guimond (père et fils) ; que la chanson québécoise populaire a connu ses premières grandes vedettes avec la Bolduc et Alys Robi ; que la danse a vécu certains de ses plus grands moments (avec les Lacasse-Morenoff, Elizabeth Leese et Ruth Sorel). On oublie souvent que la modernité théâtrale est apparue au Monument-National avant de s'imposer dans les autres salles de la ville et que, sous l'influence de Gratien Gélinas, il a favorisé la renaissance du «théâtre national», ce théâtre qui a remis à l'honneur la réalité et la langue québécoises sur les scènes locales. Et c'est encore ce Monument vieillissant et décrépit qui a accueilli les pionniers de la postmodernité théâtrale associés à l'École nationale de théâtre du Canada. Depuis 1985, cette postmodernité règne d'ailleurs périodiquement sur la grance scène grâce au Festival du théâtre des Amériques.

Le Monument-National a été de toutes les révolutions artistiques des cent dernières années. Du naturalisme à l'abstrait, de

l'expressionnisme à l'automatisme, du symbolisme à l'éclec-
tisme postmoderne, le Monument s'est généreusement ouvert aux
avant-gardes. Lieu d'expérimentations audacieuses, il n'a pas
pour autant négligé le répertoire éprouvé, et s'il s'est souvent plu
dans le « théâtre d'art », en français, en anglais ou en yiddish, il a
longtemps servi de refuge à ce qu'on peut bien qualifier de
country québécois. Ce n'est pas tout ! À quelques années près, le
Monument-National a l'âge du cinéma. Pas étonnant, donc, qu'il
ait abrité l'un des premiers cinémas d'Amérique, sur la scène de
l'Éden d'abord, sur celle du Starland ensuite !

Pourtant, en dépit de cette carrière exceptionnelle et de
l'importance des événements qui s'y sont produits durant des
décennies, le Monument-National reste une institution mal
connue et mal aimée. Très tôt, la Société Saint-Jean-Baptiste, qui
l'a fait construire, a manifesté le désir de s'en défaire, parce
qu'elle s'y sentait en exil ! Quant à ses riverains du boulevard
Saint-Laurent — cette fameuse « Main » —, ils ont toujours perçu
ce monument à la gloire de la « race » canadienne-française
comme un intrus, ce qui ne les a pas empêchés de tirer amplement
parti de sa présence parmi eux. On ne saurait imaginer destin plus
paradoxal que celui du monument dont personne, jusqu'à récemment, n'a voulu, mais que tous ont abondamment utilisé et ex-
ploité. En plus des Québécois francophones, qui ne l'ont jamais
tout à fait délaissé, le Monument-National a longtemps été fréquenté par les Québécois d'origine juive, chinoise, haïtienne,
syrienne, italienne, ainsi que par les anglophones (irlandais et
canadiens-anglais). Le « phare de la race », son « arsenal », son
« temple », a surtout été un monument à la multi-ethnicité montréalaise.

Quelle surprise, tout de même, de constater que ce bilan est
le fruit d'un magistral échec originel ! Si le Monument a été tout ce
qu'il a été, c'est qu'il loge dans une rue qu'il n'a pas su transformer. Grande voie de transit, la « Main » a servi au cours de son
histoire de terre d'asile aux immigrants et de frontière entre les

villes française et anglaise. Depuis plus d'un siècle et demi, elle
est l'artère la plus cosmopolite de Montréal et jouit, pour
cette raison, d'une remarquable liberté. Or, les fondateurs du
Monument-National avaient décidé de faire de la « Main » un
grand boulevard français et la construction du Monument devait
marquer la première phase de cette conquête. Elle en fut aussi la
dernière. Loin de métamorphoser la « Main », le Monument-
National a été absorbé par elle, puis il a sombré avec elle. La
montée vertigineuse de la criminalité au cours des années 1950 et
la présence de la pègre et des commerces de sexe dans son
voisinage immédiat ont eu raison de lui, pour un temps seulement. Car, dès 1965, l'École nationale de théâtre du Canada
s'installait dans sa salle poussiéreuse et défraîchie et lui permet-
tait d'échapper *in extremis* au naufrage général de la rue. Mais
combien d'efforts il aura fallu pour éviter que ce joyau architectural et patrimonial ne tombe tout à fait en ruine ou ne s'écroule
sous le pic ravageur de quelque entrepreneur ambitieux !

En 1993, alors qu'il fête ses cent ans, le Monument-National
revit et jouit d'une dignité et d'une légitimité nouvelles. Il renaît
et, comme par hasard, la « Lower Main » renaît avec lui.

Le Monument inattendu est d'abord un hommage à ce Monument-National mal aimé, puis oublié, qui a donné beaucoup plus
et autre chose que ce qu'on attendait de lui. C'est aussi un
témoignage de reconnaissance à tous ceux et celles qui y ont
laissé une partie d'eux-mêmes. Ce parti pris n'exclut cependant
pas le sens critique. L'approche adoptée dans cet ouvrage vise en
effet à rendre compte de ce premier siècle d'activités avec toute
la rigueur requise et sans aucune complaisance. Mais on comprendra que la longue carrière du Monument-National impose
des choix critiques particulièrement difficiles. Entre 1893, date
de son inauguration, et 1993, date de sa réouverture après des
travaux majeurs de rénovation et de restauration, le Monument-
National a accueilli plus de 1000 conférenciers, québécois ou
étrangers ; il a donné près de 10 000 spectacles et concerts et a été

la scène d'au-delà de trois cents créations québécoises (en théâtre, en danse et en musique) et d'autant de rassemblements politiques majeurs. Plutôt que de dresser l'inventaire systématique de tout cela, le *Monument inattendu* n'en retient que l'essentiel en inscrivant ces grands moments dans une conjoncture et dans un contexte qui en font ressortir le caractère symbolique et l'importance historique.

Ce choix soulève deux problèmes qui tiennent au mode de sélection de ces «grands moments» et à leur mise en contexte. Certains événements, qu'il s'agisse de spectacles ou de rassemblements publics, sont plus importants que d'autres en raison de leur retentissement, immédiat ou à plus long terme, ou de leur caractère innovateur. Ainsi, la première création de l'Équipe de Pierre Dagenais, en 1943, est jugée plus marquante que l'adaptation à la scène de *l'Oublié* de Laure Conan en 1921[1], parce qu'elle correspond à l'avènement de la modernité sur les scènes québécoises francophones. Il en va de même des artistes et des orateurs mentionnés dans ces pages. Les noms retenus sont ceux des personnalités dont l'apport a été le plus durable ou le plus remarquable.

Si le choix des événements et de ceux qui les ont provoqués est souvent déchirant, leur mise en contexte pose d'énormes défis, car il faut à la fois les situer dans une conjoncture historique et dans une immédiateté organique. La présence du grand acteur juif Maurice Schwartz au Monument-National revêt une valeur symbolique considérable qui s'explique par sa place prépondérante dans l'histoire du théâtre yiddish. Mais Schwartz ne serait jamais venu au Monument si les Juifs yiddishophones ne s'étaient pas établis sur la «Main» et si le marché du théâtre yiddish nord-américain ne l'avait pas permis. Le processus de mise en contexte synchronique et diachronique impose des raccourcis délicats parce que, dans les faits, l'histoire du Monument-National est intrinsèquement liée à l'histoire du Québec et du Canada, à celle des communautés juives et chinoises, à celles du

1– Le Monument-National de Montréal vers 1980.

théâtre universel, du cinéma, de la musique et de la danse, ainsi qu'à l'histoire de Montréal et de la Société Saint-Jean-Baptiste. Pour vraiment saisir l'importance et la signification du Monument-National, ce sont toutes ces histoires qu'il faudrait reprendre ici dans le détail en insistant, bien sûr, sur des facteurs d'économie, d'hygiène, de morale. Cela, évidemment, est illusoire et il a fallu s'en tenir à ce qui paraissait essentiel.

Cette approche et les choix qu'elle entraîne justifient l'économie générale du *Monument inattendu*. Fruit des grands idéaux du XIXᵉ siècle, le Monument-National a été sans cesse confronté aux bouleversements du siècle suivant. C'est à la rencontre, souvent brutale, de ces deux siècles et de leurs idéologies que sont consacrés les deux premiers chapitres de cet ouvrage. On y voit comment le projet de construction évolue au cours des années et comment il finit par aboutir, contre toute attente. La Société (alors appelée Association) Saint-Jean-Baptiste et les principaux artisans du projet occupent une place centrale dans ces deux chapitres. Par la suite, les créateurs s'effacent devant leur œuvre, dont on analyse les divers aspects : sa dimension symbolique, sa mission éducative, sociale, économique et politique. Puis, alors que s'estompent le prestige et l'influence de la Société Saint-Jean Baptiste, le Monument-National prend des allures d'institution autonome. Ceci explique que les deux derniers chapitres soient consacrés aux activités artistiques qui s'y sont déroulées.

Le projet de Monument-National est né au sein de la bourgeoisie canadienne-française de Montréal. C'est naturellement par elle que nous entreprenons ce périple historique plein d'inattendus et de rebondissements, en pénétrant dans son intimité.

Note de l'introduction

1. Sous le titre de *Aux jours de Maisonneuve*. La pièce est créée par des amateurs sur la grande scène du Monument-National le 14 mars 1921.

Chapitre premier

Le Monument-National et le projet collectif de survie

Gustave Drolet

Une ville en mutation, une nation en péril : être francophone à Montréal en 1880

D'un geste ample de la main, maître Drolet esquisse les limites de son futur empire. Il regarde au loin les flèches de l'église Notre-Dame avec un sentiment de fierté et de tristesse confondues. Une fois l'hiver fini, près de vingt maisons surgiront des champs avoisinants et le priveront de sa vue sur sa ville et sur son fleuve. Mais ce seront ses maisons, ce sera l'héritage qu'il laissera et qui immortalisera son nom. Si tout se déroule selon les plans prévus, une soixantaine d'autres maisons jailliront bientôt de part et d'autre de la rue Roy, qui n'est encore qu'une petite allée terreuse bordée d'épinettes, jusqu'au chemin Papineau à l'est. À l'ouest, d'autres maisons plus imposantes prendront la place des majestueux peupliers qui longent la rue Saint-Laurent, la « Main » comme on l'appelle déjà.

Gustave Drolet jubile et ses amis partagent son bonheur. Ces derniers sont venus nombreux malgré la rigueur d'un hiver précoce et en dépit du fait qu'ils connaissent déjà le projet dans ses moindres détails. Ils tiennent à applaudir à la conclusion des ultimes ententes qui, bientôt, aboutiront à l'ouverture d'une rue nouvelle, la rue Drolet. L'événement qui se déroule dans la somptueuse résidence de campagne des Drolet, au coin de la rue

Saint-Denis et de l'allée Rachel, bien au nord des limites de la
ville, rassemble la plupart des notables canadiens-français de
Montréal. Les notaires, les juges et les avocats sont là, mais la
nouvelle classe d'affaires, la bourgeoisie marchande et industrielle, est également bien représentée. Victor Hudon, qui vient
d'ouvrir la première filature de coton à Montréal (en 1873), attire
tous les regards, toutefois, Jean-Baptiste Rolland, le riche pape-
tier, Jean-Odilon Dupuis, qui est sur le point d'ouvrir le grand
magasin qui perpétuera le nom de Dupuis Frères, et Hormisdas
Laporte, le richissime épicier en gros, ne sont pas des personnages négligeables. Leurs fortunes n'ont évidemment rien de
commun avec celles des grandes familles anglophones de
Montréal, les Molson, les Allan, les Stephen, mais elles fructi-
fient rapidement et jouent un rôle appréciable dans le développement de la ville. La plupart des invités de Drolet sont eux-mêmes
propriétaires fonciers et ne cessent d'accroître leurs actifs par
d'heureuses spéculations. Pour l'heure, ils ont jeté leur dévolu
sur les multiples fermes qui ceinturent Montréal et qu'ils achètent
à bon compte. C'est l'une de ces fermes centenaires, la ferme
Lacroix, que Gustave Drolet vient finalement d'acquérir avec un
groupe d'associés, ce qui lui permet de lancer son projet, au
milieu de nulle part. Cependant, comme il le répète depuis
quelques mois avec sa jovialité proverbiale : « La rue Drolet, c'est
le cœur de Montréal et Montréal ne le sait pas encore. Je lui fais
une surprise ! »

    En cette soirée de décembre 1873, et alors que tous les
membres de cette élégante assemblée perçoivent déjà les signes
avant-coureurs de la crise économique, qui s'annonce sévère et
qui sera, en fait, l'une des plus graves et des plus longues qu'ait
connues Montréal, personne ne doute du succès de l'entreprise de
Gustave Drolet. Car tous ont une foi inébranlable en l'avenir de
leur ville. La Confédération de 1867 a déjà rapporté plus de
dividendes qu'on ne l'avait espéré et tout porte à penser que le
meilleur reste à venir. Montréal n'est pas seulement la plus

grande ville du Québec, elle est la métropole d'un jeune pays, immense et prometteur. Et les Montréalais les plus optimistes voient leur ville comme la porte d'entrée obligée de tout le continent nord-américain. Montréal ne rivalise donc plus avec Québec, Halifax ni Toronto, mais avec New York. Ni Drolet ni ses amis ne s'inquiètent donc de l'avenir et de leurs investissements dans l'immobilier. Du reste, pourquoi seraient-ils inquiets? Même dans ses moments les plus difficiles, Montréal n'a jamais cessé de grossir et d'attirer des campagnards par milliers depuis la fin de l'Union. Ces campagnards sont si nombreux que la métropole canadienne est redevenue majoritairement francophone, en dépit d'une immigration massive qui vient grossir les rangs anglophones[1].

L'avenir, en somme, est radieux. Et chez maître Drolet, ce soir-là, le champagne français et la bière Frontenac coulent à flots, à la gloire de la ville, de la patrie et du progrès. Au petit matin, alors que les traîneaux à chevaux ramènent la plupart des convives chez eux, Louis-Onésime Loranger, Jacques Grenier et Narcisse Valois suivent Drolet dans son cabinet de travail pour y discuter d'un autre projet qui leur tient à cœur, les célébrations nationales de 1874. Tous font en effet partie du conseil de direction de l'Association Saint-Jean-Baptiste de Montréal. Grenier en est le président, Loranger et Valois sont vice-présidents, Drolet est trésorier.

L'Association Saint-Jean-Baptiste est déjà à cette époque la plus puissante et la plus prestigieuse de toutes les associations canadiennes-françaises de bienfaisance et de secours mutuel. Par son mandat, l'Association Saint-Jean-Baptiste vise à favoriser la mobilisation et la solidarité des Canadiens français, tout en développant chez eux un sentiment de fierté et d'appartenance patriotiques.

Le rayonnement de l'Association tient aussi au prestige personnel de ses membres (presque toutes les notabilités

Laurent-Olivier David (handwritten)

francophones de la ville en font partie) et au fait qu'elle s'efforce de rester au-dessus des partis et transcende les clivages qui minent la communauté canadienne-française. On trouve, parmi ses membres et dirigeants, des représentants de toutes les tendances politiques du Québec : des ultramontains, des conservateurs et des libéraux modérés, des rouges. Cette hétérogénéité n'a pas que des avantages, car l'Association est incapable de se prononcer d'une voix collective sur la plupart des sujets d'actualité trop brûlante. Si elle s'y risquait, elle pourrait bien vivre, de l'intérieur, les grands déchirements qui affligent la société canadienne-française et le Québec. Cette attitude prudente lui confère un statut d'arbitre et une autorité d'autant plus remarquable que tous ses dirigeants se présentent comme d'ardents « patriotes » ou sont perçus comme tels.

Si Drolet est euphorique, si ses amis sont confiants, d'autres membres en vue de l'élite montréalaise voient l'avenir avec pessimisme et nourrissent de sérieuses inquiétudes quant aux chances de survie de la francophonie en Amérique du Nord. Le juge Thomas-Jean-Jacques Loranger, frère de Louis-Onésime, est de ceux-là. Vigoureux opposant au projet de Confédération, qu'il a toujours considéré dangereux pour la « race » canadienne-française, le juge Loranger défend avec férocité l'autonomie des provinces face à un gouvernement central gourmand, qui ne cesse d'empiéter sur leurs juridictions. Auteur de lettres retentissantes sur le respect du pouvoir des provinces[2], Loranger a trouvé des émules et des alliés fidèles en la personne du jeune avocat-journaliste Laurent-Olivier David et de l'agronome Joseph-Xavier Perrault.

Né en 1840 au Sault-au-Récollet (dans le nord de l'Île de Montréal), David a à peine vingt-sept ans lorsque la constitution de 1867 est adoptée. Ceci ne l'empêche pas de se lancer dans le débat constitutionnel et de combattre avec fougue le projet de Confédération. Plus porté vers le journalisme, la littérature et la politique que vers la pratique du droit, David fonde trois périodiques — *Le Colonisateur* en 1862, *L'Opinion publique* en 1870

2– *Laurent-Olivier David, principal responsable*
de la création du Monument-National.

et *Le Bien public* en 1874 — dans lesquels il exprime des opi-
nions très tranchées sur la plupart des grands débats du temps.
Sans avoir le prestige du juge Thomas ou le charisme d'un
Joseph-Adolphe Chapleau, David s'impose rapidement sur la
scène montréalaise grâce à ses écrits nombreux et percutants.
Homme d'action, homme passionné, David a des admirateurs; il
a aussi des détracteurs qui raillent ses naïvetés et ses ambitions,

aussi démesurées qu'inconstantes. Chez lui, ironise P. Bernard, « la raison n'a jamais eu l'habitude de rectifier les impressions et de diriger le sentiment[3] ». Pourtant, même ceux qui le tournent en dérision reconnaissent son intégrité et son attachement à la cause canadienne-française.

Après avoir perdu son combat contre le projet confédératif, David se consacre à l'analyse des bouleversements que vit la société québécoise. La misère règne dans les campagnes surpeuplées et mal développées, poussant à l'exode des milliers de ruraux chaque année. Des villages entiers sont abandonnés et les projets de colonisation audacieux, comme celui du curé Labelle vers les Laurentides, ne parviennent pas à faire contrepoids à l'appel des villes et, pire encore, à celui des manufactures américaines. Pour David, cet exode a tout du cataclysme national. C'est une saignée qui, si elle n'est pas enrayée, s'avérera fatale. David échafaude des projets de solution. Il rêve de rapatriement massif des Franco-Américains sur une base volontaire et appelle de ses vœux la fondation d'un parti national exclusivement canadien-français, à Ottawa, pour défendre les intérêts des francophones de tout le pays. Et il trouve que, si on peut se réjouir des succès d'un Drolet ou d'un Rolland, on doit tout faire pour déjouer les manœuvres assimilatrices qui se multiplient et dont l'exode n'est qu'une manifestation parmi d'autres.

Pour un Rolland, ou un Dupuis, ou un Hudon qui réussit, combien de malheureux échouent dans un anonymat lamentable, perdant leurs illusions et leur identité dans des villes dominées par les anglophones ! C'est le cas des grandes villes ontariennes et américaines, c'est également le cas de Montréal. Bien que les francophones y soient quantitativement majoritaires, la métropole canadienne a tout d'une ville anglaise ou d'une ville en voie d'« anglification », « ce mal affreux qui nous ronge, [...] cette gangrène horrible qui finira par nous perdre si jamais Dieu cesse de veiller sur nous[4] ». L'anglais règne en maître à Montréal. Le puissant milieu des affaires et de la finance ne s'exprime qu'en anglais. Au travail, l'anglais l'emporte même dans les entreprises dirigées par des francophones. Les commerces canadiens-français de Montréal publient des catalogues unilingues anglais et il n'est pas rare qu'ils correspondent en anglais avec leurs clients francophones. L'anglais est omniprésent dans l'administration publique montréalaise qui ne s'embarrasse pas de fournir de services en français. Les annuaires publics, les plans, les timbres-poste, la monnaie, les panneaux de signalisation, les affiches, les raisons sociales, tout contribue à faire de Montréal une ville anglaise et à réduire le français au rang de dialecte, confiné à l'intimité de la famille et de l'Église.

David s'indigne de cette situation; il s'insurge aussi devant l'étalage de richesse des grands bourgeois canadiens-anglais dont les résidences cossues se multiplient sur le flanc sud du Mont-Royal, tandis que la plupart de ses compatriotes (ou des immigrants irlandais) croupissent dans la pauvreté. Il tolère mal de voir des enfants travailler dans des manufactures pendant huit à dix heures par jour pour arrondir, de leurs faibles émoluments, un revenu familial dérisoire. Il dénonce l'inertie des autorités gouvernementales — provinciales, fédérales et municipales — face à la mortalité infantile qui sévit à Montréal et dont le taux est le plus élevé du « monde civilisé ». Un enfant canadien-français sur quatre, né à Montréal entre 1880 et 1890, meurt avant de célébrer son premier anniversaire! Ce qui révolte David par dessus tout, c'est le spectacle affligeant d'une collectivité démunie, celle des quartiers populaires francophones, condamnée à des emplois subalternes, souvent dégradants, parce que ses membres ne parlent pas l'anglais et parce qu'ils n'ont aucune formation professionnelle ou technique qui pourrait leur permettre d'échapper à leur condition.

Dans ces circonstances, David comprend mal que la très respectable Association Saint-Jean-Baptiste consacre l'essentiel de ses énergies à l'organisation de « mascarades » annuelles ou à la célébration triomphaliste du succès de certains de ses membres.

Tout cela est bien loin des généreux principes de Ludger Duvernay et des fondateurs de l'Association. Ces « distractions mondaines » rendent bien futiles les « sacrifices » des Patriotes de 1837-1838, ces « surhommes » auxquels David voue une admiration sans bornes[5]. Ses critiques à l'endroit de l'Association se font d'ailleurs de plus en plus cinglantes et commencent à incommoder les « patriarches » du comité de direction qui, au lieu de riposter aux arguments parfois spécieux du jeune David, décident de l'inviter « à mettre son talent au service d'une noble cause ». Ce n'est ni la première ni la dernière fois que l'Association Saint-Jean-Baptiste récupère ainsi ses détracteurs. David se voit donc chargé d'organiser les célébrations de 1874, celles-là mêmes auxquelles travaillent Drolet et ses amis depuis des mois. La tâche est énorme et, à vrai dire, les « patriarches » se sentent un peu dépassés. Pour David, qui se sent très flatté par cette affectation prestigieuse, l'occasion est bonne de faire ses preuves et d'insuffler un nouveau dynamisme à une association qu'il juge moribonde.

Joseph-Xavier Perrault, dit « Joson », n'a ni la notoriété ni la plume de David, mais il partage ses sentiments et ressentiments. Né à Québec en 1836, Perrault est agronome. Après avoir étudié en Angleterre et à l'École d'agriculture de Grignon, en France, il rentre au Canada en 1857 pour y prendre le poste de secrétaire du Bureau provincial d'agriculture. Homme d'action lui aussi, il estime que l'Association Saint-Jean-Baptiste de Montréal n'assume pas le rôle qui lui incombe et il croit qu'elle fait fausse route quand elle borne son action à la seule ville de Montréal et à ses propres membres. Perrault a une vision beaucoup plus généreuse de la réalité. Par son travail, il sait que l'un des principaux problèmes vécus dans la campagne québécoise tient à des techniques de culture et à des modes de gestion dépassés et inefficaces qu'il est urgent de réformer. Il fonde donc deux revues agricoles dans le but d'éduquer les agriculteurs et de les tenir au fait des nouvelles méthodes mises au point en Europe et aux États-Unis.

Question de "surpopulation" dans les villes (surtout Mtrl.) après la Confédération

*3– Joseph-Xavier Perrault, dit «Joson», principal instigateur
de la création des cours publics du Monument-National.*

Perrault est un homme pragmatique. Contrairement à David, il ne rêve ni de rapatriement massif des Franco-Américains ni de nouvelles terres à coloniser. En outre, il sait que les villes, Montréal en particulier, demeureront des pôles d'attraction importants pendant des décennies, voire des générations. C'est là un processus inévitable. «Bientôt, répète-t-il avec conviction, les quartiers populaires déborderont dans les faubourgs et dans les villages environnants, quoi que l'on fasse.» La question n'est donc pas d'endiguer ces mouvements migratoires ou de les orienter vers d'autres destinations — l'Ouest canadien comme le suggèrent certains —, mais de donner à tous ces déracinés les moyens de vivre décemment dans leur nouveau milieu. Pour y parvenir, Perrault ne voit qu'un moyen sûr : le développement de l'éducation pratique auprès des masses. Perrault, plus encore que David, croit aux vertus de l'éducation populaire et, surtout, à la formation technique. Il y croit d'autant plus que cette formation reste le meilleur rempart des Canadiens français contre les dangers d'assimilation qui les menacent et contre l'exploitation dont ils font l'objet par des hommes d'affaires avides de profits et généralement anglophones. Comme son ami David, Perrault pense que l'Association Saint-Jean-Baptiste est l'organisme le mieux placé pour agir en ce sens. Aussi, quand David lui propose d'entrer avec lui à l'Association pour y faire, «jusqu'à la témérité», œuvre de «patriote profondément sincère et convaincu[6]», Perrault n'a pas l'ombre d'une hésitation. Il s'engage comme il le fait toujours, avec une redoutable énergie.

L'arrivée presque simultanée de ces deux hommes exceptionnels à l'Association Saint-Jean-Baptiste de Montréal transforme l'organisme et donne naissance à un «fabuleux» projet, celui du Monument-National de tous les Canadiens français d'Amérique.

Laurent-Olivier David et le projet de Monument-National : la résistance s'organise

Sitôt devenu membre actif de l'Association, David se met à la tâche et entreprend de faire des célébrations du 24 juin 1874, qui marquent le quarantième anniversaire de fondation de l'organisme, le point de départ d'un projet de fédération regroupant tous les Canadiens français d'Amérique. S'il considère ce regroupement essentiel pour une survie collective, David se défend bien de tout bouleverser. Sa démarche, insiste-t-il, en est une de continuité dans la mesure où elle s'inscrit dans la voie tracée par les fondateurs de l'Association. David juge ainsi à propos de remettre à l'honneur les principes fondamentaux de l'Association car, visiblement, plusieurs les ont oubliés.

Le programme-souvenir du 24 juin 1874 fait une large place au mandat de l'Association qui a pour but :

— D'unir entre eux tous les Canadiens [français] ;[7]

— De leur fournir un motif de réunion et l'occasion de fraterniser et de se mieux connaître ;

— De cimenter l'union qui doit régner entre les membres d'une même famille ;

— De promouvoir, par toutes les voies, les intérêts nationaux et industriels de la population canadienne du pays et des membres de l'Association en particulier ;

— De former, au moyen de souscriptions, un fonds qui sera employé à des œuvres de bienfaisance, à secourir les membres frappés par l'adversité ou la maladie, et à faire inhumer convenablement ceux d'entre eux qui mourraient pauvres ;

— Enfin, d'engager tous ceux qui en feront partie à pratiquer mutuellement tout ce que l'honneur et la fraternité prescrivent aux enfants d'une même patrie[8].

Pour l'heure, David entend bien, en accord avec Perrault, étendre les notions de « pays » et de « patrie » à « tous les enfants de la famille dispersée dans l'Amérique du Nord : les Canadiens français, les Acadiens et les Franco-Américains[9] ». Il tient aussi à faire de l'Association Saint-Jean-Baptiste de Montréal la société mère de tous les regroupements canadiens-français du continent. C'est ainsi que, à son initiative, des représentants de

« *Canadiens* » (=*francos*) et est un terme inclusif

divers groupes canadiens-français répartis aux quatre coins du pays et aux États-Unis convergent vers Montréal en juin 1874 pour y discuter du projet de fédération nationale de tous les Canadiens français d'Amérique, projet que David défendra avec ardeur jusqu'à la fin de ses jours.

La réunion mémorable de 1874 ne produit pourtant pas les effets escomptés. Après les discours enflammés, les représentants de la « nation » retournent chez eux et à leurs habitudes. Les obstacles de toutes sortes et les susceptibilités des leaders régionaux brisent l'élan du 24 juin. Le projet s'enlise dans des discussions de détails et bute sur des questions de préséance. David est dépité. Il songe à se retirer, mais on ne tarde pas à lui offrir d'autres raisons de se battre.

L'Association, qui aura bientôt cinquante ans, n'a toujours pas de bureaux ni de salle de réunion fixes. Les séances du comité de direction se tiennent généralement chez le président en exercice ou au Cabinet de Lecture paroissial. Quant aux archives, elles sont confiées au secrétaire du comité de direction avec tous les aléas que cela comporte. Le 12 octobre 1882, Ludger-Denis Duvernay — le fils de Ludger Duvernay (le fondateur de l'Association) —, qui est aussi membre de ce comité, suggère de mettre fin à cette situation en construisant ou en acquérant un bâtiment où l'Association pourrait centraliser ses activités[10]. Laurent-Olivier David souscrit d'emblée à cette idée qui suscite suffisamment d'intérêt pour que soit constitué, dès 1883, un « Comité de la salle Saint-Jean-Baptiste »[11]. Malheureusement, ce comité, dominé par Jean-Baptiste Rolland et Jacques Grenier, les ténors de l'Association, manque d'ardeur et d'audace. Après huit mois de travaux, il dépose un rapport déprimant.

Il est très difficile, avant de connaître le résultat financier de la prochaine démonstration au mois de juin [1884] d'engager la responsabilité de la Société pour acheter un terrain et bâtir une construction convenable servant aux réunions des

Perrault se joint à David pour fonder un centre communautaire destiné à tous les francophones à Mtrl — pas seulement aux membres de l'Assoc S-J-B.

membres de la Société. [...]. Le comité croit donc devoir recommander qu'il serait plus désirable, pour le moment, de louer d'une manière permanente la salle du Cabinet de lecture paroissial[12].

Cette pusillanimité irrite David au plus haut point. Flanqué de son ami Perrault, il fait part de sa frustration au juge Thomas-Jean-Jacques Loranger, qui est président de l'Association depuis 1880, et l'incite à bousculer ce comité, «prudent au-delà de l'entendement», en lui adjoignant des membres plus dynamiques et plus décidés, comme Ludger-Denis Duvernay et le sulpicien Démétrius-Charles Lévesque, entre autres. Le bon juge accueille la requête de David avec sympathie, il souhaiterait cependant prendre le temps de mieux analyser le dossier. Mais David insiste et Perrault s'enflamme. L'Édifice national est une nécessité immédiate et impérieuse comme l'est, d'ailleurs, l'éducation de «nos gens». «Il faut, dit Perrault de sa grosse voix éraillée, que le congrès du cinquantenaire se déroule dans un monument digne de lui et il faut qu'il consacre une de ses séances à la nécessité des études propres à favoriser notre commerce, notre industrie et nos manufactures[13]». «Vous êtes président, vous devez agir!»

Le juge Loranger, en qui David reconnaît l'«un des hommes les plus instruits, les plus éloquents et les plus spirituels de son temps[14]», se sent un peu pris de court, il décide pourtant d'appuyer la démarche de ses deux collègues au risque de froisser la susceptibilité de certains membres bien connus du comité de direction. Il s'engage à tout faire pour les convaincre. Il tient parole, puisque la quatrième séance du congrès national de 1884, le plus important à ce jour, est entièrement consacrée à la question de l'éducation technique et commerciale. Quant au projet de salle, il reçoit l'aval des dirigeants.

Fort de l'appui présidentiel, bien épaulé par les nouveaux alliés qu'il a au sein du Comité de la salle Saint-Jean-Baptiste et assuré du concours de Perrault, qui n'est pas officiellement membre de ce comité mais qui y exerce une profonde influence, David mène les choses rondement. Le temps presse. Sous l'influence de Perrault, qui rêve déjà d'un imposant centre de formation populaire, et sous celle de l'abbé Lévesque, qui est lié à la plupart des organismes sociaux et culturels de la ville, le projet de salle prend de l'ampleur. Lévesque fait valoir à David les besoins de toutes les petites sociétés et de la multitude de clubs, cercles et autres groupes qui tentent d'animer la vie communautaire, scientifique et artistique des Canadiens français de Montréal. Contrairement aux organismes canadiens-anglais, ces groupes bénévoles sont isolés, livrés à eux-mêmes. Ils ne disposent d'aucun appui, d'aucune facilité pour accomplir « leurs nobles missions pour la race », pas même d'une salle ! Vu ses moyens et sa mission, l'Association Saint-Jean-Baptiste pourrait bien rassembler tous ces organismes et les héberger sous son nouveau toit. L'Association n'est-elle pas « la mère de toutes les sociétés canadiennes-françaises » ? David approuve sans réserve. Ce n'est donc plus sur la pertinence de construire une salle Saint-Jean-Baptiste que se penche le comité qu'il dirige, mais sur la fondation d'un véritable centre communautaire destiné à l'ensemble des Montréalais francophones. Et comme ceux-ci ne possèdent pas de grande salle de réunion dans la ville, pourquoi ne pas profiter de l'occasion pour construire une immense « salle des fêtes » à laquelle seraient adjointes une dizaine de salles plus modestes destinées à des réunions ou à des ateliers ?

Le président Loranger, consulté officieusement, trouve le projet tentant mais terriblement audacieux. Il décide de le soutenir tout en sachant qu'il suscitera de fortes résistances. L'Association a toujours éprouvé des problèmes financiers depuis sa fondation, de sorte qu'elle fait preuve d'une extrême prudence dans la gestion de ses budgets. Loranger invite ses jeunes collègues à agir rapidement, car il croit que les dirigeants actuels finiront par pencher en faveur du projet s'il leur est présenté dans la foulée des célébrations de juin 1884. L'équipe de David se met donc rapidement à la tâche. Elle multiplie les rencontres, visite des dizaines d'immeubles que la crise économique a laissés vacants. Elle fait l'inventaire des terrains encore disponibles ou exploitables au cœur de la ville — qui correspond à l'actuel Vieux-Montréal —, soupèse les avantages des uns, marchande le prix des autres, évalue leur situation.

Cette hâte porte fruit. Un mois après sa rencontre avec le président Loranger, David demande la convocation d'une réunion conjointe de ce qu'on convient maintenant d'appeler le « Comité de l'Édifice » et du comité des finances de l'Association. La réunion est fixée au 16 mai 1884. Ces deux comités subalternes, sans pouvoir décisionnel, regroupent néanmoins les principaux dirigeants de la Saint-Jean-Baptiste dont l'approbation devrait entraîner presque automatiquement celle du comité de direction. David expose son plan. La succession de l'honorable Joseph Masson possède une vaste propriété au coin des rues Craig et Gosford, dont elle souhaite se départir. Le terrain fait quatre-vingt-deux pieds sur Gosford, cent pieds sur Craig et cent-quatre-vingt-sept sur Saint-Louis, ce qui est amplement suffisant pour construire l'Édifice national. La succession demande 20 000 dollars pour le terrain et la maison de pierre de taille qui s'y trouve, « une maison qui rapporte actuellement 700 dollars de loyer par année » et qui « ne nuit en rien aux projets futurs de la Société », insiste David, qui se veut rassurant. Les vendeurs veulent 5 000 dollars comptant lors de la signature de l'acte de vente, les 15 000 dollars restants seraient payables sur huit ans à un taux annuel de 6 %[15].

Les membres du comité des finances discutent, questionnent, tergiversent, puis cèdent sous les pressions conjuguées de David, de Perrault, de l'abbé Lévesque, de Duvernay et du président Loranger. L'accord du comité de direction de l'Association n'est plus qu'une formalité. Pour financer cet achat et, surtout, la construction de l'Édifice national, l'Association lance une ambitieuse campagne de financement par souscriptions sous forme d'obligations, chaque souscription étant fixée à 500 dollars payables annuellement par tranches de 100 dollars. L'entreprise nécessite bien entendu l'incorporation de l'Association, ce qui est également résolu.

La pose de la première pierre (1884)

Tous ces événements se succèdent à un rythme effréné et, le mercredi 25 juin 1884, à 16 heures, face à l'ancienne maison Masson, au coin de Craig et de Gosford, Mgr Fabre, évêque de Montréal, « entouré d'un nombreux clergé, de monsieur Honoré Mercier, de divers ministres » — dont Chapleau[16] — et des dirigeants de l'Association Saint-Jean-Baptiste, procède à la cérémonie de la pose de la première pierre de l'Édifice national devant une foule enthousiaste. En raison de la précipitation des événements, le comité n'a pas eu le temps de commander des plans détaillés, mais David a prié l'un des membres de l'Association, l'architecte Jean-Baptiste Resther, de brosser quelques esquisses du futur bâtiment. Resther n'est pas qu'un brillant architecte, il est aussi membre du comité organisateur des célébrations de 1884 et, à ce titre, il travaille en très étroite collaboration avec David. Les esquisses soumises par Resther, et sans doute conçues par son fils Aurèle, présentent un bâtiment imposant avec une façade de style Renaissance.

[Le bâtiment] sera en pierre de taille rustique.

Au haut du carré se trouve une statue de saint-Jean-Baptiste, à droite de celle-ci celle de Maisonneuve, et à gauche celle de [Ludger] Duvernay.

Au-dessus de la statue de saint-Jean-Baptiste est un groupe appelant le peuple avec des trompettes, et au-dessous l'inscription : « Rallions-nous ». À la seconde corniche, rue Gosford, se lit l'inscription « Monument National » et au milieu de la tour, dans la même frise, les chiffres : « 1834, 50ème, 1884 ».

Le Monument-National et le projet collectif de survie — handwritten: *Le Monument National est né*

Au-dessus de l'entrée principale cette autre inscription « *Salve* ». Là aussi serait construit un balcon, dominant toute la rue Gosford et le Champ-de-Mars et d'où les orateurs pourraient adresser la parole au peuple dans les grandes assemblées[17].

La vocation que David et ses collègues entendent donner à l'immeuble est exposée avec ferveur par l'abbé Lévesque en cette journée du 25 juin 1884, qui « restera à jamais gravée dans la mémoire de tous les Canadiens [français] d'Amérique ».

Oui, messieurs, ce monument national sera le gardien fidèle de nos traditions et de nos souvenirs ; le temple où seront chantées les louanges et les gloires de la patrie, l'arsenal qui nous fournira les armes nécessaires à sa défense, le sanctuaire où se conservera toujours ardent et lumineux le feu sacré de notre patriotisme. Ce sera le cœur de notre vie nationale, le centre de nos affections, le témoignage de notre union, le principe de notre action, le foyer où nous aimerons à nous rencontrer, la bannière de notre ralliement, le phare lumineux qui nous guidera dans nos entreprises, le boulevard inexpugnable de notre langue, de nos institutions, de nos lois et, dans une certaine mesure, de notre religion elle-même[18].

Le Monument-National est né. L'essentiel, pour l'heure, consiste à rassembler des fonds. L'abbé Démétrius-Charles Lévesque évoque cette réalité bien terre à terre en rappelant le « glorieux sacrifice » qu'avaient consenti les Juifs pour « l'Arche d'alliance de nos saints livres ». Et il conclut :

L'Arche d'alliance était, comme vous le savez, le monument religieux et national des Juifs. [...]. Je voudrais [qu'on ne puisse] pas accuser les Canadiens français d'avoir moins de patriotisme que les Juifs[19].

L'abbé Lévesque est mort l'année même de la pose de la première pierre. Vingt ans plus tard, les Juifs de Montréal feront

*On a du mal à financer
(par souscription) la
construction du MN
Puis ... d'autres obstacles ...*

du Monument-National l'un des centres culturels et religieux les plus dynamiques de la communauté yiddish d'Amérique!

Le coût de construction du futur Monument-National est estimé à 100 000 dollars, ce qui représente deux cents souscripteurs (à 500 dollars par obligation). Cela dépasse de loin les possibilités de la communauté francophone de Montréal. Il faut donc trouver d'autres sources de financement. Des bourgeois anglophones sont approchés et souscrivent à l'œuvre du Monument, mais ce n'est pas assez. Des démarches sont entreprises auprès des autorités gouvernementales. Des pourparlers s'engagent sous les meilleurs auspices. Mais l'Affaire des Métis du Manitoba éclate et dégénère en une grave crise nationale.

Les retards : l'Affaire Riel, la crise économique et la démobilisation

Pour la plupart des dirigeants de l'Association Saint-Jean-Baptiste, la lutte de Riel et des Métis de l'Ouest cristallise la résistance de tous les Canadiens français contre l'entreprise assimilatrice des «Britanniques». Ils prennent spontanément parti pour Louis Riel et consacrent toutes leurs énergies à mobiliser la population canadienne-française contre l'«injustice» faite aux «frères» du Manitoba. David se trouve parmi les plus ardents défenseurs de la cause métis. Grâce à l'appui de l'Association, il fonde un comité des «Amis de Riel» qui organise assemblée sur assemblée et inonde la presse d'articles et de lettres en faveur des Métis. Cette agitation a peu d'effet sur le tribunal de Regina, dont le verdict tombe le 1er août 1885. Le chef des insurgés sera pendu le 18 septembre. Les francophones, presque unanimes, demandent la grâce de Louis Riel et David multiplie les initiatives. Les manifestations publiques organisées par les «Amis de Riel» attirent des foules énormes, à Montréal comme en province, et semblent porter fruit, puisque la pendaison du chef insurgé est reportée au 10 puis au 16 novembre. Honoré Mercier, orateur puissant et «patriote» convaincu, est de tous ces rassemblements.

Il travaille étroitement avec David et se charge de galvaniser les foules que celui-ci et les «Amis de Riel» ne cessent de rassembler. Il est d'ailleurs, avec Wilfrid Laurier, le champion incontesté de toutes ces manifestations publiques qui culminent, le 22 novembre 1885, avec l'assemblée du Champ-de-Mars, à laquelle auraient participé de 40 000 à 50 000 personnes selon la presse de l'époque. Deux jours auparavant, Riel avait été pendu.

Le comité de direction de l'Association Saint-Jean-Baptiste a consacré l'essentiel de ses réunions et de ses activités à la défense de Riel, remettant sans cesse à plus tard les affaires courantes, dont le projet de Monument-National. Quant à David, épuisé et anéanti par la mort du «grand patriote», il se retire à la campagne, désillusionné, et met un terme à tous ses engagements politiques et sociaux. Pas pour longtemps! Honoré Mercier, profitant de l'émoi créé par l'Affaire Riel, prépare son Parti National aux élections de 1886 qui, croit-il avec raison, l'amèneront au pouvoir. Il courtise David et l'invite à se joindre à son «équipe gagnante» en se présentant comme député. David se laisse séduire. Il est ministrable, du moins le pense-t-il.

Déjà affaibli par la mort de l'abbé Lévesque, le comité de l'Édifice national perd là son plus ardent défenseur. Il voit aussi disparaître ou s'éloigner deux de ses meilleurs alliés. Le juge Thomas-Jean-Jacques Loranger vient de s'éteindre le 18 août 1885, laissant vacante la présidence de l'Association. Quant à Joson Perrault, l'ami fidèle et inconditionnel, il se consacre à un autre projet d'envergure qui lui tient aussi très à cœur : la création de la Chambre de commerce de Montréal, pendant français du prestigieux *Board of Trade*, qui verra le jour en 1887. À ces départs s'ajoutent les effets dévastateurs de l'épidémie de variole qui emporte quotidiennement une trentaine de Montréalais, très majoritairement francophones, au début de septembre 1885. L'épidémie affecte considérablement les activités économiques de la ville et, par conséquent, elle ralentit la campagne de souscription du Monument.

Perrault et W Laurier
convaince? David de
reprendre du service à
l'Assoc, m de se
présenter à la présidence)

David est élu député provincial de la circonscription de Montréal-Est en 1886 et attend avec impatience un ministère qui ne viendra pas. Son impatience se transforme en dépit. Au bout de quelques semaines, il se rend à l'évidence qu'il ne sera jamais ministre. Sur ces entrefaites, il se remarie (en 1887) et envisage de mener une vie plus rangée, loin de la politique et des affaires publiques. Mais Joson Perrault intervient. Le projet de Monument se meurt. La campagne de souscription ne produit pas les résultats espérés, ce qui s'explique par la sévérité de la crise économique, mais surtout par la démobilisation des francophones à la suite de l'exécution de Louis Riel. Quant à l'Association, elle est en pleine léthargie. Il faut que quelqu'un reprenne les choses en main, car il y va de la survie de l'Association, voire de la nation. Perrault connaît les cordes sensibles de son ami et sait les faire vibrer. Il souligne que Montréal aura deux cent cinquante ans en 1892. Peut-on imaginer plus belle occasion pour offrir aux Canadiens français d'Amérique le Monument-National qui cimentera leur unité et leur redonnera espoir en l'avenir? Perrault appelle Wilfrid Laurier à la rescousse. Étoile montante de la politique canadienne, Laurier est un ami de longue date de David. Il intercède à son tour en faveur du Monument. David se laisse convaincre. Il va donc reprendre du service à l'Association et raviver ce projet pour lequel il s'est tant battu.

Perrault est comblé. Il a retrouvé l'ami combatif, qu'il craignait d'avoir perdu, et il promet d'user de toute son influence pour que le projet aboutisse. Il mobilisera les membres de la Chambre de commerce et les agriculteurs de la province, les marchands, les hommes de loi. Quant à David, il devra faire preuve d'une détermination à toute épreuve en s'engageant entièrement et avec éclat. Il faut qu'il se présente à la présidence de l'Association Saint-Jean-Baptiste lors du congrès de 1888, ni plus ni moins. Ainsi en a décidé Perrault. David s'affole, cherche mille excuses pour se défiler. Il n'a pas les qualités requises, la prestance qu'il faut. En plus, il n'a jamais su s'exprimer en public. « Broutilles,

broutilles, broutilles », rétorque Perrault avec autorité. Perrault connaît son homme et ses faiblesses. Il sait que Laurent-Olivier aime l'action et les honneurs, même s'il s'en défend. Il est à la fois enthousiasmé par la suggestion de Perrault et paralysé par l'ampleur du défi. Il va demander conseil à Wilfrid Laurier dont il a toujours respecté le jugement. La réaction de Laurier est spontanée. Perrault a raison, il faut foncer, et foncer maintenant. David plie.

Il se présente et est élu trente-cinquième président de l'Association Saint-Jean-Baptiste de Montréal lors du congrès de 1888. Il restera à ce poste jusqu'en 1893. David savoure cette victoire comme une juste réparation. La présidence de l'Association vaut bien, par son prestige, un obscur ministère du gouvernement provincial.

Sitôt élu, David entreprend de ranimer l'Association en s'entourant de conseillers compétents et dynamiques. Perrault est à ses côtés, bientôt appuyé par Frédéric-Liguori Béique, l'administrateur de la Banque d'Hochelaga, qui est en passe d'entrer dans le club très sélect des premiers « millionnaires » canadiens-français[20]. Béique est, avec Joseph Forget, la figure de proue d'une nouvelle génération d'hommes d'affaires francophones qui relègue dans l'ombre ces pionniers qu'ont été Drolet, Dupuis ou Laporte. La génération des Drolet se consacrait principalement aux activités foncières et au commerce, les Forget, Béique, Beaudry, Leman sont de grands entrepreneurs et des financiers.

La nouvelle équipe dirigeante de l'Association entreprend de réactiver la campagne de financement qui ne rapporte pas ce qu'elle devrait. Certes, la conjoncture économique n'est pas favorable et beaucoup de souscripteurs sont incapables d'honorer leurs engagements obligataires. Mais la formule des obligations n'est pas celle qui convient le mieux à ce type d'entreprise communautaire. Béique fait valoir que la formule et le montant des obligations (de 500 dollars, ce qui représente plus que le salaire annuel d'un ouvrier non spécialisé) excluent une multitude de «patriotes» qui seraient prêts à participer à l'«œuvre nationale» si les sommes sollicitées étaient moins élevées et si le système de souscription était plus souple. Le comité de direction décide donc d'émettre des actions de dix dollars. Les résultats sont immédiats. En 1888, le total des souscriptions atteint 24 000 dollars ; un an plus tard, il bondit à 69 480 dollars. Si c'est encore trop peu pour entamer des travaux, c'est assez pour aller de l'avant. David et ses collègues se félicitent du succès du programme d'actions et envisagent aussitôt d'autres sources de financement. Ils songent, en particulier, à la création d'une loterie publique. Le projet comporte des difficultés techniques et soulève des objections morales. Le clergé a toujours condamné les jeux de hasard et le curé Labelle, qui réclame une telle loterie depuis des années pour accélérer la colonisation du Nord, a essuyé refus sur refus. Mais David a des atouts dans son jeu. Il est député ministériel et le Premier ministre Mercier, qui lui avait fait miroiter un ministère, lui doit bien quelques compensations. David se rend donc à Québec, accompagné de Perrault et de Béique. Il fait valoir l'importance du projet de Monument-National, tandis que Perrault souligne la nécessité vitale pour la population canadienne-française de recevoir une formation technique et que Béique démontre la faisabilité d'une entreprise de loterie publique. L'initiative porte fruit. Le gouvernement promet 10 000 dollars à l'Association pour la fondation d'une bibliothèque publique et pour l'instauration de cours publics et gratuits, qui seront donnés dans le futur Monument-National; puis, le 30 juin 1890, sur ordre du Conseil du lieutenant-gouverneur de la Province de Québec, l'Association Saint-Jean-Baptiste de Montréal est autorisée à organiser la «Loterie de la Province de Québec» au bénéfice de l'«œuvre d'intérêt public» du Monument. L'autorisation est valide immédiatement et s'étend sur dix ans.

L'Association triomphe mais, de retour à Montréal, Béique fait remarquer que le comité de direction, qui ne dispose toujours

[annotation manuscrite : aménagement de la loterie par un organisme externe]

pas de locaux fixes ni de secrétariat permanent, ne peut envisager d'administrer seul une affaire aussi complexe et délicate qu'une loterie publique. Il est donc convenu de faire appel à un organisme externe compétent et de lui confier la gestion de la Loterie de la Province de Québec. C'est l'étude des notaires Henri Alexandre-Adbon Brault et Anselme Labrecque qui obtient le contrat. En vertu de celui-ci, l'étude Brault et Labrecque encourt tous les risques d'exploitation de l'entreprise et s'engage à verser une somme fixe à l'Association, en plus de lui remettre régulièrement un pourcentage sur les recettes réalisées. L'entente est signée de bonne foi et dans l'euphorie par les deux parties. Elles ont raison de se réjouir. Dès son lancement, la loterie remporte un tel succès que les notaires avancent 30 000 dollars à l'Association sur les revenus qu'ils anticipent. Leur enthousiasme est partagé par des faussaires qui mettent de faux billets de loterie en circulation.

Grâce à la subvention de 10 000 dollars octroyée par le gouvernement, aux 30 000 dollars provenant de la loterie, aux 70 000 dollars de souscriptions et aux revenus des activités des «Dames de la Société» — kermesse, soirées bénéfice, etc. —, l'Association dispose donc maintenant d'un capital de plus de 100 000 dollars, ce qui lui permet de commencer les travaux de construction.

Le Monument-National et le projet «colossal» : la «prise» de la «Main»

Des firmes d'architectes sont invitées à proposer des esquisses du futur Monument-National. Elles doivent, pour ce faire, détenir des souscriptions de l'Association Saint-Jean-Baptiste — comme les entrepreneurs engagés ultérieurement.

Il va de soi que les plans préliminaires qu'elles présenteront devront, d'une façon ou d'une autre, rendre compte de l'originalité et du génie de la race. Le futur Monument des Canadiens

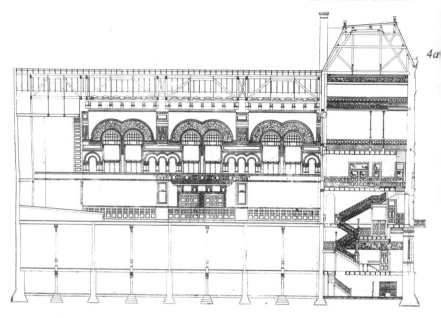

4a

4b

*Plan préliminaire du
Monument-National en 1890.
Façade de la rue
Gosford (ci-contre – 4b),
façade de la rue Craig
(page suivante – 4c)
et coupe longitudinale
(ci-dessus – 4a).*

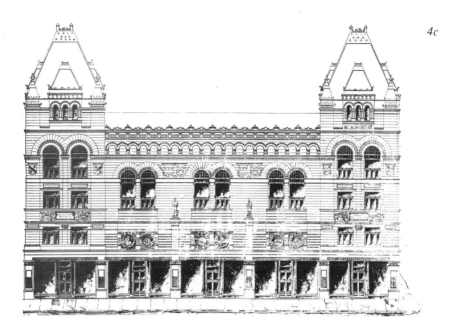

4c

français doit se distinguer des autres grands bâtiments modernes qui font l'orgueil de la ville, mais qui sont d'inspiration anglo-saxonne[21]. À ces deux contraintes s'en ajoute une troisième, de taille.

Depuis 1884, le projet a pris beaucoup d'ampleur. En plus de la salle Saint-Jean-Baptiste initialement prévue, qu'on voudrait «la plus vaste et la plus élégante au pays», et les bureaux de l'Association, le projet comporte maintenant la construction d'une quinzaine de salles destinées aux multiples organismes socio-culturels de la ville, aux cours publics et à l'éventuelle bibliothèque. L'Association sait que ses revenus réguliers ne lui permettront pas d'assumer seule l'entretien de ce vaste immeuble. Il faudra qu'il s'autofinance. C'est pour cette raison que David et ses collègues optent pour le concept d'immeuble à vocation mixte, à la fois commerciale et communautaire. Le Monument comprendra donc six à huit magasins dont les revenus de location serviront à financer l'entretien du bâtiment et les activités courantes de l'Association. Cette contrainte pose un grand défi aux architectes, car, vu les limites du terrain et la nécessité de situer les magasins au rez-de-chaussée de l'immeuble, la grande «salle des fêtes» devra être aménagée à l'étage. Ceci nécessitera une structure beaucoup plus résistante que les structures courantes faites de bois.

De toutes les firmes qui répondent à l'invitation de l'Association, c'est celle constituée de Maurice Perrault[22] et d'Albert Mesnard qui est retenue, bien qu'elle n'ait aucune expérience dans la construction de grandes salles publiques. David demande aux architectes sélectionnés de préparer deux séries de plans. Les esquisses adoptées sont rendues publiques en 1890 et soulèvent des réactions très partagées.

> Les architectes [...] ont choisi le style roman comme se prêtant le mieux aux besoins d'un édifice national. [...]
>
> À l'intérieur comme à l'extérieur, ils ont laissé des espaces où pourront être placés plus tard des statues, des tableaux, des bustes, des écussons et autres inscriptions. [...]
>
> Il y aura au rez-de-chaussée des magasins [...], leur hauteur sera de 20 pieds. [...] Au premier étage est située la grande salle qui aura avec les galeries une capacité d'au moins 2 800 places [...]. L'Association s'est réservé une belle salle pouvant contenir 700 à 800 personnes.
>
> Une partie du premier, du deuxième et du troisième étage est divisée en quatre autres salles secondaires ayant 42 x 30 et en dix à douze bureaux possédant en moyenne 12 x 12.
>
> L'entrée principale du monument sera sur la rue Gosford et l'on se propose d'y faire un magnifique escalier à paliers en bois et fer[23].
>
> L'immeuble est imposant. La façade de la rue Gosford fait 88 pieds de longueur et 80 pieds de hauteur ; celle de la rue Craig fait 184 pieds sur 60 et celle de la rue Saint-Louis fait 182 pieds.

Quant à la « grande salle », elle a une longueur de 134 pieds et une largeur de 50 pieds.

Le projet de Perrault et Mesnard est adopté avec réserve par le comité de direction. De l'avis unanime, le Monument projeté est une belle application du style roman ou « romanesque » avec ses tours symétriques, ses toits pointus et ses arches en demi-cercle. Aux yeux de certains, ce style s'apparente beaucoup trop à l'architecture dite « victorienne » et, plus encore, au « romanesque de Richardson »[24], qui connaissent une formidable faveur à la fin du XIXe siècle au Canada et aux États-Unis. David incite donc les concepteurs à trouver un moyen d'accentuer le caractère français de la façade. Sur ces entrefaites, le comité de direction prend connaissance des résultats des sondages préliminaires effectués dans le sous-sol du terrain Masson. Ils révèlent des faiblesses si sérieuses que les ingénieurs jugent impossible, dans l'état actuel des choses, d'envisager y construire le vaste bâtiment prévu par Perrault et Mesnard. Selon les estimations les moins pessimistes des architectes, ces faiblesses nécessiteront des travaux de consolidation de l'ordre de 60 000 dollars, qui s'ajoutent aux 100 000 dollars prévus pour l'érection de l'immeuble proprement dit. L'Association ne peut évidemment pas se permettre un tel dépassement de son budget.

À cette première difficulté s'en ajoute une seconde. Le terrain acheté à la succession Masson en 1884 a pris de la valeur, mais le déplacement du centre de la ville vers le nord le rend beaucoup moins attrayant du point de vue commercial. Le soir venu, le quartier est désert. Ce dernier facteur convainc le comité de direction d'abandonner le terrain Masson et de chercher un emplacement plus adéquat. Le 16 février 1891, les dirigeants de l'Association Saint-Jean-Baptiste, entièrement gagnés à l'idée du déménagement, doivent trancher entre les trois hypothèses de solution qui leur sont proposées par le comité de l'Édifice national (que dirige David). Trois emplacements convenables sont à vendre à des conditions sensiblement identiques. Il s'agit du terrain

Cooper, du terrain de la salle Carvallo et du terrain Wurtele. Le premier se trouve face à l'église Saint-Jacques, au cœur de la ville française; le second est rue Sainte-Catherine, au coin de la rue Saint-Dominique, à l'est de Saint-Laurent; quant au terrain Wurtele, il occupe un grand quadrilatère rue Saint-Laurent même, côté ouest, juste en face du vieux marché Saint-Laurent. Contre toute attente, c'est sur ce dernier que l'Association arrête son choix. Le procès-verbal de cette réunion, lourde de conséquence pour l'avenir du Monument-National, précise que le terrain de la succession Wurtele est préférable aux autres terrains parce qu'il assure « la certitude de revenus en rapport avec l'importance de la bâtisse »[25]. Le nouveau terrain est effectivement acheté à la succession Wurtele en mars 1891 au coût de 44 000 dollars (ou 2,45 dollars du pied carré), tandis que le terrain de la rue Craig est mis en vente « avec bâtisses et dépendances ».

Du strict point de vue de la rentabilité, il est indéniable que le terrain de la salle Carvallo, situé à proximité du Lyceum (l'actuelle discothèque Metropolis[26]), constitue un meilleur placement que le terrain Wurtele. Il offre des perspectives commerciales équivalentes, sinon supérieures, et il comporte beaucoup moins de risques, car il ne souffre ni de la mauvaise réputation de la « Main » ni du voisinage disgracieux d'un marché délabré, le marché Saint-Laurent, à la clientèle tapageuse et aux odeurs fétides. Le choix de l'Association s'explique donc moins par des motifs économiques que par une volonté politique de profiter des bouleversements qui ont cours sur la « Main », car ces bouleversements remettent en cause le fragile équilibre montréalais.

 Tous ces événements surviennent, en effet, à la fin de l'année 1890. Depuis la soirée mémorable de 1873, bien des choses ont changé à Montréal et la prédiction de Gustave Drolet s'est en partie accomplie. « Sa » rue est maintenant « dans » la ville tandis que, pour la première fois, le cœur de Montréal se trouve à l'extérieur des anciens remparts. C'est sur Sainte-Catherine et sur Saint-Laurent que se concentre désormais l'essentiel de l'activité

La Main – origines, et au cœurs des années –

commerciale et de la vie nocturne montréalaises. Or, au moment précis où l'Association se met en quête d'un nouveau terrain, la rue Saint-Laurent est un vaste chantier, car les autorités municipales ont entrepris de l'élargir en vue d'en faire la principale voie nord-sud du réseau de tramways électriques. En 1890, toutes les maisons situées du côté ouest de Saint-Laurent, de la rue Saint-Jacques à la rue Roy, sont ainsi rasées, ou sont en passe de l'être. Celles qui se trouvent du côté ouest sont provisoirement épargnées[27].

La Main

En réalité, l'ambitieux plan d'aménagement urbain de la «Main» a d'autres motifs. Il vise à refaire une virginité à cette rue, et à tout le quartier, dont les édiles municipaux et les bourgeois locaux ne sont pas très fiers. La «Main» a mauvaise réputation et cette réputation ne date pas des années 1890. Principale voie d'accès terrestre à Montréal par le nord, la «Main» a été, dès ses origines, fréquentée par des marchands itinérants, des colporteurs de toutes sortes et des coureurs des bois qui l'empruntaient pour aller vendre leurs produits en ville. Ceci explique que, dès le début du XVIIIᵉ siècle, des auberges et hôtels s'y soient établis. Les «saloons» s'y sont multipliés et certains d'entre eux présentaient même des spectacles de variétés — chanteurs et chanteuses, musiciens, prestidigitateurs, monologuistes, etc. — pour distraire leur clientèle essentiellement masculine. Ils servaient aussi, occasionnellement, de maisons de passe.

Tant que la «Main» s'était trouvée à l'extérieur des «murs» de la ville, les autorités avaient fermé les yeux sur son comportement délinquant, mais maintenant que la «Lower Main» (de Notre-Dame à Sainte-Catherine) constitue exactement le cœur de la nouvelle ville, elles jugent impérieux d'en extirper tout ce qui peut «offenser les mœurs de notre bonne population». Le quartier et, particulièrement, le secteur du vieux marché Saint-Laurent, entre les rues Sainte-Catherine et Dorchester (aujourd'hui boulevard René-Lévesque), ont même la réputation d'être dangereux. Les petites rues avoisinant ce marché sont de véritables coupe-gorge.

5– Le marché Saint-Laurent, vers 1880, vu de la rue Saint-Dominique.

C'est un «ghetto, une espèce de *White Chapel* où Jacques [sic] l'Éventreur se trouverait à son aise», se plaint un contemporain, qui ajoute que «les statistiques de la police démontrent que ce quartier est remarquable entre tous par ses attaques de nuit et ses scènes scandaleuses»[28].

Ce sont donc moins les exigences de l'installation des fils électriques et la pose de nouveaux rails de tramways que la volonté de changer le caractère de la rue Saint-Laurent qui justifie les travaux considérables que la ville y mène. La «Main» sera transformée en un grand boulevard moderne et élégant, bien à l'image d'une ville prospère et fière. Cette tentative d'«assainissement» est la première d'une longue série d'épreuves qu'aura à traverser la «Main», au cours du siècle suivant, et qui viseront toutes à détruire ce qui fait sa spécificité. Mais Montréal n'est pas une ville comme les autres et l'élargissement de la «Main» a d'autres répercussions, plus profondes encore.

Le projet de boulevard National

Depuis la fin du XVIIIe siècle, en effet, les deux grandes communautés linguistiques de la ville se livrent une guerre sourde, mais constante, dont le contrôle du territoire urbain est l'enjeu principal. Les francophones, tentant de préserver leurs acquis, ont longtemps résisté à la pression des anglophones qui, de plus en plus nombreux, ont cherché à empiéter sur leur espace. Un équilibre précaire finit par s'instaurer, reposant sur un partage territorial de la ville en une partie ouest, dominée par les anglophones, et une partie est où les francophones sont majoritaires. Tout naturellement, la «Main» s'est imposée comme la ligne de démarcation entre les deux zones et les deux groupes rivaux. Mais la «Main» n'a jamais rien eu du Mur de Berlin. Elle a toujours été une frontière libre et perméable, une terre de contacts interethniques, lieu par excellence de l'altérité. Francophones et anglophones ont longtemps respecté cette ligne symbolique et s'en sont tenus à une Drôle-de-guerre, de part et d'autre de la

« Main », pendant des décennies. L'élargissement de la rue, les bouleversements démographiques qu'il entraîne et l'arrivée de nouveaux immigrants brisent cet équilibre précaire et changent radicalement les règles du jeu. À la suite de la première série de démolitions de 1890, la « Main » n'est désormais plus la rue où l'on dérive, celle des dépaysements, mais une rue meurtrie, amputée, vidée d'une partie d'elle-même. Et ce vide doit et va être comblé. En 1890, la « Main » est une rue à prendre, et à prendre rapidement !

Plus que tout autre organisme, l'Association Saint-Jean-Baptiste de Montréal est consciente de cette réalité nouvelle et des enjeux qu'elle représente. Elle n'ignore pas que de grandes manœuvres sont en cours chez les Canadiens anglais, et que certains de leurs dirigeants les plus entreprenants envisagent sérieusement de se lancer à l'assaut de la rue Saint-Laurent. Il est question, en effet, de percer une rue donnant directement accès de l'Université McGill à la « Main » (par l'actuelle rue Prince-Arthur). L'Association sait aussi que, après s'être approprié la « Main », les anglophones reprendront leur marche interrompue vers l'est et s'infiltreront dans les paroisses francophones. Pour les Montréalais d'expression française, et surtout pour leurs dirigeants, la situation est alarmante. La « Main » prend plus que jamais valeur de rempart contre l'envahisseur et l'« anglification ». L'affaire Riel, rappelons-le, est encore fraîche à la mémoire de tous et il ne se passe pas une semaine sans qu'un journal n'évoque, d'un ton apocalyptique, la disparition imminente de la race ou, au contraire, n'appelle à la mobilisation générale dans une lutte à finir contre le « Saxon ». Ce sont parfois de véritables déclarations de guerre.

> [Il faut refouler] l'élément saxon [...] dans les provinces voisines [pour que] le drapeau national flotte [...] librement sur tous nos édifices et [pour] qu'alors notre province devien[ne] un pays pouvant jouir des mêmes droits que l'Angleterre ou toute autre nation[29].

→ le Soul. National

Que, dans ce contexte, la « Main » soit appelée à devenir un grand boulevard, personne n'en doute en 1891, surtout pas Laurent-Olivier David. Mais ce sera le boulevard de qui ? Une Fifth Avenue nordique ou les Champs-Élysées du Nouveau Monde ?

C'est lors de la réunion du comité de direction de l'Association Saint-Jean-Baptiste, tenue le 8 juin 1891, soit cinq mois après la décision d'achat du terrain Wurtele, que la dimension symbolique de la présence du Monument-National sur Saint-Laurent est clairement soulignée. Ce Monument doit « affirm[er] d'une manière pratique la puissance de notre race »[30].

L'ombre de l'abbé Lévesque plane sur cette assemblée chargée d'émotion. Oui, le Monument sera un phare, un sanctuaire, un arsenal, un temple à la gloire et au service de la race ! Il sera comme une place-forte avancée et fera de la rue Saint-Laurent une rue française ! Pour mobiliser les troupes et bien marquer que l'entreprise n'a rien d'improvisé, Joson Perrault annonce un projet « colossal » de « boulevard de l'Opéra », dont l'architecte Georges Delfosse dévoile les grandes lignes en première du journal *La Presse* le 26 mai 1894. En fait, ce boulevard de l'Opéra, ou boulevard National[31], est une riposte directe au projet de percement de la rue Prince-Arthur, mais en beaucoup plus ambitieux. Perpendiculaire à la rue Saint-Laurent, il offrira au Monument-National une superbe perspective sur la ville française.

C'est sans doute l'analyse du plan cadastral de 1879 qui donne à Joson Perrault l'idée de cette splendide artère inspirée des grands boulevards parisiens. Le plan de 1879 de la Ville de Montréal, qui prévoyait l'élargissement de la rue Saint-Laurent et en fixait le zonage, annonçait aussi le prolongement de la rue Sainte-Julie (aujourd'hui Place Christin) vers l'ouest, en y incorporant la rue Charlotte. Ce qui n'était à l'origine qu'une enfilade de petites rues devient, chez Perrault et sous le crayon de Delfosse, un vaste boulevard ombragé et élégant joignant la rue Saint-Denis au Monument-National. Il relie symboliquement le

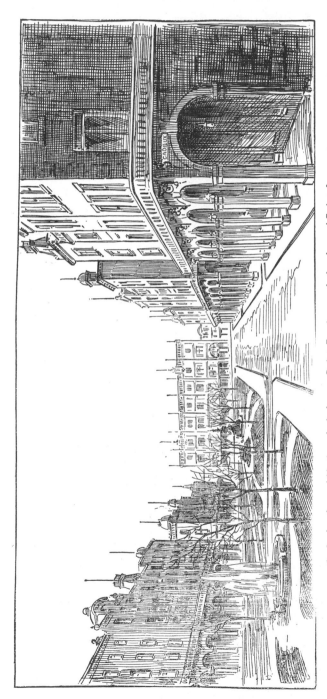

6– *Le boulevard National, de la rue Saint-Denis vers le boulevard Saint-Laurent, en 1899 avec, au fond, le Monument-National.*

cœur de la ville française — l'université, l'archevêché — à la
«Main» avec à une extrémité le Monument et à l'autre un superbe
«Théâtre de l'opéra» de style néo-classique.

Des commerces de luxe bordent le boulevard, protégé par des
marquises de pierre. Le terre-plein, entre les deux voies carrossa-
ble, est agrémenté de pelouses, de parterres de fleurs, de jets
d'eau et de bassins où les promeneurs peuvent flâner à leur guise.
Le plan nécessite bien entendu la démolition de centaines de
petites résidences et de boutiques au nord de la rue Dorchester
(qui était alors une rue étroite) et rue Saint-Laurent, dont des clos
de bois et le sinistre marché Saint-Laurent. Le Monument lui-
même sera ainsi débarrassé des petits immeubles adjacents, ce
qui en fera ressortir toute la majesté. Le projet de Perrault,
soutenu par ses collègues de la Chambre de commerce de Montréal, est remarquable de cohérence et de simplicité. Il soulève
d'emblée l'enthousiasme de la bourgeoisie et des commerçants
francophones, mais il suscite des inquiétudes bien justifiées chez
les anglophones qui mettent tout en œuvre pour le faire échouer.

Les anglophones, les Canadiens anglais en particulier, ne se
limitent pas à cette attitude défensive. Alors que les travaux de
construction du Monument-National ont commencé au sud de
Sainte-Catherine, et que le percement de Prince-Arthur est imminent, ils prennent possession d'un vaste terrain, juste au sud de
l'avenue des Pins. Les francophones ont pris les devants et lancé
l'assaut par le sud, les anglophones contre-attaquent par le nord!

Le projet de ces derniers consiste à déplacer leur Académie
de Musique sur la «Main», rien de moins! Cette prestigieuse
salle de spectacles, qui est située au centre de la ville anglaise
(dans la partie nord de l'actuel magasin Eaton de la rue Sainte-
Catherine), demeure le grand lieu de ralliement de la bourgeoisie
canadienne-anglaise de Montréal. L'Académie de Musique a
accueilli, depuis son inauguration en 1875, les plus grandes
célébrités de la scène mondiale, mais elle ne convient plus aux

St Laurent ⇒ la rue des Juifs (handwritten)

exigences du théâtre des années 1890 et à l'image que les Montréalais anglophones ont d'eux-mêmes. À moyen terme, elle est condamnée. Un projet de salle ultra-moderne de 2 500 places voit donc le jour, rue Saint-Laurent, plus précisément au coin sud-ouest de la rue Guilbault. *Le Prix courant* du 12 août 1892 en fournit une description explicite.

> Le bloc [Baxter Block] comprendra 28 magasins et aura trois étages ; le coin de la rue Guilbault sera occupé par le théâtre dont la salle pourra contenir 2 500 personnes. Les façades seront en style romanesque ; la façade du théâtre sera décorée avec un luxe artistique de sculptures allégoriques, bustes des plus célèbres auteurs dramatiques, bas reliefs, etc. [...] Le coût probable, sans compter la décoration et l'aménagement intérieur du théâtre, dépassera 350 000 dollars[32].

On peut juger de l'ampleur du projet par les coûts qu'il implique et qui sont trois fois plus élevés que ceux du Monument-National. Sous tous les autres rapports, la similitude avec le projet de l'Association Saint-Jean-Baptiste est frappante et si le terme de « monument national canadien-anglais » n'a jamais été utilisé, la grande salle, prévue dans les plans originaux du Baxter Block, ainsi que tous les locaux attenants constituent bien, en fait, le futur foyer culturel de la communauté anglophone de Montréal.

Si le Baxter Block a effectivement été construit — il abrite l'actuel Cinéma Parallèle et la librairie Gallimard, aux numéros 3660-3772 —, le projet de salle de 2 500 places a été abandonné, tout comme l'a été celui de « boulevard National ». Car, entre la conception de ces projets et le parachèvement de certains d'entre eux — le Baxter Block, le Monument-National —, la rue Saint-Laurent a connu l'une des plus importantes mutations de son histoire. Elle est devenue la rue des Juifs.

En 1891, personne au sein de l'Association Saint-Jean-Baptiste n'entrevoit la fulgurance du changement démographique qui s'annonce et dont les signes avant-coureurs sont pourtant bien perceptibles. Au contaire, le projet de construction du Monument est mené tambour battant, comme cela avait été le cas, sept ans plus tôt, pour le projet de pose de la première pierre. Perrault et Mesnard, auxquels s'est adjoint un jeune et brillant architecte du nom de Joseph Venne, réaménagent en toute hâte leurs plans en fonction des exigences du nouveau terrain. En juin 1891, les derniers plans, dessinés par Venne, sont soumis à David et à ses collègues du comité de direction. Le projet a gagné en originalité et son caractère français paraît désormais prédominer. *le nouveau MN*

Le bâtiment compte quatre étages, des combles et un sous-sol habitables. Le rez-de-chaussée abrite six magasins et deux vastes entrées (celle du sud peut également abriter un commerce), qui donnent accès au sous-sol et aux étages supérieurs, et qui relient la rue Saint-Laurent à la rue Saint-Charles-Borromée (aujourd'hui rue Clark). Les huit salles de rencontre et de réunion — de 20 pieds sur 20 pieds — sont situées au premier et deuxième étages et donnent toutes sur Saint-Laurent, de même que les vastes aires libres des deux extrémités. Quant aux deux salles dites de «conférences», destinées aux cours publics, elles se trouvent au dernier étage. Leurs dimensions (66 pieds sur 33) sont telles qu'elles peuvent accueillir jusqu'à 400 personnes. L'élément central de ce projet complexe reste évidemment la «salle des fêtes». Longue de 133 pieds, large de 80 et haute de 40, elle occupe la majeure partie des premier et deuxième étages. Cette salle, qui «sera de beaucoup la salle la plus élégante et la plus vaste de notre ville»[33], aura une capacité de 1 500 à 2 000 places assises. Par ses proportions, la «salle des fêtes» a toutes les caractéristiques volumétriques d'une salle de musique, bien qu'on la destine à un usage varié qui va des «concerts, des grandes réunions publiques, des soirées littéraires et dramatiques, [à] des conférences, des présentations, des réunions politiques ou d'affaires».

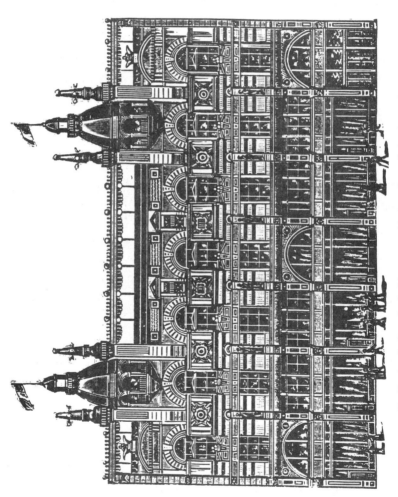

7– *Projet de façade du Monument-National sur Saint-Laurent, avec logettes et statues, en 1893.*

Le MN, nouvellement conçu

Le Monument-National, tel qu'il apparaît sur papier en ce début d'été 1891, est un bâtiment original et majestueux. Il domine toute la rue Saint-Laurent et compte parmi les plus imposants du centre de Montréal. Il mesure 159 pieds boulevard Saint-Laurent, 158 pieds rue Saint-Charles-Borromée, il a une profondeur de 116 pieds et fait 79 pieds et demi de hauteur. Le Monument-National n'est pas seulement le plus gros des immeubles de la « Main », il est aussi le plus audacieux d'entre eux, car les techniques de construction adoptées par ses architectes, en particulier par Joseph Venne qui en est le véritable maître d'œuvre, sortent vraiment de l'ordinaire.

L'aménagement d'une salle de spectacles de près de deux mille places à l'étage n'aurait probablement pas été possible vingt ans auparavant. Grâce aux progrès de l'industrie sidérurgique, il est désormais possible de substituer des poutres d'acier aux traditionnelles poutres de bois, ce qui permet d'installer des planchers auto-portants et de supprimer les colonnes. L'utilisation de l'acier n'est pas maîtrisée au point d'éliminer toutes les poutres de bois, mais elle permet d'en réduire la quantité et, partant, de rendre le lieu plus sûr, car les risques d'incendie restent fréquents. C'est à la fois pour limiter ces risques et pour assurer l'insonorisation des diverses salles que les architectes construisent les planchers en terra-cotta et recouvrent les murs de brique avec le même matériau.

L'utilisation du terra-cotta et des poutres d'acier, moulées par la Canadian Iron Bridge, fait du Monument un bâtiment résolument moderne, mais l'innovation technique s'arrête là. Les espaces réservés à l'Association, de même que les fondations et les murs sont construits avec des matériaux et selon des procédés très traditionnels : murs de moellons au sous-sol (empilage de pierres avec très peu de mortier), murs de brique aux étages, structure et planchers de bois dans les petites salles de réunion.

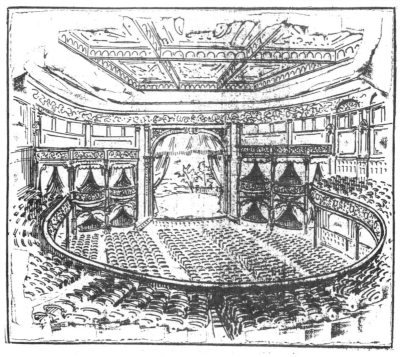

8– Projet de la grande salle du Monument-National,
dite salle Ludger-Duvernay, en 1893.

L'autre aspect remarquable du Monument tient à sa façade
particulièrement originale, qui relève désormais moins du style
néo-roman ou romanesque, voire victorien, que d'une combinaison audacieuse d'éléments néo-baroques et maniéristes, dont on
peut trouver des modèles dans les *palazios* de la Haute-Renais-
sance italienne[34]. Venne s'est en effet efforcé de trouver un style
qui, tout en participant au renouveau architectural de la fin du
XIXe siècle, se distingue du courant romanesque et victorien
alors en vogue. Son projet repose sur l'utilisation de matériaux
nobles, tels la pierre et le cuivre, et des éléments traditionnels
comme les colonnes et les arches à plein cintre. Le trait le plus
frappant de cette façade tient à l'opposition du régime vertical
asymétrique (il n'y a pas deux étages identiques) aux plans hori-
zontaux parfaitement réguliers (chaque étage obéit à une symétrie stricte). Cet effet de continuité et de rupture confère à

l'ensemble une impression de fragilité qui contraste avec la majesté imposante du bâtiment et avec la rigueur des pilastres. La façade comporte en plus toute une série de trouvailles, dont ces fenêtres «deux dans une» au dernier étage, sorte de mise en abyme architecturale (on a l'impression qu'une fenêtre complète, avec cadre, est reprise dans une autre fenêtre plus grande qui lui sert d'écrin), et cette corniche en fer forgé tout à fait inattendue sur un toit plat.

Le bâtiment est rehaussé par deux logettes situées sur le toit, qui se trouvent décalées par rapport aux deux entrées principales du rez-de-chaussée. On peut présumer que ces deux logettes, habitables, auraient joué le même rôle que le balcon du premier projet qui donnait sur le Champ-de-Mars. Elles auraient accueilli des notabilités de la ville ou du pays, durant les grandes occasions et, en particulier, pour les défilés annuels du 24 juin.

Pour donner au bâtiment toute la dignité requise, les architectes avaient prévu d'aménager des niches dans les prolongements des pilastres, afin d'y poser les statues de grands personnages historiques: Jacques Cartier, Ludger Duvernay, Montcalm, Maisonneuve[35]. La combinaison de ces éléments parfaitement disparates et pourtant harmonieux, donne au bâtiment un caractère paradoxal d'irrégularité et de stabilité, de dynamisme et d'équilibre précaire, dans lequel plusieurs ont cru reconnaître l'expression du Canada français de l'époque.

Les plans de Venne séduisent David et ses collègues du comité de direction qui donnent aussitôt leur aval et engagent les principaux entrepreneurs du chantier. M. C. Lemay obtient le contrat des fondations; la firme Plante, Dubuc, J. Brunet et Fils est chargée de la construction de la façade; quant aux travaux de menuiserie, ils sont confiés à l'entreprise Lambert et Fils. C'est la Royal Electric Co. qui a la responsabilité d'installer l'électricité dans le bâtiment[36]. Les travaux commencent le 24 avril 1891. David et Joson Perrault aimeraient bien que le Monument soit inauguré en juin 1892, comme ils l'avaient décidé en 1888, mais des difficultés surgissent de toutes parts, qui rendent cette échéance bien improbable.

Dès le début des travaux d'excavation, des faiblesses sont décelées dans le terrain de Saint-Laurent. Si elles sont moins graves que celles relevées dans celui de la rue Craig, elles nécessitent néanmoins des correctifs majeurs et coûteux au moment même où le comité des finances de l'Association sonne l'alarme. Il apparaît que les souscripteurs honorent de moins en moins leurs engagements, ce qui entraîne une baisse notable des revenus. Comme si cela n'est pas suffisant, le scandale de la baie des Chaleurs[37] provoque la chute du gouvernement de Honoré Mercier en 1891, remplacé par celui de Charles Boucher De Boucherville auquel succède, dès 1892, celui de Louis-Olivier Taillon. L'arrivée de ce gouvernement ultramontain soulève l'inquiétude des dirigeants de l'Association, car les ultramontains se sont toujours montrés hostiles à la tenue de loteries et autres jeux de hasard.

La loterie est d'ailleurs au cœur des préoccupations du comité de direction de l'Association. Certains membres influents remettent sérieusement en question le bien fondé du contrat intervenu entre le comité et le cabinet de notaires Brault et Labrecque. Il est en effet de notoriété publique que les deux notaires font des affaires d'or grâce à la loterie, alors que l'Association croule sous les factures du chantier. En mai 1892, le bruit court que le gouvernement provincial s'apprête à interdire la Loterie de la Province de Québec. Craignant de perdre sa source de revenus la plus stable, l'Association Saint-Jean-Baptiste réagit avec célérité. Elle délègue à Québec Hormisdas Laporte et Louis-Euclide Beauchamp, deux de ses membres les plus illustres, conservateurs de surcroît, dans le but d'amadouer les autorités provinciales. Le résultat de leur démarche est mitigé. Le gouvernement accepte de maintenir la loterie à condition que l'Association lui donne un nouveau nom, car le nom actuel de «Loterie de la Province de Québec [...] peut laisser croire à une entreprise

la loterie (pour financer le MN).
controverse

d'État[38]». Il exige également de l'Association qu'elle exploite elle-même l'entreprise, parce qu'«il sied mal qu'un tiers tire un profit personnel d'une forme de subvention publique qui dépend de la générosité du peuple». Cette dernière demande est sans doute due aux pressions exercées par des membres mécontents de l'Association. «Cinq citoyens respectables», membres de l'Association, sont donc désignés pour gérer bénévolement la loterie du Monument-National, rebaptisée «Loterie Mont-Royal», au bénéfice exclusif de l'Association. Mais Brault et Labrecque ne l'entendent pas ainsi. Ils ont un contrat en main. De plus, ils ont versé 30 000 dollars à l'Association qu'ils se disent légitimés de réclamer en raison du bris unilatéral de l'entente par cette dernière. Or, ces 30 000 dollars ont déjà été engloutis dans la construction du Monument dont le coût ne cesse d'augmenter. Un compromis est trouvé. Les «cinq citoyens respectables» assument la direction morale de l'entreprise de loterie, tandis que les deux notaires en assurent l'administration quotidienne moyennant 40% des recettes. Rien ne dit que le gouvernement acceptera cette solution discutable qui, d'ailleurs, n'apaise pas la colère de certains membres. Ce contrat est encore trop généreux à leurs yeux.

Pressé de toutes parts, le comité de direction se voit obligé de résilier le nouveau contrat signé un peu hâtivement et justifie sa démarche par une technicalité que, évidemment, les deux notaires s'empressent de rejeter[39]. L'Association, se croyant libérée, signe un autre contrat avec un groupe de financiers (Tourville, Leduc et Lalonde) qui offre d'administrer la loterie, sous le nom de «Loterie du Peuple», en assumant tous les risques et en ne prélevant que 25% des recettes. Cette dernière offre est entérinée par le comité de direction et calme les membres mécontents. Le gouvernement juge probablement la situation satisfaisante, puisqu'il ne réagit pas. Mais Brault et Labrecque, criant à la trahison, intentent une poursuite qu'ils finiront par gagner et qui aura pour effet de ternir considérablement la réputation de la

Loterie du Peuple, en même temps qu'elle en réduira les revenus escomptés.

À cause des techniques nouvelles qu'elle requiert, la construction du bâtiment progresse beaucoup moins rapidement que prévu et s'avère terriblement ardue. De plus, la Canadian Iron Bridge, qui doit fournir les plaques et profilés d'acier nécessaires à la structure, connaît des problèmes de production et accuse des retards considérables qui ralentissent l'ensemble des travaux et qui provoquent la grogne des autres entrepreneurs. Le rendez-vous de 1892 étant manqué, le comité de direction fixe au 25 juin 1893 l'inauguration du Monument-National, mais il espère bien, tant ses besoins financiers sont pressants, pouvoir louer ses premiers magasins dès le début du mois de mai 1893. La construction du Monument est un gouffre financier qui a déjà englouti 200 000 dollars, soit plus du double du montant initialement prévu. Les initiatives se multiplient dans le but de recueillir des fonds supplémentaires. Les « Dames de la Société », qu'on appelle parfois les « Dames patronnesses », organisent de nouvelles soirées artistiques et des bazars au bénéfice du Monument-National, tandis que Joson Perrault prépare une immense soirée patriotique pour le 4 avril 1893. Cette soirée aura lieu au Parc Sohmer et mettra en vedette l'ancien Premier ministre Honoré Mercier. Malade et ruiné, Honoré Mercier demeure une personnalité très populaire auprès des Canadiens français. Le comité de direction donne également mandat à Joson Perrault et à David de contacter les agents de la grande cantatrice canadienne-française Emma Albani, qui fait carrière à Londres, pour qu'elle vienne chanter au Monument. Ce concert bénéfice serait l'occasion rêvée de lancer la carrière artistique du Monument tout en mobilisant les « patriotes » du Canada français.

L'inquiétude règne parmi les membres du comité de direction de l'Association. Le 25 juin, des délégations provenant de toutes les régions d'Amérique et des personnalités européennes viendront célébrer l'ouverture du Monument-National. Vu l'état d'avancement des travaux, il serait sans doute plus sage de remettre l'événement, d'autant plus que les coffres de l'Association sont vides. Joseph Venne, l'architecte, a beau redoubler d'efforts et faire pression auprès des entrepreneurs pour qu'ils accélèrent leur cadence, il se rend bien compte que le Monument ne pourra jamais être fini à temps. En mars 1893, il fait un rapport détaillé de la situation à David. Ce dernier écoute passivement, observe les plans déroulés devant lui, consulte le calendrier. Il s'arme d'un crayon et biffe avec application tout ce qu'il ne juge pas essentiel pour l'immédiat : les ascenseurs, le vaste escalier de marbre de l'entrée centrale, les statues, les logettes, la corniche, l'installation électrique, le système de chauffage et de ventilation, la finition intérieure, les portes des salles de réunion, les entrées et la scène de la grande salle. Tout cela est remis à plus tard. Venne tente de raisonner le président : « Ne vaudrait-il pas mieux reporter l'inauguration d'une année ? » David reste inflexible : « Il y va de l'honneur de la race ». L'inauguration aura lieu comme prévu, quoi qu'il advienne !

David observe les feuilles entassées devant lui, marquées de grands traits au crayon noir. Il ferme les yeux et énumère mentalement tous les bâtiments célèbres et pourtant inachevés qui font l'orgueil des « vieux pays ». Il n'est pas mécontent de voir « son » Monument en si belle compagnie.

Notes du Chapitre premier

1. Les anglophones ont été majoritaires de 1831 à 1861. En 1871, on compte 53 % de francophones et 45 % d'anglophones. Cette proportion passe à 56 % et 41 % en 1881, 61 % et 34 % en 1901, 63,5 % et 25,5 % en 1991. Quant à la population totale de Montréal, elle passe dans les mêmes années de 90 000, 107 000, 140 000, 216 000, 267 000 à 467 000 habitants. Pour les données statistiques précises et leur analyse, voir Paul-André Linteau, *Histoire de Montréal depuis la Confédération*, Montréal, Boréal, 1991, p. 40, 45, 160 et 162.

2. *Lettres sur l'interprétation de la Constitution fédérale.*

3. P. Bernard, *Un manifeste libéral — M. L.-O. David et le clergé canadien*, Québec, Léger-Brousseau, 1896, p. 7, p. 145.

4. Pierre Bédard, « L'anglification », *Le Monde illustré*, n° 335, 4 octobre 1890, p.359.

5. Voir son livre *Les Patriotes de 1837-1838*, Montréal, Librairie Beauchemin, 1884, 312 pages.

6. Extrait de l'éloge que David consacra à son ami lors du décès de celui-ci en 1906. Société Saint-Jean-Baptiste, *Processions de la Saint-Jean-Baptiste en 1924 et 1925*, Montréal, Beauchemin, 1926, p. 108.

7. À cette époque, le terme « Canadien » ne s'applique qu'aux francophones. Les anglophones sont qualifiés d'« Anglais » ou « Britanniques ».

8. Association Saint-Jean-Baptiste, *Souvenirs du 24 juin 1874*, Montréal, Eusèbe Sénécal, 1874, p. 8, 9.

9. Association Saint-Jean Baptiste, *Processions de la Saint-Jean-Baptiste*, p. 97.

10. L'idée courait déjà depuis quelques années, mais il semble bien que c'est à Denis-Ludger Duvernay que revient le mérite de l'avoir formulée avec le plus de précision et d'insistance.

11. Séance du comité de direction du 12 juillet 1883.

12. Extrait du procès-verbal de la réunion du comité de direction du 19 mars 1994 (Archives de la Société Saint-Jean-Baptiste de Montréal, à l'avenir : P.-v., SSJB).

13. Séance du 23 avril 1884 (P.-v., SSJB).

14. Laurent-Olivier David, *Souvenirs et biographies*, Montréal, Bibliothèque canadienne, Collection Montcalm, 1926, p. 69.

15. Séance du 28 mai 1884 (P.-v., SSJB).

16. Qui a troqué le poste de Premier ministre provincial pour celui de principal ministre du Québec au fédéral.

17. Cité par Audrey Bean, Peter Lanken, Daniel Louis et Conrad Reny, *Le Monument National*, Montréal, Sauvons-Montréal, 1976, p. 4.

18. Discours de l'abbé Démétrius-Charles Lévesque prononcé le 25 juin 1884 et publié dans *La Presse* du 24 juin 1884 (p. 1). Il s'agit de la seule version intégrale de ce discours dont *La Minerve* du 27 juin 1884 (p. 3) n'avait donné que des extraits.

19. *La Presse*, 24 juin 1893, p. 4.

20. Avec Louis-Joseph Forget, courtier en valeurs. Voir à ce propos le chapitre intitulé « La place des francophones » dans *Histoire du Québec contemporain de la Confédération à la crise*, de Paul-André Linteau, René Durocher et Jean-Claude Robert, Montréal, Boréal Express, 1979, p. 464-468.

21. La valeur symbolique de l'architecture du Monument-National comme expression « nationale » canadienne-française est régulièrement remise en question par des architectes et des historiens. Mais il ne fait aucun doute que les architectes retenus pour la construction du Monument-National ont cherché à faire preuve d'originalité et ont rejeté des styles jugés impropres pour un « Édifice national ».

22. Sans lien de parenté connu avec Joson Perrault.

23. Anonyme, « Le Monument National », *Le Monde illustré*, n° 335, 4 octobre 1890, p. 355.

24. Ce style baroque a été mis à la mode par l'architecte bostonais Henry Hobson Richardson dont l'un des associés, Bruce Price, avait été l'architecte de la gare Windsor de Montréal. De nombreux bâtiments de la « Main », principalement du côté ouest, relèvent de ce style.

25. Séance du 16 février 1891 (P.-v., SSJB).

26. À l'époque, l'entrée principale de ce théâtre, qui était le plus vaste du Canada, se trouvait sur Saint-Dominique, juste au nord de la rue Sainte-Catherine.

27. En réalité, le projet ne sera jamais mené à terme et le côté est subsistera tel quel, ce qui explique, aujourd'hui encore, la présence d'immeubles relativement homogènes du côté ouest et la survivance de petites maisons à toit à deux versants du côté est.

28. Anonyme, « Un projet colossal », *La Presse*, 27 mai 1899. p. 1.

29. Pierre Bédard, *loc. cit.*

30. Séance spéciale du 8 juin 1891, (P.-v., SSJB).

31. Le projet est relancé sous ce titre, en 1899 (voir *La Presse* du 27 mai 1899, p. 1).

32. Anonyme, « M. Théo Daoust, architecte », *Le Prix courant*, vol. X, n° 23, 12 août 1892, p. 12. Théo Daoust est l'architecte du « Baxter Block ». Il est aujourd'hui perçu comme l'un des plus célèbres et des plus prolifiques architectes de l'époque, bien qu'il fût alors très jeune.

33. *Ibidem.*

34. Pour plus de détails, voir Heinrich Wolfflin, *Principes fondamentaux de l'histoire de l'art*, Paris, Gallimard, 1952, p. 207-218.

35. Une liste a certainement été établie à cette fin, mais nous ne l'avons pas trouvée.

36. Les autres entrepreneurs sont les suivants : Blouin, Desforges et Latourelle : chauffage ; Brodeur et Lessard : couverture et plomberie ; E. B. Desmarteaux : fenêtrage ; F. Descaries et Fils : murs et plafonds ; Précourt : escaliers. La Canadian Iron Bridge Co. est responsable de la fourniture et de l'installation des poutres d'acier.

37. L'entrepreneur chargé de construire la voie ferrée de la baie des Chaleurs a obtenu du gouvernement provincial une subvention considérable, à laquelle il n'avait pas vraiment droit, en échange d'un pot-de-vin de 100 000 dollars utilisé pour éteindre les dettes personnelles de certains ministres du cabinet Mercier.

38. Toute la question de la loterie est amplement discutée par Robert Rumilly dans le livre qu'il a consacré à la Société Saint-Jean-Baptiste (*Histoire de la Société Saint-Jean-Baptiste de Montréal des Patriotes au Fleurdelysé — 1834-1948*, Montréal, L'Aurore, 1975, 564 pages).

39. Le prétexte étant que les signataires du contrat n'avaient pas reçu de mandat officiel du comité de direction. Mais en cette période particulièrement mouvementée, beaucoup d'initiatives étaient prises avant d'être enterinées par le comité.

Chapitre II

Le Monument-National :
les premières années

La consécration de Laurent-Olivier David

Les premiers mois de 1893 se succèdent à un train d'enfer. David et son équipe consacrent plus de cinquante heures par semaine au Monument-National. Ils lancent appel d'offre sur appel d'offre, examinent des soumissions, cherchent du financement, suivent attentivement la progression des travaux, coordonnent les entrepreneurs, imposent des modifications, comblent des oublis (comme l'installation d'appareils sanitaires ou celle d'un escalier pour l'entrée de la rue Saint-Charles-Borromée), cherchent des locataires pour les espaces commerciaux du rez-de-chaussée, etc. Déjà la Banque Nationale a signé un bail de trois ans (à raison de 1 000 dollars par année). Comme si tout cela n'était pas assez, l'équipe de direction s'est lancée dans la préparation d'un grand congrès des sociétés nationales Saint-Jean-Baptiste qu'on dit déjà historique. Ce congrès, qui doit attirer des centaines de participants de tout le continent et même d'Europe, coïncidera avec l'ouverture officielle du Monument-National.

Juin arrive. Les ouvriers s'activent dans la grande salle. Avant de la nettoyer et de démonter les immenses échafaudages qui l'encombrent, ils suspendent aux murs et au plafond d'innombrables drapeaux, banderoles et guirlandes multicolores pendant

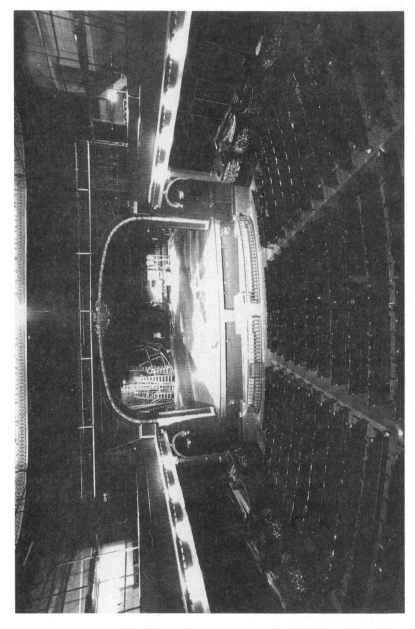

9– *Intérieur de la grande salle du Monument-National tel qu'il était en 1975.*

que d'autres installent un système d'éclairage de 1 200 lampes sur
la façade du bâtiment. David veut un spectacle inoubliable. Il l'aura,
à l'extérieur comme à l'intérieur. Dans la grande salle, c'est :

une profusion de drapeaux, d'oriflammes, de banderoles
déposés, ici en trophées, là sur des lignes irrégulières, éche-
lonnées sur des piliers formant un fouillis de beautés où l'œil
se repose agréablement. Leur nombre, la variété des couleurs, la diversité des formes qui reproduisent mille figures
géométriques, le tout agencé avec symétrie, fait de la salle
une nuée ruisselante de phosphorescence. On se croirait le
jouet d'une féerie. [...]

Aux parties de l'édifice qui s'avancent et par leur projection
brisent [sic] la monotonie de l'ensemble, d'immenses guirlandes descendent de la voûte sur le plancher. Au milieu, un
dôme superbe, en étoffe rouge, bleue, blanche s'élève à
vingt-cinq pieds de haut. Il est soutenu par des courants de
verdure et de ses rebords s'élancent de brillantes draperies ;
projetant sur les murs encore inachevés toutes les couleurs
du prisme[1].

Les fêtes d'ouverture du Monument-National et du grand
congrès national débutent le samedi 24 juin au Parc Sohmer et se
poursuivent par l'inauguration officielle du Monument le soir du
dimanche 25 juin 1893. Le jour est mémorable, puisque la cathédrale Marie-Reine-du-Monde a été inaugurée en après-midi.

Pour la circonstance, ces «Messieurs de la Société» ont
organisé une journée «portes ouvertes» et invité les gens ordinaires à «prendre possession de leur Monument». De petites
déceptions les attendent. À la place du majestueux escalier de
marbre qu'on leur avait promis, ils ne trouvent qu'un escalier en
bois branlant, et la grande salle n'est encore qu'une boîte carrée,
sans scène, au plafond plat et aux murs blancs. Seul le balcon, où
a pris place l'Harmonie de Montréal, la distingue pour l'instant
d'un hall de gare. Ce n'est pas tout ! D'innombrables fils électriques

courent à nu le long des murs et des plafonds et accrochent au passage les beaux chapeaux *Merry Widow* que portent certaines élégantes. Ces fils ont été installés hâtivement pour alimenter en électricité des luminaires loués à la Royal Electric Co. Quant aux salles de conférence et de réunion, elles n'ont pas encore de portes. Qu'à cela ne tienne, le Monument-National est désormais une réalité ! Construit sans argent et sans moyen, il a une valeur symbolique qui rend ces petits désagréments bien secondaires.

L'enthousiasme est général. Les Montréalais francophones sont fiers de leur « œuvre » et se plaisent à répéter qu'elle ne doit son existence qu'à la ténacité, voire à l'héroïsme, d'une poignée d'hommes et de femmes, les « Dames de la Société », mus par un nationalisme ardent, mais aussi par des préoccupations sociales nouvelles. Le Monument-National est « un monument à l'altruisme », à la « philanthropie » et à la francophonie d'Amérique. C'est de cela qu'il est question dans toutes les conversations en cette soirée du 25 juin 1893 et c'est cela que les grands tribuns présents soulignent dans les discours enflammés qu'ils livrent à l'issue du banquet gargantuesque de huit services servi dans la grande salle.

Le spectacle qui s'offre alors aux étrangers présents est bien celui d'une bourgeoisie triomphante et mûre, consciente de sa puissance nouvelle, autant que de ses responsabilités. Quant à Laurent-Olivier David , il vit là les heures les plus exaltantes de sa vie. Célébré et applaudi, il est vraiment considéré comme le père, l'artisan de ce grand Monument dont tous aujourd'hui s'enorgueillissent. Il aimerait avoir Joson Perrault à ses côtés pour savourer ces moments de gloire avec lui, mais Perrault a préféré s'effacer et laisse toute sa place au président. Ce dernier croule littéralement sous les hommages qui affluent sans cesse. Quand son ami Wilfrid Laurier, chef du Parti libéral du Canada et futur Premier ministre, s'adresse à la foule des convives chaleureux et attentifs, David ne peut plus retenir ses larmes.

Je me sentirais plus à l'aise pour porter la parole [...] si M. le Président n'était dans cette enceinte. J'ai à lui dire des choses que je n'aimerais pas qu'il entende, afin de ne pas violenter sa profonde modestie.

En effet, je ne puis taire que M. L. O. David a bien mérité de la patrie en consacrant son énergie et ses talents à la doter d'un monument qui attestera, jusqu'aux générations les plus reculées, la grandeur de notre race, son patriotisme et sa vitalité. [...]

Ce riche monument national, c'est M. David. C'est son œuvre. C'est lui qui en a donné l'idée, qui en a poursuivi l'exécution. [...] Il a droit d'être fier en ce jour de réjouissances publiques où les acclamations de toute la nation témoignent plus éloquemment que toutes mes paroles combien il est méritoire pour un homme d'accomplir une œuvre de nos jours. Oui messieurs, accomplir une œuvre c'est beaucoup. Et l'érection du monument national est l'œuvre de M. L. O. David[2].

Rentabiliser la grande salle : caractéristiques et vocations

David n'a guère le temps de savourer son triomphe. Sitôt les festivités et le grand congrès clos, l'Association Saint-Jean-Baptiste doit faire face à une horde de créanciers inquiets. Les revenus accumulés depuis le début de la campagne de financement (loterie, souscriptions, subvention et activités d'auto-financement comprises) totalisent environ 110 000 dollars, mais les dépenses dépassent les 250 000 dollars. La situation se trouve encore aggravée du fait que les premières obligations arrivent à échéance et que certains travaux majeurs ne peuvent plus attendre, telle l'installation de l'éclairage et du système de chauffage.

Le comité de direction redouble d'efforts pour louer les espaces du sous-sol et du rez-de-chaussée encore vacants, car contrairement aux prévisions et en dépit de la situation stratégique du Monument, les locataires éventuels ne se pressent pas aux portes. Cela s'explique par le coût des loyers (1 000 dollars pour l'année, en moyenne) et par le grand nombre d'espaces locatifs disponibles sur la «Main» dans les dizaines de nouveaux bâtiments construits du côté ouest entre 1891 et 1893. David escomptait que le rez-de chaussée du Monument serait entièrement occupé en mai 1893 mais, sept mois plus tard, deux espaces n'ont toujours pas trouvé preneurs. Afin de compenser ce manque à gagner, le comité décide de «prendre les meilleurs moyens pour tirer avantage de la grande salle [...], soit en la louant ou y donnant des concerts et représentations[3]». Déjà en 1891, le comité des plans du Monument-National avait eu

> l'honneur de faire rapport que [...], après une longue étude, [il] en [était] venu à la conclusion [...] que la grande salle des réunions publiques, pour être avantageuse, doit être construite en amphithéâtre, avec une galerie et quelques loges et une scène suffisamment spacieuse pour servir à toute espèce de représentation[4].

Ce rapport allait à l'encontre du principe de polyvalence qui avait été retenu dans les plans originaux, mais dès ce moment, la vocation de la grande salle se trouve assujettie aux aléas financiers de l'Association. Toutes les transformations qu'elle va subir obéiront d'abord à des motifs d'ordre économique.

En octobre 1893, le secrétaire de l'Association envoie une circulaire aux sociétés artistiques et à tous les organismes communautaires de Montréal par laquelle il leur offre l'usage de la salle en échange de 50% des recettes nettes qu'ils y effectueraient. Cet appel n'est pas entendu et, si l'on exclut quelques concerts ou récitals donnés par de petites sociétés chorales, la grande salle du Monument reste désespérément vide. C'est que, telle qu'elle est, elle ne convient aux besoins de personne. Trop vaste et trop chère pour la tenue d'assemblées publiques ordinaires, elle se prête mal, dans son état présent, à des activités

*10– Concert de musique dans la grande salle en 1894,
alors que le plancher était encore plat.*

artistiques d'envergure. Des aménagements urgents et coûteux
s'imposent si l'on tient à favoriser sa rentabilité. Emma Albani a
déjà indiqué qu'elle ne saurait se résoudre à chanter dans un lieu
qui requiert de nombreuses améliorations et Mounet-Sully, le
grand tragédien de la Comédie Française en tournée au Canada,
qui avait également été approché pour «inaugurer» la grande
salle, décline l'invitation pour les mêmes raisons[5].

Le comité de direction juge donc nécessaire de se conformer
à la recommandation du comité des plans et de transformer sa
salle polyvalente en une véritable salle de spectacles. Dès la fin
de septembre 1893, il confie à deux hommes de théâtre bien
connus à Montréal, Victor Brazeau — comédien et directeur de
la Compagnie Franco-canadienne[6] — et Joseph-René Garand —
qui est responsable des décors au Théâtre de l'Opéra français —,
la conception et la réalisation de divers aménagements touchant
autant à la scène qu'à la salle. Les travaux prévus, incluant les
décors (de théâtre), le grand rideau, les poulies, les treuils et les
câbles, ne doivent pas excéder 3 000 dollars. Le comité de direction

ordonne également le parachèvement du plafond de la grande
salle et charge le peintre-décorateur François Meloche de la
décorer (pour 650 dollars). C'est à l'occasion de ces travaux que
David, qui n'est plus président de l'Association, mais qui reste
membre actif de son comité de direction, convainc ses collègues
de prolonger le balcon en fer à cheval jusqu'au mur de scène,
abandonnant ainsi le projet de loges séparées qu'avait prévu
Venne dans ses plans originaux. Ce changement, sûrement dicté
par des impératifs économiques, a l'avantage d'accroître substan-
tiellement la capacité de la salle.

   Ces diverses initiatives ont pour effet de faciliter la location
de la salle, elles sont cependant insuffisantes pour en assurer la
rentabilité. Par ses dimensions imposantes[7], la grande salle du
Monument-National est assez comparable aux grands théâtres
anglais de la ville — le Théâtre Royal, l'Académie de Musique
et le Queen's —, mais elle n'offre pas le même confort et ne
dispose pas d'un équipement de scène aussi élaboré. Son plancher est encore plat et les spectateurs doivent s'asseoir sur d'austères chaises de bois escamotables. En octobre 1894, les membres
du comité de direction prennent une autre décision lourde de
conséquence et, somme toute, assez prévisible. Ils ordonnent la
construction d'un plancher incliné avec fauteuils fixes. Quant à
la scène, ils s'engagent à la doter progressivement de tout l'équipement requis pour recevoir des productions théâtrales d'envergure. Son plancher sera rehaussé et incliné vers la salle. Le
caractère polyvalent de la grande salle se trouve ainsi définitivement rejeté. Le marché des concerts et des spectacles, qui est en
pleine expansion, offre des perspectives très prometteuses. C'est
donc à ce marché que le comité de direction décide de s'attaquer
prioritairement. Une fois cette décision prise, il agit avec célérité.
Le « comité de la salle » commande des « chaises d'opéra » à la
Canadian Office & School Furniture de Preston (en Ontario)[8] et
ordonne la pose de planchers inclinés sur la scène, dans la salle
et au balcon. Ces transformations nécessitent le réaménagement

des portes d'accès à la grande salle et la construction d'un palier intermédiaire entre le premier et le deuxième étage. Tous ces travaux sont terminés en février 1895. La salle a alors une capacité d'environ 1550 places assises et jouit d'une acoustique qu'on dit unique à Montréal (surtout après l'installation d'abat-voix au-dessus de la scène).

Le parachèvement de la grande salle, avec l'ouverture des vomitoires, la construction du deuxième palier d'entrée et le prolongement du balcon vers le mur de scène, qui s'est étalé sur près de deux ans, a contribué à faire grimper le coût de construction du bâtiment à plus de 250 000 dollars. Les revenus de location des magasins, ceux de la loterie et les divers montants recueillis par les Dames patronnesses, dont l'immense kermesse tenue le 1er octobre 1894 a rapporté des centaines de dollars, ne suffisent pas à éponger cette hausse. Le comité de direction a alors l'idée de faire du Monument la scène attitrée d'une organisation théâtrale commerciale. Ce projet n'est certes pas très conforme aux principes et aux objectifs initiaux de l'Association, mais il faut bien vivre !

C'est donc sans enthousiasme et avec résignation que le comité de direction, désormais présidé par Louis-Onésime Loranger, se résigne à mettre l'administration entière de cette salle entre les mains d'un comité ou syndicat, soit en lui louant cette salle à prix fixe, soit en la lui affermant à certaines conditions de participation dans les profits[9].

> [Il] se propose [également] de déployer tout le zèle possible pour attirer au Monument-National toute troupe ou compagnie pouvant donner des garanties satisfaisantes pourvu toutefois que les pièces données par ces compagnies soient de première classe. [De] cette manière, une nouvelle impulsion sera donnée afin de louer la grande salle plus souvent que durant l'année écoulée [1895][10].

11 – Cinq mille enfants dans la grande salle à l'occasion de la fête organisée par La Patrie en 1899.

En attendant, Béique, Joson Perrault et d'autres membres dévoués de l'Association Saint-Jean-Baptiste en sont réduits à payer de leur poche les taxes municipales du Monument, afin d'éviter sa saisie, et à cautionner personnellement un emprunt de 60 000 dollars pour permettre à l'Association de faire face aux échéances les plus pressantes. La solvabilité de l'Association soulève en effet des inquiétudes au sein des institutions prêteuses. Sa dette s'élève désormais à 150 000 dollars, ce qui correspond sensiblement à la différence entre les coûts anticipés et les coûts réels de construction de l'immeuble. Les démarches en vue de la consolider se heurtent au refus des banques locales, qui jugent le montant demandé (150 000 dollars) trop élevé par rapport aux actifs que possède l'Association et aux chances qu'elle a de rétablir sa santé financière. Sir Donald Smith, futur Lord Strathcona, qui est président de la Banque de Montréal et membre bienfaiteur de l'Association, offre néanmoins ses services en vue d'obtenir l'argent nécessaire sur le marché de Londres. Comme il s'agit d'un investissement à risque, l'Association doit s'attendre à payer des intérêts élevés.

Évidemment, la perspective de voir leur « Monument à la race » sauvé par des financiers de la métropole impériale ne sourit guère aux « Messieurs de la Société », mais ils se résignent à cette idée — comme ils se sont résignés à transformer la grande salle des fêtes en théâtre. Heureusement, les négociations menées par l'un des leurs, le notaire Victor Morin, leur épargnent cette humiliation. Récemment nommé président de l'Independent Order of Foresters, dont le siège social est à Toronto, Morin convainc ses collègues de l'Ordre d'accorder le prêt convoité à l'Association Saint-Jean-Baptiste. Les modalités de l'entente, signée le 20 décembre 1898, prévoient un intérêt de 5 % sur dix ans et une garantie hypothécaire de 150 000 dollars sur le Monument (qui est évalué à 270 000 dollars). Ce dénouement heureux consacre cinq ans de lutte acharnée pour la survie du Monument-National. David et ses collègues en sont d'autant plus heureux

que, vers la même époque, une troupe de théâtre stable, les
Soirées de Famille, s'installe sur la scène de la grande salle de
façon permanente. Une ère de prospérité relative commence.

Les anglophones au Monument

Comme nous l'avons vu, le comité de direction n'a pas
ménagé ses efforts pour attirer des groupes d'amateurs et des
organismes sociaux francophones dans sa vaste salle. Vu le peu
de succès de ses démarches, il a contacté des imprésarios et a
signé des ententes avec certains d'entre eux en vue de l'organisation de saisons régulières de spectacles, mais là encore, rien n'a
abouti. La première année d'existence de la grande salle est
lamentable et se résume à quelques concerts bénéfices, à deux ou
trois rencontres sociales et à une soirée de «pugilat» organisée
par les promoteurs Arcade et Dépatie[11]. Cet événement, somme
toute assez mineur, soulève cependant l'indignation générale.
«Vous nous avez dit en juin dernier [1893] que le Monument-
National serait le cénacle de nos gloires, de nos grandeurs, etc.,
pensez-vous être fidèles à cette devise par des foules avides de
coups de poing?» s'écrie un journaliste outré.[12]

Le comité de direction prend bonne note et ne répète pas ce
type de démonstration pourtant fort lucrative. Mais il a beau
tenter de recruter des locataires plus respectables, il réalise bien
que le coût minimal d'utilisation de la vaste salle, qui oscille de
60 à 100 dollars pour une soirée, est au-dessus des moyens des
organisations théâtrales, musicales ou lyriques francophones
qu'il approche. Et l'Association n'est pas dans une situation où
elle pourrait leur faire la charité. Le comité se tourne donc vers
les organisations anglophones, généralement plus riches et mieux
établies que leurs pendants francophones, et leur fait valoir les
attraits de sa belle salle ornée de fleurs de lys bleu royal. C'est
donc, bien ironiquement, à une société d'amateurs canadiens-
anglais que revient l'honneur d'ouvrir la carrière artistique de la
grande salle du Monument-National. Ce premier spectacle artistique

majeur, dont la presse fournit quelques détails, est un ballet inspiré d'une comédie de Shakespeare, joué pour et par des enfants le 31 mai 1894[13] sous la direction de Lord (?) Melville. D'autres groupes anglophones, irlandais ou canadiens-anglais, louent à leur tour la grande salle au cours du printemps 1894, tels la St. Patrick Association ou les Amis de Lady Aberdeen, ce qui amène Joson Perrault à constater avec un brin de tristesse que le Monument-National est en passe de devenir « le Monument des autres ». Perrault n'a pas tout à fait tort, mais un événement tout à fait fortuit permet enfin au « génie français » de se déployer sur la grande scène du Monument.

Depuis l'automne 1893, une troupe française d'opérette, la Compagnie d'Opéra français, occupe la salle du Théâtre Français[14] située au coin des rues Sainte-Catherine et Saint-Dominique, à quelques pas du Monument-National. Des problèmes d'affluence et de gestion forcent l'organisme à cesser ses activités et à quitter précipitamment sa salle en février 1896. Cette interruption, sans préavis, émeut la presse et les bonnes consciences locales qui découvrent, avec stupeur, que la plupart des artistes de la compagnie sont sans traitement depuis deux mois et que certains d'entre eux n'ont même pas les moyens de payer leur retour en France. Le malheur de la Compagnie d'Opéra français affecte d'autant plus la population montréalaise, et en particulier les bourgeois francophones, qu'il s'agit de la première tentative marquante d'implantation d'une troupe francophone professionnelle à Montréal.

Un groupe d'appui aux artistes délaissés se constitue rapidement et entreprend des démarches auprès de l'Association Saint-Jean-Baptiste pour qu'elle mette « gracieusement » sa « salle des fêtes » à la disposition de la compagnie en perdition. Le comité de direction acquiesce, de sorte que la grande salle du Monument vit sous le charme du « couplet français » pendant toute la semaine du 19 février 1896. Le battage publicitaire qui accompagne cette initiative assure le succès de ces « Adieux » déchirants[15]. La population attendrie se rend massivement à ces soirées qui marquent les débuts du théâtre professionnel francophone dans la grande salle du Monument. Ironiquement, cette première présence francophone d'importance se solde par un déficit pour l'Association Saint-Jean-Baptiste.

Après cette retentissante série de spectacles, le Monument-National devient, pour quelques mois, la scène régulière de l'Académie de Musique de Montréal qui, si le projet de Baxter Block avait été entièrement réalisé, serait maintenant le principal concurrent du Monument sur Saint-Laurent. En dépit de sa vétusté, l'Académie reste le plus prestigieux théâtre anglophone de tout le pays. C'est l'Académie qui, depuis son inauguration en 1875, a accueilli toutes les vedettes du théâtre international venues à Montréal, y compris les vedettes françaises telles Sarah Bernhardt, Mounet-Sully et Coquelin l'aîné. La présence de ces dernières sur une scène anglaise peut paraître surprenante, mais elle s'explique par le fait que leurs tournées sont organisées par des agents de théâtre new-yorkais. Il résulte de cette pratique que les profits qui découlent des apparitions de Sarah Bernhardt à Montréal, par exemple, contribuent à enrichir les coffres des magnats américains mais n'aident en rien au financement du théâtre francophone local.

En 1896, la rationalisation des affaires théâtrales aux États-Unis, qui affecte aussi l'ensemble du Canada, accélère le processus de centralisation de l'industrie du spectacle à New York. Broadway devient le quartier général du théâtre nord-américain. La centralisation n'est pas que géographique puisqu'un organisme puissant, le Trust, parvient à imposer son autorité à la majorité des agents de théâtre et s'érige presque en monopole. Le Trust fait tout pour entraîner la disparition des producteurs indépendants et il entend bien venir à bout des quelques diffuseurs qui osent résister à sa volonté hégémonique. Frank Murphy et sa femme, les propriétaires de l'Académie de Musique, sont de ce nombre. L'Académie de Musique s'était toujours fait un point d'honneur de fixer sa programmation en fonction des goûts de sa clientèle et non en fonction de décisions prises à Broadway par les maîtres du théâtre nord-américain. L'avènement du monopole met abruptement fin à cette situation.

La période de rationalisation, qui connaît son paroxysme entre 1895 et 1900, est marquée par de nombreux actes de violence, non seulement à l'égard des individus concernés mais aussi des théâtres. Les récalcitrants sont traités sans pitié. S'ils refusent les conditions du Trust, ils risquent fort de se retrouver sans spectacle ou sans salle. D'ailleurs, d'effondrements inexpliqués en incendies suspects, on ne compte plus le nombre de salles soudainement condamnées à interrompre leurs activités à travers toute l'Amérique du Nord au cours de ces années tumultueuses.

À Montréal, la situation est moins tendue que dans les grandes villes américaines, mais cela n'empêche pas que, ici comme ailleurs, le Trust est à l'œuvre. Les Murphy ne l'ignorent pas et ont pris quelques précautions, comme l'indique leur participation au projet Baxter. L'échec de ce projet les incite à entreprendre des pourparlers exploratoires avec l'Association Saint-Jean-Baptiste pour voir dans quelle mesure ils pourraient utiliser la grande salle le cas échéant. Les propriétaires de l'Académie ont toujours entretenu des rapports très cordiaux avec les «Messieurs de la Société» qu'ils connaissent bien puisque la plupart de ceux-ci sont des habitués de leur établissement. David lui-même a déjà vu deux de ses pièces, *Le Drapeau de Carillon* et *Il y a cent ans*, créées sur cette scène prestigieuse. Il ne fait d'ailleurs aucun doute que les Murphy ont été régulièrement consultés lors des travaux d'aménagement de la grande salle.

Les propriétaires de l'Académie de Musique n'ignorent pas que leur refus de se plier à l'autorité du Trust menace l'existence même de leur entreprise. Ils ne savent pas d'où viendra l'offensive, ni sous quelle forme, mais ils l'appréhendent. Ils ne sont donc pas surpris du zèle excessif que déploient les agents du Service des incendies de la Ville lors de ce qui s'annonce comme une inspection routinière de l'établissement[16]. Les Murphy n'attendent même pas le rapport officiel des inspecteurs. Ils ferment les portes de leur Académie, dont le Trust va immédiatement s'accaparer, et transportent leurs activités sur la grande scène du Monument-National[17] qui, paradoxalement, devient à cette occasion l'ultime refuge des anglophones montréalais contre l'hégémonie new-yorkaise.

La boutade de Joson Perrault, au sujet du «Monument des autres» n'aura jamais été aussi fondée. Bien sûr, ce n'est pas sans réticence que l'Académie de Musique s'installe au Monument. Sa clientèle régulière, composée principalement de bourgeois anglophones de Westmount et de l'ouest de la ville — auxquels se mêlent nombre de bourgeois canadiens-français —, habituée au confort de sa salle coquette et peu encline à s'engager à l'est de la rue Bleury, se risquera-t-elle dans un secteur à la réputation incertaine, déjà marqué par la présence juive, et acceptera-t-elle de pénétrer dans un bâtiment si teinté de nationalisme canadien-français? Les Murphy pensent que oui et ils ont raison. Pour les anglophones, en effet, la crise de l'Académie revêt une dimension symbolique considérable. Elle révèle la précarité de leur situation et déclenche chez eux un réflexe d'affirmation culturelle. La disparition de «leur» théâtre et son intégration éventuelle à une vaste chaîne nord-américaine risquent de faire de Montréal une ville théâtrale parmi d'autres, ce qui nierait le caractère original de la communauté canadienne-anglaise de la ville. Pour lutter contre cela, les anglophones sont bien prêts à mettre de côté leurs susceptibilités et à saisir la main secourable, et intéressée, que leur tendent les «Messieurs de la Société».

Ce mariage de raison est directement responsable de la présentation d'une dizaine de spectacles d'envergure dans la grande salle, entre mars et novembre 1896, qui imposent des modifications majeures à l'organisation de la scène et à l'éclairage. L'Académie de Musique présente d'ordinaire des spectacles à grand déploiement avec des effets visuels imposants et des distributions considérables, tels que le célèbre *Brownies* de Palmer Cox ou l'opéra comique *Rob Roy* de la Whitney's Opera[18]. En toute hâte, le comité de direction de l'Association commande donc le matériel de scène requis à une firme new-yorkaise et entreprend les modifications nécessaires[19].

Concrètement et financièrement, cette alliance entre l'Association Saint-Jean-Baptiste et l'une des plus vénérables institutions culturelles canadiennes-anglaises du pays — l'Académie de Musique —, a des effets salutaires, bénéfiques pour toutes les parties. Le déficit d'exploitation du Monument, qui s'était élevé à 5 000 dollars en 1895, baisse à 1 250 dollars en 1896[20]. Quant aux revenus de location de la grande salle, ils font un bond de 1 400 dollars à 4 400 dollars au cours de la même période, et la grande salle n'a désormais plus grand-chose à envier aux grands théâtres — tous anglais — de Montréal en matière d'équipement de scène. En ce qui a trait au confort, des progrès restent à faire, notamment pour les chaises d'opéra que les «Britanniques» trouvent bien austères.

L'asile offert à l'Académie de Musique part d'un sentiment d'entraide tout à fait louable et occasionne des retombées concrètes dont personne ne se plaint, mais il reste que la présence de cette institution si liée à la bourgeoisie canadienne-anglaise au sein même du «sanctuaire de la race» va à l'encontre de la mission originale du Monument-National et à la volonté manifeste de franciser le sud du boulevard Saint-Laurent (désormais dominé par la communauté juive yiddish). Cette présence ne soulève de protestation, ni dans la presse francophone ni dans les documents internes de l'Association, ce qui indiquet que le discours nationaliste a perdu de sa virulence, à moins qu'il n'ait changé. L'Association Saint-Jean-Baptiste n'est, à cet égard, guère différente du reste de la société canadienne-française dont l'opinion à l'égard des immigrants, des anglophones et du régime fédéral demeure très fluctuante, surtout quand l'un de ses membres, en l'occurrence Wilfrid Laurier, accède au poste de Premier ministre du pays.

Il n'en reste pas moins que le fait de voir les habitués de la rue Saint-Jacques affluer sur la «Main» et envahir le Monument a quelque chose de saugrenu pour tous, y compris pour les anglophones eux-mêmes qui ne tardent pas à ériger leur propre théâtre. Le Her Majesty's (ou His Majesty's selon les règnes) ouvre ses portes le 7 novembre 1898 sous la direction de Frank Murphy et de sa femme. Sa construction, entièrement financée par des bourgeois montréalais, a englouti 350 000 dollars. La fin des activités de l'Académie de Musique et l'ouverture du Her Majesty's ne mettent pas un terme à la présence anglophone au Monument. De nombreuses organisations canadiennes-anglaises, juives et irlandaises, dont le Montreal Amateur Operatic Club, la St. Ann Young Men's Society, la St. Ann's Benefit and Literary Association, le Young Men's Hebrew Association, etc., continueront pendant plus d'un demi-siècle, dans certains cas, à fréquenter la grande salle du Monument et à occuper sa scène.

Après le départ des Murphy, l'Association Saint-Jean-Baptiste se retrouve donc avec une salle digne de recevoir les plus grands artistes du monde. Ils ne tardent pas à y paraître. Le Monument-National connaît ainsi sa première heure de gloire le 1er juin 1896 avec la venue d'Emma Albani. La présence de la grande cantatrice consacre le statut artistique du lieu en plus de lui valoir son premier grand succès français. Les dirigeants de l'Association auraient sans doute espéré davantage. David avait sollicité la présence de la célèbre cantatrice dès 1893 et attendait d'elle un geste patriotique. Mais le rapport laconique du secrétaire du comité de direction, qui précise que le concert a rapporté 100 dollars (le montant habituel de location de la salle pour ce genre d'activité), indique bien qu'Emma Albani n'a pas été très sensible à la dimension patriotique de l'«œuvre» du Monument. Il y a d'ailleurs tout lieu de croire que sa venue est moins liée aux démarches passées de David qu'aux relations d'affaires qu'elle entretient avec les Murphy[21].

12– Emma Albani (pseudonyme d'Emma Lajeunesse) vers 1895.

Premières présences juives

Pendant que le comité de direction s'efforce de rentabiliser la grande salle, la rue Saint-Laurent devient la terre d'accueil de centaines de petits immigrants juifs rescapés des ghettos d'Europe de l'Est. Ces boutiquiers, artisans et ouvriers, n'ont en commun que leur langue, le yiddish, leur religion et un passé marqué par les pogromes et l'exil. Dès 1880[22], un millier de ces réfugiés arrivent dans le port de Montréal et remontent tout naturellement la rue Saint-Laurent comme on remonterait un bras du fleuve vers le nord. Les immigrants juifs se rendent rapidement compte que cette rue n'est pas comme les autres. Zone frontière entre la ville anglaise et la ville française, elle est remarquable par son esprit de tolérance. Les juifs s'y sentent en sécurité et en liberté. Il n'est pas étonnant qu'ils l'adoptent et qu'ils tentent d'y reproduire un peu de leur passé et de la vie du ghetto, seul moyen pour eux d'éviter la dislocation des familles et la disparition de leurs valeurs traditionnelles. La culture et la langue yiddish jouent un rôle déterminant dans ce processus qui vise à créer une solidarité au sein de cette communauté disparate et à lui donner une identité propre. Si l'art, sous toutes ses formes, a toujours occupé une place de choix dans la vie des ghettos juifs d'Europe, c'est le théâtre qui contribuera le plus à cimenter la diaspora yiddish du continent.

C'est en 1882 qu'a lieu le premier spectacle yiddish d'Amérique. Il est le fait de quelques amateurs établis à New York, parmi lesquels se trouve Boris (Baruch) Thomashevski, l'une des futures étoiles de la dramaturgie et de la scène yiddish[23]. Quinze années plus tard, Montréal célèbre à son tour l'avènement du théâtre yiddish en ces murs. Cet événement majeur se produit dans la grande salle du Monument-National qui se trouve désormais au cœur même de la ville juive. C'est donc le 15 février 1897[24] qu'une troupe locale, dirigée par un artiste professionnel d'origine ukrainienne, Isaac Zolatorevski, donne sur la scène du Monument une première représentation théâtrale en yiddish à Montréal.

13– Jacob Adler dans le personnage du Roi Lear
dans Le Roi Lear juif *de Jacob Gordin.*

Lorsqu'il arrive dans la ville à l'automne 1896, en provenance des États-Unis, et qu'il constate le dynamisme de la communauté locale, Zolatorevski décide de fonder une troupe d'amateurs avec lesquels il produit *Le Roi Lear Juif*, de Jacob Gordin. Selon le souvenir qu'en a gardé le journaliste du quotidien yiddish *Der Adler* de Montréal (du 8 août 1915), la production déçoit, mais cela ne décourage pas Zolatorevski qui entreprend aussitôt de constituer une troupe professionnelle permanente. Il fait venir des artistes de New York à cette fin et crée avec eux le grand classique *Shulamith* d'Avron Goldfaden (toujours sur la scène du Monument). Parmi ces artistes se trouve Louis Mitnick, dont l'arrivée va profondément marquer la vie culturelle de la communauté juive locale et infléchir la destinée du Monument-National.

Shulamith est présentée trois soirs d'affilée, vraisemblablement les 19, 20 et 21 mars 1897[25], dans une salle remplie à craquer. Encouragé par ce succès, Mitnick prend la direction de l'entreprise et donne, un mois plus tard (sans doute le 20 mai), *Bar Kokhba*, toujours de l'auteur yiddish Goldfaden, devant des salles aussi enthousiastes. Ce drame biblique à grand déploiement évoque les derniers jours de Jérusalem. La carrière du théâtre yiddish de Montréal est lancée.

> Avec cette seconde présentation [précise le chroniqueur du quotidien juif montréalais *Der Adler*] Montréal apprit à apprécier le théâtre yiddish. Des douzaines d'hommes d'affaires juifs [yiddish] acceptèrent de donner leur appui à Mitnick lui permettant ainsi de produire ici des vedettes new-yorkaises qu'accompagnaient des acteurs locaux[26].

À partir de 1897 et jusqu'à la fin des années cinquante, le Monument-National reste la scène préférée des artistes yiddish de passage à Montréal et de nombreuses troupes locales.

Les débuts de l'opéra chinois

Les juifs d'Europe de l'Est ne sont pas les seuls à adopter Montréal en cette fin de siècle. Des Français, des Italiens, des Syriens et des Espagnols affluent vers la ville et viennent gonfler les vagues annuelles d'immigrants que dominent encore, quantitativement, les Irlandais et les Britanniques. Mais une autre communauté, fort discrète, connaît un essor rapide et s'approprie elle aussi une partie du territoire montréalais. Il s'agit de la communauté chinoise. Concentrés à proximité de la «Lower Main», dans le secteur Saint-Urbain et Lagauchetière, les Chinois proviennent de l'ouest du pays où les premiers d'entre eux sont arrivés en 1858, en provenance de San Francisco. C'était l'année de la ruée vers l'or. La Colombie-Britannique comptait déjà sept mille Chinois en 1860. Cette main-d'œuvre docile et efficace, qui a activement participé à la construction des lignes de chemin de fer canadiens, s'est progressivement déplacée vers l'est du pays pour échapper à la montée du racisme anti-chinois dans les provinces de l'Ouest.

Un premier groupe d'immigrants chinois s'établit à Montréal à la fin des années 1870 et, depuis cette date, la petite communauté, surtout composée d'hommes (en raison des règlements d'immigration qui imposent des droits prohibitifs sur l'immigration des femmes)[27], n'a pas cessé de grossir et de se renforcer. Sa vigueur se reflète dans des manifestations sociales et artistiques de plus en plus nombreuses. L'une des premières d'entre elles se déroule au Monument-National, du 6 au 13 septembre 1897, alors que la Oriental Opera Company, une troupe chinoise de New York, donne une série d'opéras chinois, sans doute de Canton, sur la scène de la grande salle[28]. Six mois après la création du *Le Roi Lear juif*, le Monument-National confirme sa vocation de foyer culturel multi-ethnique, au point que certains commencent à se demander si les Canadiens français ne sont pas en train de devenir des exilés dans leur propre Monument !

Les débuts des vues animées et du cinéma

L'arrivée de nouvelles communautés culturelles, qui transforme radicalement le cœur de Montréal, a des effets immédiats et tangibles sur les activités du Monument-National. Mais la fin du XIXᵉ siècle lui réserve d'autres surprises. Parmi celles-ci, il y a l'invention du cinéma. À cause de sa clientèle particulière, hétéroclite et ouverte à la nouveauté, la rue Saint-Laurent devient vite l'un des berceaux du cinéma au Canada. C'est même sur cette artère, au sud du Monument, que sont données les premières représentations cinématographiques en plein air et en salle au Canada[29]. Le Monument-National succombe lui aussi à la vogue du cinéma. Dès 1897, un certain Wilfrid Larose loue la grande salle pour y faire la présentation de « photographies animées » à l'aide d'un appareil de projection révolutionnaire appelé Vériscope. Moins de deux ans plus tard, une compagnie rivale de celle des frères Lumière s'installe sur la grande scène du Monument et y projette ses films pendant deux semaines entières[30].

Ces débuts sont modestes, mais il ne faut pas oublier que le cinéma en est encore à ses balbutiements. Il réapparaît dans la grande salle le 27 novembre 1905 grâce à la Merritt & Richardson's International Biograph Company qui y projettera ses films pendant trois semaines entières. La présence de la Biograph fournit à Ernest Ouimet l'occasion de faire la preuve de la supériorité d'un appareil de projection de sa propre invention, le Ouimetoscope. L'appareil de Merritt et Richardson étant tombé en panne, les deux associés demandent l'aide de Ouimet qui fait parfois des projections au parc Sohmer et au Théâtre National en plus d'y travailler comme éclairagiste. Ouimet examine le projecteur pendant que la foule attend. Le bris s'avère fatal. Le public s'impatiente. Ouimet suggère d'utiliser son propre appareil de projection. La foule l'appuie. Les deux associés se résignent à accepter et la projection reprend sous les vivats du public. La gloire du Ouimetoscope était assurée.

14 *Les représentations cinématographiques gratuites de* La Patrie *en 1907.*

Le cinéma réapparaît régulièrement dans la grande salle par la suite. Il y connaît son heure de gloire quand le quotidien montréalais *La Patrie* y organise une série de projections gratuites en novembre et décembre 1907. La grande salle du Monument-National devient pour l'occasion la salle de cinéma la plus populaire de la ville.

L'Éden : la deuxième scène du Monument

Alors que le comité de direction cherche désespérément des locataires pour ses espaces commerciaux encore vacants, Honoré Beaugrand, l'ancien maire de Montréal, lui propose d'installer une « salle d'amusement » dans le sous-sol du bâtiment. Il offre de louer quatre « soubassements » et le « magasin du 206 », qui se trouve à l'entrée sud de l'immeuble et qui donne sur l'un de ses deux grands escaliers. L'idée d'ouvrir une deuxième scène au Monument soulève quelques inquiétudes que Beaugrand dissipe rapidement. Les activités qu'il entend y tenir ne concurrenceront

"muséum"

en rien les grands spectacles de la «salle des fêtes», car l'établissement projeté est un «muséum».

Les dirigeants de l'Association connaissent bien ce genre d'établissements hybrides qui sont apparus à Montréal en 1883. Certains d'entre eux étaient même situés sur la «Main»[31]. Le «muséum» est une galerie de curiosités — humaines ou animales, vivantes ou reproduites, souvent en cire — doublé d'un petit théâtre qui s'adresse à une clientèle familiale et qui vise «à instruire et à divertir» en même temps. Le public entre dans l'établissement pour la modique somme de dix sous (d'où l'appellation «*Dime Museum*»). Beaugrand n'en est pas à son premier projet du genre, puisqu'il est l'un des fondateurs et dirigants du Musée Lasalle qui avait ouvert ses portes rue Notre-Dame, le 26 décembre 1892, à l'occasion du deux cent cinquantième anniversaire de Montréal. Le Musée Lasalle fit faillite le 31 mars 1894 et, curieusement, Beaugrand fut autorisé à racheter sa collection lors de la liquidation de l'entreprise. Le Musée Lasalle ouvrit à nouveau ses portes pendant quelque temps et il est bien probable que, au moment où l'ancien maire faisait part de sa proposition au comité de direction de l'Association Saint-Jean-Baptiste, l'établissement était encore en activité.

Le nouveau musée projeté par Honoré Beaugrand porte le nom de Musée Éden. Il reprend le nom de l'Eden Museum and Wonderland qui avait ouvert ses portes au 1206 de la rue Saint-Laurent, le 23 mars 1891, et qui était lié à un petit réseau de muséums américains. Selon toute vraisemblance, une partie de sa collection historique avait été récupérée par le Musée Lasalle. Or, c'est l'équipe fondatrice de ce dernier qui est derrière le nouveau projet de Beaugrand et qui fonde la Société des galeries historiques le 1er mai 1894. Cette société est la propriétaire du futur Éden. Le Musée Éden du Monument-National est donc bien le successeur du Musée Lasalle de la rue Notre-Dame[32].

Le 28 avril 1894, le comité accepte l'offre de Beaugrand et adopte un projet de bail d'une période de trois ans. Il y est spécifié que le futur muséum occupera quatre demi-sous-sols ainsi que le magasin de l'entrée sud (au coût de 1 360 dollars la première année, 1 400, la seconde et 1 555, la troisième). De plus,

[il] ne devra en aucune manière, à raison de bruit ou autrement, intervenir avec l'usage et l'exploitation de la salle des fêtes de l'Association. Les représentations et amusements qui seront donnés dans les lieux loués dev[ro]nt être irréprochables au point de vue de la loi, des règlements de police et de la morale[33].

Le Musée Éden du Monument est inauguré le 9 juillet 1894 sous la direction de l'Américain Frank C. Thayer. Il compte seize grands tableaux historiques regroupant une centaine de figures de cire dus, pour la plupart, au sculpteur Louis-Philippe Hébert et au peintre français (installé au Canada) Edmond Dyonnet, qui se charge de la peinture des toiles de fond de chacune des scènes[34]. Parmi les tableaux du musée se trouvent « Les Découvreurs canadiens », « Le Départ de Lasalle », « Une audience royale à la cour de France », « L'Assemblée des six comtés de 1837 », « Le Pêcheur à la nigogue », « La Mort du marquis de Montcalm », « Les Fondateurs d'institutions religieuses », etc. À ces scènes religieuses et historiques, françaises ou canadiennes, s'ajoute toute une série de tableaux d'actualité qui misent sur l'horreur et la violence. *La Minerve* du 21 août 1894 confirme, à ce propos, l'intérêt suscité par une scène particulièrement pénible qui reproduit, « avec grande vérité », l'exécution à la guillotine de l'anarchiste Santo Caserio. Caserio assassina le président français Sadi Carnot lors de la foire de Lyon, le 24 juin 1894.

Plus de deux mille personnes ont assisté à l'exécution de Santo par la guillotine samedi soir [18 août] à l'Éden Musée. La foule se pressait dans les Galeries Historiques et chacun sortait enchanté de la musique, des tableaux et restait impressionné du spectacle de l'exécution de Santo[35].

Le musée possède aussi une scène bien inquiétante, intitulée «Caverne de l'Opium», qui regroupe des Chinois fumant de l'opium dans une arrière-boutique ténébreuse. Le quartier chinois se trouve d'ailleurs à proximité du Monument. Tous les tableaux, qu'ils soient historiques ou d'actualité, obéissent aux mêmes exigences réalistes : reproduction fidèle de la nature et respect de la vérité jusque dans les moindres détails. En plus des scènes de cire, le musée possède «un labyrinthe enchanté dans un souterrain magique» au bout duquel le public peut se prêter à des «séances de photographies avec les chansons de Mozaire[36]», qui occupe la petite scène de l'Éden.

Frank C. Thayer abandonne son poste dès le mois de septembre, ce qui porte à penser que l'établissement connaît des débuts plutôt difficiles. Il passe alors sous la direction de Guillaume Boivin, qui est l'un des fondateurs de la Société des galeries historiques et qui faisait antérieurement partie de l'équipe dirigeante du Musée Lasalle. Boivin réorganise l'établissement et installe une troupe francophone permanente sur sa petite scène, à partir du 1er octobre 1894. L'Éden annonce ainsi, pour la première semaine d'octobre, une représentation de la comédie de Maurice Ordonneau, *Les Femmes qui pleurent*, par «MM. Mozaire, Victor Thierry, Léonce, Mlle Jane Boes, Mlle Léonie St-André[37]». Le premier spectacle donné au Monument-National par une troupe professionnelle francophone n'a donc pas lieu dans sa grande salle, mais dans son sous-sol! La présence d'une compagnie française sur une scène de «Dime Museum» est un précédent, car, d'ordinaire, ces établissements présentent des artistes de variétés américains. Boivin cherche sans doute, par ce moyen, à s'attirer les sympathies des Canadiens français qui fréquentent l'immeuble. L'initiative porte fruit puisque, après le départ de la troupe, Boivin s'efforce d'assurer une présence francophone sur

la scène de l'Éden, qui devient ainsi l'une des premières scènes
bilingues de variétés de Montréal (après le Parc Sohmer).

Trois ans plus tard, l'Éden innove encore en se transformant
pour quelques soirées en salle de cinéma. Le mois de mai 1897
est en effet une date marquante pour l'établissement et pour tout
le Monument-National puisque, grâce au Kinétoscope, l'Éden est
en mesure de présenter à des spectateurs éberlués l'un des premiers films tournés par Thomas Edison. Il s'agit du combat de
boxe entre Corbett et Courtney. Fort de ce succès, Boivin engage
le Français Henry de Hauterives et sa mère à venir projeter des
films au Musée à l'aide de leur «Historiographe».

L'Historiographe pour la première fois en Amérique présente, tous les jours de 2 à 5 pm et de 7 à 10 pm, les tableaux
animés historiques d'une vérité et d'un réalisme saisissant
[sic]. Vie de Jésus, histoire d'Angleterre, révolution française,
Napoléon, 1er Empire, guerre franco-prussienne. Immense
succès[38].

Dix mois à peine après la première projection cinématographique au Canada, qui a eu lieu sur Saint-Laurent, le Musée Éden
se lance donc dans l'aventure hasardeuse du cinéma. Le succès
des de Hauterives et de leurs «photos animées» — dont *La Vie
de N. S. Jésus-Christ*, «recomposée d'après les peintures de Léo-
nard de Vinci, d'Eugène Delacroix et d'autres grands maîtres» —
surpasse celui du film d'Edison et entraîne la prolongation de la
série de représentations jusqu'au 3 février 1898. Boivin est si
enthousiaste qu'il acquiert son propre appareil de projection dès
le mois de janvier 1899, faisant probablement de l'Éden la première salle de spectacles montréalaise équipée en permanence
d'un projecteur cinématographique.

Les de Hauterives fournissent un nouveau succès populaire à
l'Éden lorsqu'ils y présentent en «attraction permanente» *La
Passion* des frères Lumière. Ce film «en seize tableaux dont trois
en couleurs» tient l'affiche du mois d'août 1899 au mois de

janvier 1900. Le film est un documentaire sur la célèbre Passion
interprétée périodiquement par tous les habitants du village bava-
rois d'Oberammergau. Il n'est pas impossible que le retentissement de cette production, à Montréal et dans le reste du Québec,
ait incité Julien Daoust à produire une version théâtrale de la
Passion en mars 1902 dans la grande salle du Monument.

La présence du cinéma à l'Éden n'entraîne pas la fin des
spectacles de variétés. Bien au contraire. Comme c'est toujours
le cas au tournant du siècle, les projections cinématographiques
sont accompagnées de numéros de variétés — monologues,
sketchs, chansons, jeux d'adresse. Ces spectacles hybrides carac-
térisent la nouvelle génération d'établissements, appelés
« scopes », qui utilisent une scène et un écran. L'Éden est l'un des
tout premiers scopes montréalais et canadiens. Il prend d'ailleurs,
pour quelque temps, le nom de Musée Éden et Odéon.

Sur ces entrefaites, Boivin abandonne le magasin de l'entrée
sud. Lors de sa séance du 12 mars 1897, le comité de direction
entérine ainsi un « projet de location des quatre demi-sous-sols
[...] à la Compagnie des galeries historiques ». Le loyer annuel,
qui était de 1 555 dollars, passe à 400 dollars.

On ne sait pas précisément quand le Musée Éden cesse de
présenter des spectacles (sur scène ou sur écran), mais il est
indéniable qu'il n'a pas pu soutenir la concurrence des « scopes »
de deuxième génération qui se multiplient dans la ville et sur la
« Main » dès 1905. À cette époque, sa section musée est beaucoup
plus populaire que sa section théâtre et c'est à celle-là qu'il doit
sa formidable longévité.

Connu généralement sous l'appellation de « Musée de cire »,
« Musée de cire de Montréal », « Musée historique » et « Old
Montreal Waxwork Museum », l'Éden demeure au sous-sol du
Monument-National jusqu'à sa fermeture, survenue en juin 1940.
La partie la plus scabreuse de sa collection, constituée de scènes
de criminels notoires, est alors détruite. Le reste est transféré au

Collège Notre-Dame, puis au nouveau Musée de cire de Montréal du chemin Queen-Mary. Lorsque ce dernier ferme ses portes en 1988, la collection complète est remise au Musée de la civilisation de Québec.

Le Musée Éden a longtemps été le rendez-vous des familles et des écoliers montréalais. «Musée-école visible par les élèves de nos collèges, [c'était] une œuvre approuvée par les autorités ecclésiastiques et civiles[39]». Le Musée Éden a ainsi, à sa façon, participé à l'action éducative du Monument. La montée de la criminalité sur la «Main» fit que sa clientèle régulière cessa de s'y hasarder.

Le Starland : la scène burlesque et le scope du Monument

L'Éden appartient à la première génération des scopes et précède la grande explosion du cinéma à Montréal. Celle-ci survient en 1906-1907, alors que la ville s'enrichit de seize scopes en autant de mois. Ces établissements cinématographiques de deuxième génération sont en général plus confortables, plus spacieux et mieux équipés que les précédents. Certains d'entre eux sont construits spécifiquement à des fins cinématographiques. C'est le cas du Ouimetoscope, rue Sainte-Catherine, ou du Crystal, rue Saint-Laurent. Pourtant, en dépit des progrès du cinéma et de la durée accrue des films, les nouveaux scopes continuent à combiner théâtre et projections de «vues animées». Leurs scenes, quoique réduites, conviennent parfaitement aux numéros de variétés qui y sont exécutés.

Le Monument-National a participé à la première phase de développement du cinéma grâce à l'Éden; il participe à la seconde grâce au Starland. C'est au cours du printemps 1907 que le comité de direction de l'Association Saint-Jean-Baptiste accepte de louer les magasins du rez-de-chaussée portant le numéro 1172 à S. Richardson, J. Slavin et George Wicks, dans le but d'y établir une «installation de vues animées» sous le nom de Star Land, rapidement transformé en Starland. Le local, à plancher plat et à plafond bas, peut accueillir deux cent cinquante personnes dans un confort spartiate, mais il possède un appareil de projection de marque Pathé qui passe pour être l'un des meilleurs en ville. Le succès du Starland est immédiat. Il se trouve cependant freiné par un incendie, causé par l'explosion du projecteur, qui interrompt ses activités le 1er octobre 1907 et qui cause pour 1 500 dollars de dommages[40]. Nullement découragés, les deux directeurs veulent profiter de l'occasion pour doubler la capacité de leur salle et font une demande en ce sens au comité de direction de l'Association. Le 22 novembre 1907, celui-ci accepte de leur louer le magasin du 1174 et leur permet d'abattre la cloison qui le sépare du Starland. L'établissement compte désormais près de cinq cents places.

La concurrence est si vive entre la vingtaine de scopes du centre de la ville, à cette époque, qu'ils doivent diversifier leurs produits. Le Starland, qui passe en septembre 1909 sous la direction de P. G. Demitré, se distingue de la majorité de ses rivaux en ne présentant que des numéros dits de *slapstick* sur sa scène de 44 pieds de large sur 22 pieds de profondeur. Ce genre, qui repose sur le comique de geste, a l'avantage d'être visuel et peut donc être compris par un public multi-ethnique. La tarte à la crème, l'arroseur arrosé et les comédies de *Keystone*, dont Charlie Chaplin est la vedette, sont parmi les formes les plus connues du *slapstick*[41]. Le comédien Gilles Latulippe évoque, à titre d'illustration du genre, le timide au grand cœur qui se propose généreusement d'aider ses nouveaux voisins à repeindre leur maison. Il se présente plein de bonne volonté avec son escabeau, heurte un objet par mégarde, le récupère en tombant, entraîne autre chose dans sa chute, renverse la peinture, arrache la robe de la voisine et, finalement, brise tout[42]. En optant, avec quelques concurrents, pour ce genre gestuel au détriment des autres formes plus élaborées ou plus poétiques de variétés, le Starland s'impose rapidement comme l'une des scènes les plus dynamiques du burlesque montréalais.

En 1907, le *slapstick* est le fait d'artistes étrangers, américains ou juifs. Le personnage du Juif, souvent inspiré des comédies musicales yiddish de la période de Goldfaden, est d'ailleurs très présent dans les scènes de *slapstick* où il joue le rôle du *comic* (le maître de scène), le *straight* (le faire-valoir) étant interprété par un Américain. Le Starland devient ainsi la scène attitrée des Pizzy-Wizzy, Swifty et Pic-Pic. Après la Première Guerre mondiale, l'établissement, qui occupe désormais trois espaces de magasins (il s'agit, en fait, des trois magasins du centre), hausse sa capacité à 800 places et dispose d'une petite scène coquette de 65 pieds sur 22. Le cadre de scène fait environ 25 pieds de largeur. À l'avant de la scène, une fausse fosse d'orchestre peut accueillir une dizaine de musiciens.

Au début de l'année 1919, le Starland accueille la troupe bilingue des Petrie. Arthur Petrie est d'origine franco-ontarienne et, comme tous les *burlesquers*, il joue en anglais. Lorsqu'il se produit au Québec, Petrie inclut pourtant quelques mots français à ses réparties. La réaction enthousiaste du public l'incite à développer cette habitude au point que ses spectacles deviennent progressivement bilingues. La présence des Petrie sur la scène du Starland a un retentissement considérable. Elle correspond aux débuts du burlesque québécois.

Il serait sans doute exagéré d'affirmer que ce burlesque original est né sur la scène du Starland, car le genre s'est développé progressivement, mais c'est là qu'il a pris son envol. Ce n'est pas le seul titre de gloire de l'établissement. Parmi les *principals* (comédiens typés) de la troupe des Petrie se trouve un autre Franco-Ontarien, inconnu du public celui-là, qu'Arthur Petrie a remarqué lors d'une tournée dans la capitale fédérale. Les dons de comédien de ce petit cireur de souliers de la gare d'Ottawa sont remarquables. Dès sa première apparition au Starland, son personnage gauche et naïf s'impose grâce à ses mimiques, ses contorsions et ses pirouettes irrésistibles. Le nom de Tizoune court alors sur toutes les lèvres et sa réputation éclipse bientôt celles des artistes chevronnés de la troupe. La carrière d'Olivier Guimond père est alors lancée. Tizoune devient la principale vedette et la Troupe Petrie prend son nom pour profiter de cette gloire soudaine. Le Starland annonce désormais : «Tizoune et sa troupe avec Effie Mack [sa femme] et Arthur M. Petrie[43]». La percée d'Olivier Guimond donne un élan extraordinaire au burlesque québécois et lui permet de se détacher progressivement du *slapstick* américain, auquel il est encore très identifié. Ce burlesque est bilingue (souvent les répliques elles-mêmes sont traduites) et ajoute au comique de geste, caractéristique du *slapstick*, un comique de mots, de situation et d'intrigue. Rapidement, Guimond et les autres artistes francophones du burlesque intègrent de petites comédies à leur répertoire habituel telles *La Grocerie du coin*, *The Black Statue*, etc., qu'ils remplacent après une semaine de représentations.

Les spectacles du burlesque québécois de cette période n'ont évidemment pas l'envergure des *Variety Shows* qu'on trouve sur la scène du Gayety's (actuel TNM). Les comédies et les sketchs mobilisent rarement plus de quatre comédiens qui sont également chanteurs. Une file de danseuses, la célèbre «ligne de filles», et un petit orchestre interviennent régulièrement au cours du spectacle qui termine toujours sur une finale endiablée.

En 1923, Olivier Guimond quitte la troupe des Petrie et organise sa propre compagnie burlesque. La «Tizoune-Effie Mack et Troupe» prend d'assaut la scène du Starland où elle présente une revue bilingue et fantaisiste, inspirée de l'actualité, qui a pour titre *Odds and Ends of 1923*. Au même programme, le Starland annonce Rudolph Valentino et Nazimova, les têtes d'affiche du film *La Dame aux camélias* qu'il projette sur son écran. Olivier Guimond ne reste pas en permanence au Starland. Ses continuels va et vient, caractéristiques de tous les artistes du genre, l'entraînent sur les scènes concurrentes du Midway, du King Edward Palace (tous deux sur Saint-Laurent), du Théâtre National (sur Sainte-Catherine) et l'amènent à changer continuellement de partenaires. Cela n'empêche pas que, jusqu'à la crise économique de 1929, Olivier Guimond est l'artiste le plus fidèle du Starland où il attire d'autres célébrités du burlesque québécois, dont Joseph (Eugène Martel), Macaroni (Omer Guilbert), Caroline (Juliette D'Argère), la Poune (Rose Ouellette), Juliette Béliveau et les vedettes consacrées du *slapstick* traditionnel, tels Pic-Pic et Pizzy-Wizzy.

Si le Starland est l'un des plus importants foyers d'émergence du burlesque québécois, il est resté à l'écart des développements subséquents du genre, dont l'âge d'or coïncide avec la reprise économique de 1933. Cette période correspond à l'éclosion de la revue burlesque.

La revue a fait son apparition au Québec en 1899. Trente-cinq ans plus tard, elle est récupérée et adaptée par les artistes burlesques. Ces revues nouveau genre font la fortune de théâtres comme le Théâtre National ou le Théâtre Canadien de la rue Sainte-Catherine, mais elles ont peu de retentissement sur la «Main», parce qu'elles sont écrites et jouées en français. Le Starland préfère conserver son public cosmopolite et lui offrir ce à quoi il est habitué : quelques sketchs encadrant un film populaire. Ceci ne signifie pas que les grands noms du burlesque québécois cessent de s'y produire. Olivier Guimond y joue régulièrement et les Petrie s'y installent pendant de longues périodes au cours de la Deuxième Guerre mondiale avec leurs «Poupées françaises». Mais les grands événements qui marquent le burlesque québécois se produisent ailleurs. Ceci n'est pas vrai du burlesque yiddish qui, grâce à l'arrivée d'Abraham Assad à la direction de l'établissement, y est de plus en plus présent. Le Starland accueille d'ailleurs les plus célèbres *Yiddish Burlesquers* d'Amérique, parmi lesquels on retient le célèbre duo Stern et Marcus.

Le Starland n'est pas le seul établissement de la « Main » à s'ouvrir aux artistes yiddish et à marquer sa retenue à l'égard du nouveau burlesque québécois et de la revue. Son rival de toujours, le King Edward Palace (futur Roxy), qui lui fait face, adopte sensiblement la même attitude. Si on sait encore peu de choses de l'effet de cette rivalité sur le marché yiddish, on sait qu'elle a donné lieu à des situations fort cocasses chez les francophones. La rivalité entre les deux établissemenets atteint en effet son paroxysme quand Olivier Guimond fils décide d'entreprendre une carrière professionnelle solo. Jusqu'à ce moment, il avait toujours joué dans la troupe et sous l'autorité tyrannique de son père. Or, l'une des premières apparitions solitaires du jeune Guimond a lieu au Starland pendant que le père se produit, juste en face, au King Edward. Olivier Guimond fils raconte que la pire humiliation qu'il vécut lors de ces débuts mémoriaux, ce n'était pas que le public ne rie pas à ses blagues, c'est qu'il rie à celles de son père dont l'écho lui parvenait à travers le brouhaha de la rue.

Les progrès rapides du cinéma amènent le Starland à remiser son écran, car il n'a pas les moyens de rivaliser avec tous les *Palaces* et *Super Palaces* qui se multiplient dans la ville dès le milieu des années 1930. Il se rabat donc sur les spectacles de scène, mais là aussi la concurrence est vive. D'autres établissements, beaucoup mieux équipés et plus accueillants, offrent le même type de spectacles que lui. Alors, suivant en cela une tendance assez généralisée sur la « Main », il se transforme petit à petit en boîte de striptease. À partir de 1940, il devient l'une des scènes régulières de la célèbre Peaches et de son Big Jazz Band. En 1947, lorsqu'il ferme ses portes pour laisser la place à des commerçants suspects, les danseuses-effeuilleuses sont sur le point d'envahir sa scène pour y donner des « numéros sensationnels »[44].

Le déclin du Starland coïncide avec celui du burlesque et son naufrage est, en fait, celui d'une rue tombée sous l'emprise de la pègre. Le Monument-National n'y échappera pas non plus.

Notes du Chapitre II

1. Anonyme, « La fête Saint-Jean-Baptiste », *La Minerve*, lundi 26 juin 1893, p. 2.

2. Discours prononcé par Wilfrid Laurier à l'occasion du grand banquet marquant l'inauguration du Monument-National (*La Minerve*, 26 juin 1893, p. 2).

3. Séance du 4 octobre 1893 (P.-v., SSJB).

4. Séance du 4 novembre 1891 (P.-v., SSJB).

5. Avec plancher incliné, fauteuils fixes, etc. Voir séance du 24 février 1894.

6. Cette troupe, encore appelée Compagnie dramatique Franco-canadienne ou Troupe Franco-canadienne, est sans doute la première troupe stable à œuvrer à Montréal qui réunit un grand nombre d'artistes canadiens-français. Les grandes vedettes de cette petite organisation, Louis Labelle, Victor Brazeau et Blanche de la Sablonnière — pseudonyme d'Angéline Lussier —, qui est la première actrice canadienne-française professionnelle, contribueront largement au succès du Théâtre National de Montréal en 1900.

7. La salle fait 90 pieds de longueur sur 80 pieds de largeur et 40 pieds de hauteur auxquels s'ajoute la scène 42 sur 80 pour un total de 132 pieds de longueur sur 80 pieds de largeur. La scène occupe donc le tiers de l'espace. La capacité de la salle est de 1500 à 2000 places assises.

8. 1200 fauteuils ordinaires à 1,75 dollar l'unité et 500 fauteuils de luxe à 1,90 dollar l'unité (Séance du 26 octobre 1894, P.-v., SSJB).

9. Séance du 30 août 1895 (P.-v., SSJB).

10. Séance du 17 février 1896 (P.-v., SSJB).

11. Voir séance du 7 avril 1894 (P.-v., SSJB).

12. Trimm, « Chronique théâtrale », *Le Monde* [Montréal], 2 juin 1894, p. 5.

13. Le spectacle joué à cette occasion s'intitule *Culprit Fay* ou *La Fête des papillons* et est repris trois soirs.

14. Devenu aujourd'hui la discothèque Metropolis, ce théâtre avait une capacité de 3 000 places, ce qui en faisait le plus grand théâtre du Canada.

15. Le répertoire comprenait *Les Huguenots* et *le Prophète* de Meyerbeer, *La Juive* de Halévy et *Mignon* de Thomas.

16. Le rapport qui en découle est très ambigu et ne justifie pas la fermeture de l'établissement. Voir les détails dans *The Gazette*, 9 mars 1896, p.3.

17. À cette époque, Montréal ne dispose que de cinq grandes salles, dont une seule, le Monument-National, est française. Le Théâtre Royal et le Queen's sont déjà contrôlés par le « Trust » — le monopole new-yorkais en devenir —, et le Théâtre Français, dirigé par un indépendant, éprouve les mêmes difficultés que l'Académie.

18. Respectivement le 16 mars et le 20 avril 1896. Selon Franklyn Graham, un témoin de l'époque, *Rob Roy* aurait été l'un des plus grands succès de masse de la saison. Il s'agit donc, sans doute, du premier grand succès du Monument-National (voir *Histrionic Montreal*, Montréal, John Lovell & Son Publishers, 1898, p. 294).

19. C'est certainement à cette occasion que le cadre de scène est baissé d'environ trois pieds et que les loges sont munies de lavabos et d'un système d'éclairage adéquat.

20. Le bilan financier du Monument est présenté dans *The Gazette* du 20 avril 1896, p. 3. Quant aux revenus de la salle, ils sont inclus dans le procès-verbal du 1er février 1897 (P.-v., SSJB).

21. Elle aurait sans doute chanté à l'Académie si celle-ci avait été encore ouverte (voir séance du 25 janvier 1897, P.-v., SSJB).

22. Avant cette date, la communauté juive de Montréal, qui était fortement anglicisée, ne comptait que 500 membres. En 1901, alors que 3000 réfugiés arrivent de Roumanie, la population juive de Montréal est forte de 7600 personnes ; en 1908, elle passe à 30 000. (Ces chiffres proviennent du livre de David Rome et Jacques Langlais, *Juifs et Québécois français — 200 ans d'histoire*

commune, Montréal, Fides, 1986, p. 262-273.

) Une autre source évalue à 45 802 membres la communauté juive de Montréal en 1921 (Louis Rosenberg, Canada Jews — A Social and Economic Study of the Jews in Canada, Montréal, Bureau of Social and Economic Research, Canadian Jewish Congress, 1939, p.31).

23. Voir pour ces débuts difficiles, Lulla Adler Rosenfeld, The Yiddish Theatre and Jacob P. Adler, New York, Shapolsky Publishers Inc., 1988, p. 208 et suivantes.

24. Dans Les Nuits de la « Main » (p. 47), nous avancions l'hypothèse que la première présence yiddish remontait au début de l'hiver 1896. Nous nous étions basés, pour cela, sur les témoignages d'un journaliste du journal yiddish Der Veg de Montréal et de Z. Zilberzweig, l'auteur d'un dictionnaire du théâtre yiddish, cités par David Rome dans The Yiddish Theatre — « The Adler » (Montréal, National Archives, Canadian Jewish Congress, 1987, p.5). L'examen attentif des procès verbaux permet d,affirmer que l'événement s'est produit vers le 15 février 1897 (séance du 15 janvier 1897, P.-v., SSJB).

25. Ces dates sont celles mentionnées dans le procès-verbal de la séance du 23 mars 1897 (P.-v., SSJB).

26. Cité par David Rome (op. cit., p. 10 et traduit par l'auteur).

27. Toutes ces données sont détaillées dans André-G. Bourassa et Jean-Marc Larrue, op. cit., p. 95. Plus que toute autre, la communauté chinoise du Canada a été victime de lois terriblement discriminatoires. « On imposa une taxe discriminatoire de 100 $ sur les immigrants asiatiques en 1884, puis de 500 $ en 1903. Une commission d'enquête créée en 1902 affirme que les Asiatiques ne sont « pas dignes de la citoyenneté entière [...], sont nuisibles à une collectivité libre et dangereux pour l'État ». Une loi du 1er janvier 1923, qui demeurera en vigueur jusqu'en 1947, interdira d'ailleurs toute immigration chinoise au Canada (voir E. B. Wickberg, « Chinois », James H. Marsh, L'Encyclopédie du Canada, Montréal, Stanké, 1987, vol. 1, p. 363-364) ».

28. Séance du 27 août 1897 (P.-v., SSJB).

29. Dans la cour de l'Hôtel Saint-Laurent et au Palace Theatre, respectivement en mai et le 27 juin 1896. Il s'agit de projections réalisées à l'aide du Cinématographe des frères Lumière. Le bâtiment où était situé le Palace est toujours debout (aux numéros 972-976). Quant à l'hôtel (aux 978-986), il a été détruit. Pour plus de détails, voir Bourassa et Larrue, op. cit., p. 71 et ss.

30. Ces renseignements sont tirés des procès-verbaux du comité de direction des séances du 14 décembre 1896 et 17 novembre 1899. Les projections de la National Biograph ont lieu au début du mois de décembre 1899 (P.-v., SSJB).

31. Pour plus de détails sur ces derniers, voir Bourassa et Larrue, op. cit., p. 39-46.

32. Raymond Montpetit et Philippe Dubé traitent de ces deux musées dans un rapport de recherche intitulé la Double genèse de la muséologie québécoise, remis au Musée de la Civilisation de Québec en août 1991. À paraître sous peu aux Presses de l'Université Laval.

33. Séance du 28 avril 1894, P.-v., SSJB.

34. Voir à ce propos la description détaillée de la collection du Musée Lasalle sous le titre « Musée Lasalle », La Presse, 24 juin 1893, p. 1.

35. Anonyme, « Éden Musée », La Minerve, 21 août 1894, p.5.

36. Ibidem.

37. Anonyme, « Théâtre Français, Éden Musée et Théâtre », La Presse, 29 septembre 1894, p. 4. Tous ces artistes sont évidemment francophones, mais nous ne croyons pas qu'il se soit trouvé de Canadiens français parmi eux.

38. Extrait de La Presse du 5 novembre 1897 cité par Germain Lacasse, « L'Historiographe », Les Dossiers de la Cinémathèque, numéro 15, 1985, p. 7.

39. Cité par Lacasse, op. cit., p. 24-25.

40. Anonyme, « Une panique dans un théâtre de la rue Saint-Laurent », La Patrie, 2 octobre 1907, p. 1.

41. On relira avec intérêt la définition qu'en propose Chantal Hébert dans Le Burlesque au Québec — Un divertissement populaire, Montréal, Hurtubise HMH, 1981, p. 18-19.

42. Cité par Chantal Hébert, *id.*, p. 25.

43. Publicité parue dans *La Presse* du 13 novembre 1920.

44. Anonyme, « Annulation de bail réclamée pour la transformation en cabaret d'une partie du Monument National », *La Presse*, 2 août 1961, p. 13.

15– *Le guichet du Musée Éden vers 1930.*

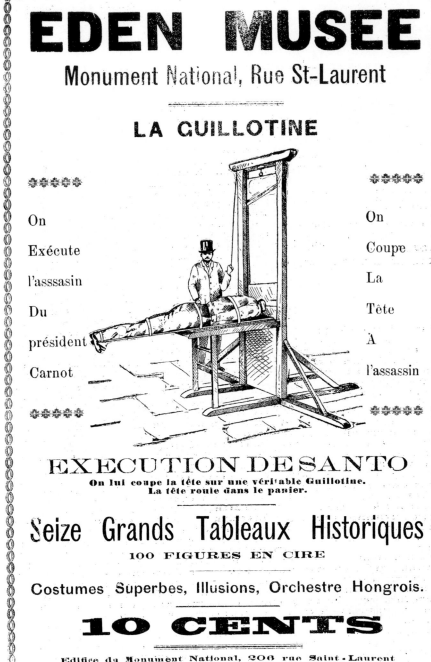

16– *Reconstitution de l'exécution de l'anarchiste Santo au Musée Éden en 1894.*

17– *Galerie historique du Musée Éden: la fondation de Montréal.*

18– *Galerie des crimes du Musée Éden: trois criminels célèbres.*

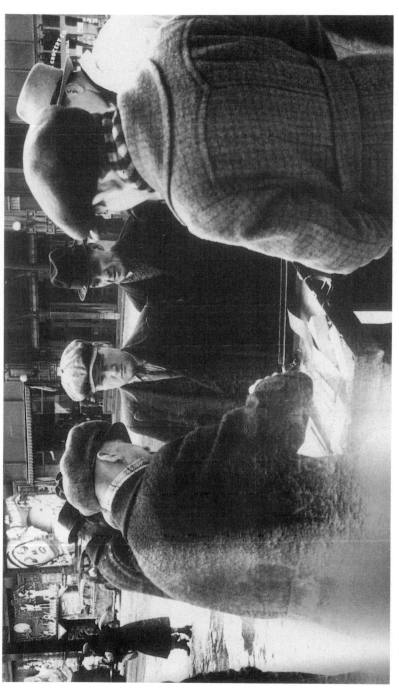

19— *Parieurs clandestins face au Monument-National vers 1930. En haut à gauche, l'entrée et l'affiche du Starland.*

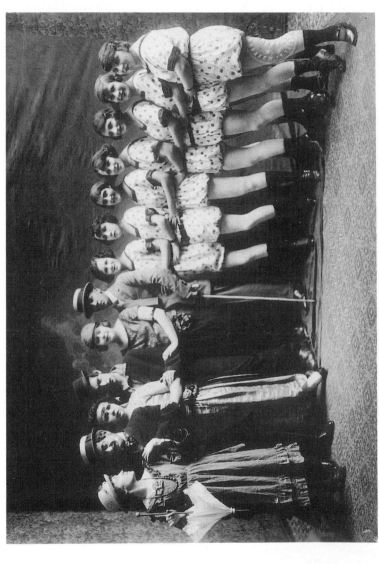

20– La troupe Petrie et ses Poupées françaises vers 1925. Avec Juliette Béliveau (1ère à g.). Eugène Martel dit «Joseph» (4e à g.). Juliette et Arthur Petrie (au centre).

21– Olivier Guimond père - Tizoune - et Effie Mack, vers 1935.

22– *Juliette Petrie, vers 1928.*

Chapitre III

L'Œuvre du Monument-National

Des «Dames patronnesses» à la Fédération nationale Saint-Jean-Baptiste : les débuts du féminisme québécois

En cette fin de XIXe siècle, l'Association Saint-Jean-Baptiste est de loin la plus prestigieuse et la plus puissante de toutes les organisations sociales et communautaires du Canada français. Ceci n'empêche pas qu'elle fonctionne à peu près de la même façon que ces dernières. Son organigramme est dominé par un comité de direction, élu annuellement par l'assemblée générale. Dans les faits, c'est ce comité qui détient l'essentiel des pouvoirs. Bien entendu, seuls les membres en règle ont le droit de voter et peuvent être élus aux diverses instances prévues par les statuts et règlements. Ne devient pas membre qui veut! Pour être officiellement admis dans l'Association, il faut être recommandé par l'un de ses dirigeants. Le comité de direction adopte ensuite une résolution par laquelle il accepte officiellement le candidat, qui doit alors payer sa quote-part annuelle réglementaire et s'engager à respecter les principes de l'organisme. Seuls les hommes peuvent devenir membres de l'Association. Leurs filles et leurs femmes sont confinées à des cercles féminins sans statut légal ni mandat précis qui, parfois, sont plus dynamiques que des instances dûment accréditées[1].

Dans la plupart des groupements artistiques et culturels, des sociétés d'entraide et de bienfaisance mutuelle ou des cercles paroissiaux, peu importe leur nature ou leur envergure, le pouvoir est exercé exclusivement par des hommes, tandis que les femmes (épouses et filles) assument une fonction de soutien et d'intendance. Ce sont elles qui, généralement, se chargent des activités récréatives, mondaines et sociales — l'organisation des piqueniques, des excursions et des banquets. Quand le besoin s'en fait sentir, elles mettent également sur pied quelques projets d'entraide mutuelle ou de financement.

Fidèle à ce modèle, l'Association Saint-Jean-Baptiste de Montréal peut compter, depuis ses origines, sur un groupe de femmes dévouées aux causes que défendent leurs époux. L'«œuvre» du Monument-National est de celles-là. En effet, dès le moment où David a relancé le projet d'«Édifice national», il a trouvé des alliées indéfectibles chez ces «mères et filles», qui se sont dépensées sans compter et qui ont multiplié les initiatives pour assurer sa réussite. Elles ont organisé des tombolas, des kermesses et d'innombrables séances artistiques — concerts, récitals, représentations dramatiques, soirées de poésie — dans ce but. Les rapports officiels de l'Association Saint-Jean-Baptiste ne précisent pas l'ampleur de leur apport, mais il ne fait aucun doute que, après la loterie et les souscriptions, il s'agit bien de la plus importante source de financement du projet de construction.

À la différence des autres groupements de femmes connus sous l'appellation un peu condescendante, même à cette époque, de «dames patronnesses», les «Dames de la Société» ne se contentent pas d'une fonction de simples exécutrices ; elles assument sans réserve l'initiative de leurs maris et y participent pleinement. Elles agissent ainsi non par loyauté ou solidarité conjugale, mais par conviction et intérêt. Les «Dames de la Société» voient en effet dans le projet de Monument-National un moyen d'atténuer les maux qui affligent la société canadienne-française : la santé publique et l'éducation des enfants, la délinquance juvénile, la condition des femmes au foyer et au travail. Plusieurs d'entre elles, qui appartiennent à la grande bourgeoisie réformiste de Montréal — cette bourgeoisie qui contrôle l'Association

Saint-Jean-Baptiste et qui a conçu le projet de Monument-National —, sont également membres actives du Montreal Local Council of Women (Conseil local des Femmes de Montréal), une filiale du National Council of Women créé en 1893 à l'instigation de Lady Aberdeen[2], la femme du gouverneur général du Canada.

Le Conseil national des Femmes est fondé sur le modèle britannique correspondant et vise à regrouper, sous forme de fédération, toutes les organisations féminines œuvrant au Canada pour mieux coordonner leur action et, de façon plus accessoire, pour faire entendre la voix des femmes. En principe, le Council of Women ne fait pas de distinction entre ses membres mais, dans les faits, il est largement dominé par les Canadiennes anglaises. Lady Aberdeen s'efforce cependant d'assurer une présence francophone au sein du conseil montréalais et approche en ce sens les «Dames de la Société». C'est à l'une d'elles, Lady Lacoste, la mère de Marie Gérin-Lajoie et de Justine Lacoste-Beaubien, qu'elle offre le poste de vice-présidente du Conseil local des Femmes de Montréal. Lady Lacoste et ses deux filles ne sont pas les seules «dames de la Société» à participer aux activités de l'organisation féministe. Caroline Béique et Joséphine Dandurand, dont les maris sont membres du comité de direction de l'Association Saint-Jean-Baptiste, en font également partie. Joséphine Dandurand[3] vient d'ailleurs de fonder la revue littéraire *Le Coin du feu*, dont l'objectif avoué est de «relever le niveau intellectuel des Canadiennes françaises». Cette revue sert de tribune à d'éminentes «dames de la Société» qui y livreront leurs écrits féministes les plus percutants[4].

Pour ces femmes entreprenantes et convaincues, le projet de Monument-National et la création du Council of Women se confondent en une simple et même cause: l'amélioration de la condition des Canadiennes françaises, tant au plan légal que dans la vie courante. Le projet de Monument leur offre l'occasion de regrouper leurs énergies afin de lutter pour le mieux-être de leurs compatriotes francophones, et le Council leur permet de profiter

23– *Marie Gérin-Lajoie, co-fondatrice de la
Fédération nationale Saint-Jean-Baptiste.*

de «la compagnie stimulante» des Anglaises pour assurer la promotion de leurs consœurs canadiennes. Marie Gérin-Lajoie apprécie grandement le commerce de ces femmes anglophones qui «font preuve d'une vigueur de pensée très remarquable», alors que les Canadiennes françaises ont généralement «peu d'esprit public et se livrent exclusivement à une vie d'intérieur[5]». Elle ajoute :

> Il semble que ce qui nous a manqué à nous les femmes [francophones], c'est cette action concertée, ce travail collectif et raisonné d'une classe consciente d'elle-même, qui se saisit, revêt une personnalité morale, s'organise [...][6].

Le Monument-National, présenté par ses pères fondateurs comme le foyer qui assurera «l'élévation de la race», pourrait également favoriser celle des femmes grâce, en particulier, au projet de cours publics que Joson Perrault défend avec acharnement. En cette époque où l'accès à l'université est interdit aux femmes francophones (alors que les Canadiennes anglaises sont admises dans certaines facultés de l'Université McGill), les cours publics du Monument représentent la seule possibilité qu'ont les femmes d'accéder à un enseignement de niveau supérieur. Ces cours prennent rapidement valeur de symbole et les «Dames de la Société» exigent qu'ils soient mixtes. Elles obtiennent gain de cause. Cette petite victoire est l'un des premiers effets tangibles de leur militantisme discret et donne une indication de leur influence au sein de l'Association Saint-Jean-Baptiste.

Le Monument-National sera le Monument de la «race», il pourrait bien être aussi celui des femmes. Pendant près de trente ans, il servira en effet de foyer au féminisme canadien-français. C'est au Monument-National de Montréal que s'élaboreront la plupart des grandes stratégies d'action sociale et politique qui, au début du XXe siècle, viseront systématiquement à assurer la promotion des Canadiennes françaises dans tous les secteurs de la vie sociale, économique, politique, ainsi que dans le domaine du droit.

Je voudrais [poursuit Marie Gérin-Lajoie] que rien ne l'empêchat [la femme canadienne-française] dans la mesure de ses devoirs d'épouse et de mère de faire place au foyer, pour un bureau d'affaires, un atelier, une étude, soit des professions libérales, de la science ou des arts, que sais-je encore? et cela non comme simple amateur mais comme professionnelle. La femme créerait donc sa situation économique, mais oui, là est la condition de son développement[7].

Les initiatives ultérieures de ces femmes remarquables, que sont Caroline Béique, Joséphine Dandurand, Lady Lacoste, Marie-Gérin-Lajoie et Justine Lacoste-Beaubien[8], poursuivent inlassablement cet objectif essentiel d'émancipation.

Toute stimulante et même formatrice que soit la fréquentation des Canadiennes anglaises du Council of Women, elle engendre certaines frustrations. Sous couvert de solidarité et sous prétexte que la «cause» est universelle, les anglophones protestantes imposent leur vision de la réalité et leurs moyens de la corriger. Or les «dames» de l'Association Saint-Jean-Baptiste, bien qu'elles soient d'ardentes réformistes, restent profondément attachées aux valeurs catholiques et à l'autorité de l'Église; elles partagent aussi, dans l'ensemble, les sentiments nationalistes de leurs maris. Souvent, les «Dames de la Société» ont le sentiment de mener un autre combat que leurs consœurs anglophones ou, du moins, de mener un combat similaire mais dans un autre but.

Si leur engagement au sein du *Council* n'est pas très satisfaisant, leur participation au projet de construction du Monument s'avère problématique. Toute l'entreprise est fortement imprégnée de valeurs — le nationalisme et le catholicisme — qui leur sont chères, mais elle reste le fait d'hommes. En dépit des perspectives qu'il ouvre pour les femmes, ce projet n'est pas le leur. Pour mieux orienter l'action de ses collègues, Marie Gérin-Lajoie envisage à un certain moment de constituer une section française et catholique au sein même du Council of Women.

[J]'ai hésité longtemps et me suis demandé s'il valait mieux faire entrer les Canadiennes [françaises] dans le Conseil national ou créer une société distincte qui prendrait un caractère franchement catholique. Au point de vue des principes et des sentiments [...], il vaut mieux s'organiser de façon à exercer une action catholique dans la société, mais voilà, est-il sage, dans notre pays, de faire bande à part sur des questions d'une nature matérielle et économique ?[9]

Caroline Béique objecte à cette idée que la cause des féministes ne pourra jamais progresser parmi les Québécoises francophones tant qu'elle restera associée aux Canadiennes anglaises. Les sympathies affichées de ces dernières pour les suffragettes britanniques les rendent suspectes à une large part de la population canadienne-française et les font souvent passer pour plus radicales qu'elles ne sont. Marie Gérin-Lajoie et les « Dames de la Société » optent donc de concentrer leur action à l'intérieur de l'Association Saint-Jean-Baptiste, parce que celle-ci leur « assure une prise directe sur leur propre milieu ». Le contexte s'y prête bien. La crise financière de l'organisme étant partiellement résorbée (grâce à l'emprunt de 150 000 dollars consenti par les Forestiers), les « Dames » ne se sentent plus tenues de consacrer l'essentiel de leurs énergies à la cueillette de fonds pour lui venir en aide.

Dès 1898, elles réorientent leur action en fonction de trois sphères d'intervention précises : l'hygiène et la santé, l'éducation, la législation. Pour agir avec plus d'efficacité, mais aussi par souci d'affirmer leur autonomie, elles entreprennent d'obtenir un statut officiel au sein de l'Association Saint-Jean-Baptiste où elles comptent de nombreux alliés, car les bourgeois réformistes qui président aux destinées du Monument ne sont pas indifférents, en principe, à la cause des femmes. D'ailleurs, il est probable que le projet de constitution de ce regroupement de femmes sans existence légale en comité de « Dames patronnesses » dûment reconnu, a été élaboré et défendu par le président

24– *L'Association des femmes d'affaires de Montréal avec Mme R. Bouthillier, présidente (1re à g., rangée du bas). Mme Bousquet (4e à partir de la g.) et Mme Ferland (6e).*

Frédéric-Liguori Béique (le mari de Caroline Béique) et a été débattu au comité de direction de l'Association, avant d'être soumis aux «Dames de la Société». Quoi qu'il en soit, ce changement audacieux va dans le sens désiré par les principales artisanes du mouvement féministe. Le projet évolue rapidement. Le 20 décembre 1901, le comité de direction de l'Association Saint-Jean-Baptiste de Montréal reconnaît comme «dame patronnesse» toute épouse ou fille de membre en règle ou, ce qui est nouveau, «celle qui paie une contribution annuelle d'un dollar». Cette modalité vise, bien entendu, les femmes dont les maris ne sont pas membres. Elle permet aussi à des célibataires notoires et militantes, comme Idola Saint-Jean[10], d'adhérer officiellement à l'organisme et au mouvement qu'il instaure.

Bien entendu, la première assemblée des «Dames patronnesses», comme toutes celles qui suivront, a lieu au Monument-National. Elle s'y déroule en avril 1902 et le fonctionnement interne du regroupement est fixé lors de la séance du comité de direction de l'Association Saint-Jean-Baptiste du 2 mai 1902. Il y est stipulé que «l'épouse du président et de chacun des vice-présidents est membre *ex-officio* du conseil d'administration des Dames patronnesses».

C'est ainsi que Caroline Béique devient première présidente des Dames patronnesses. Elle est épaulée, au conseil d'administration, par Joséphine Dandurand, Lady Lacoste, Marie Thibodeau, Mme Leman (épouse de Beaudry Leman) et Mme Gagnon (épouse d'Arthur Gagnon). D'autres militantes importantes, telles Idola Saint-Jean, Marie Gérin-Lajoie et sa sœur Justine Lacoste-Beaubien, travaillent en étroite collaboration avec le conseil.

Les discours prononcés par Joséphine Dandurand et Caroline Béique, lors de l'assemblée d'organisation des Dames patronnesses, sont remarquables de retenue. Si la cause féminine n'y est pas abordée de front, l'appel à la mobilisation nationale des femmes est clairement entendu.

> [...] songez, Mesdames, à quel point [l'Association] deviendra une force, une force puissante pour conserver notre nationalité, pour défendre nos droits au besoin, pour aider à la culture intellectuelle et relever le prestige de notre race[11].
>
> Votre présence prouve que vous avez cru comme nous que, quelles que soient vos occupations, quels que soient les intérêts qui engagent votre vie, il faut réserver du temps et des efforts pour l'œuvre patriotique, car la patrie, cela représente la grande famille canadienne-française dont tous les membres sont solidaires. Quand on nous dit que le pays a besoin de nous [les femmes], nous ne sommes plus libres d'agir ou de ne pas agir[12].

Sitôt créé, le comité des Dames patronnesses se lance dans une série de mesures qui visent à soutenir, voire susciter, et à encadrer l'action des Canadiennes françaises. Un an après leur fondation officielle, les Dames patronnesses conçoivent le projet d'École ménagère (qui est constituée le 7 novembre 1904). L'enseignement dispensé à l'École va de l'alimentation à la puériculture, du soin des malades à la gestion des finances familiales. En 1906, l'École déménage à l'ancienne Cour de circuit et compte près de cent élèves. Dans les années qui suivent, les Écoles ménagères se multiplient à travers toute la province.

Les cours publics de l'Association Saint-Jean-Baptiste et les Écoles ménagères[13] offrent à des milliers de femmes une éducation que le système scolaire traditionnel leur refuse. Mais l'action des Dames patronnesses ne s'arrête pas là. Elles entendent bien forcer les autorités politiques et religieuses à mettre en place les mécanismes qui permettront aux jeunes filles de recevoir une éducation supérieure. Pour les Dames patronnesses, le salut des femmes passe par l'éducation. Elles croient que «l'ignorance dans laquelle on [les] tient est l'obstacle principal à leur affranchissement»[14]. Marie Gérin-Lajoie est la grande championne de la lutte pour l'accès des jeunes filles à l'enseignement supérieur (post-primaire). Elle ne saurait accepter qu'on refuse à sa fille ce qu'on lui avait refusé à elle-même vingt ans auparavant. Avec le soutien des Dames patronnesses et des membres du comité de direction de l'Association Saint-Jean-Baptiste, elle entreprend une vaste campagne de pression auprès des représentants du gouvernement et du clergé. Elle menace d'envoyer sa propre fille étudier en Europe ou, pire encore, à l'Université McGill, parmi les Anglaises protestantes, si les «portes du savoir» ne s'ouvrent pas à elle! L'Archevêque de Montréal finit par céder. L'École d'enseignement supérieur pour jeunes filles, devenue plus tard le Collège Marguerite-Bourgeoys, est fondée en 1908 sous la direction des Sœurs de la Congrégation Notre-Dame. La jeune Marie Gérin-Lajoie (fille de Marie Gérin-Lajoie) en est la première élève. L'ouverture de cette école n'a rien d'une victoire définitive. Son existence est sévèrement critiquée comme l'est du reste, périodiquement, celle des Écoles ménagères.

[...] sous prétexte que l'intelligence des femmes vaut celle des hommes, on leur fait étudier le grec, l'algèbre et les hautes sciences. Les résultats de ces études sont absolument nuls et le fruit de cette éducation est de dégoûter profondément les femmes des soins du foyer domestique et des fonctions pour lesquelles la nature les a créées[15].

Le fait est que, des soixante-dix-sept jeunes filles qui obtiennent un baccalauréat entre 1908 et 1924, vingt-deux seulement se sont mariées.

Parallèlement à la lutte pour l'accès à l'éducation, les Dames patronnesses entreprennent de constituer des groupes de soutien aux travailleuses, afin de veiller au respect de leurs droits et d'améliorer leurs conditions de travail. Le rôle de ces regroupements, appelés «associations professionnelles», est de créer «pour la femme qui travaille une atmosphère vivifiante». L'association

25– *Marie Gérin-Lajoie (au centre) entourée de membres de la Fédération nationale Saint-Jean-Baptiste, vers 1925.*

[annotations manuscrites en marge supérieure]

«la soutient dans la vie, l'oriente, lui donne une conscience avertie, l'aide à s'élever dans l'échelle sociale[16]».

La première des associations professionnelles créées par les Dames patronnesses est l'Association professionnelle des employées de magasin sous le nom de «Demoiselles de magasins». Les activités et les préoccupations de cette association sont assez semblables à celles des autres associations qui seront constituées ultérieurement. L'Association des «Demoiselles de magasins», par exemple, offre à ses membres les bénéfices d'une caisse de secours mutuel en cas de maladie, elle fait pression pour que les vendeuses puissent s'asseoir (la Loi des sièges de 1911) et pour que les magasins soient fermés les soirs d'été. Elle dispense aussi des cours à celles qui le désirent (cours d'anglais, de français, de comptabilité, cours de diction aussi — donné par Idola Saint-Jean).

L'Association des Employées de manufactures est fondée en 1907 et regroupe les travailleuses «dans un but de protection et de perfectionnement moral, intellectuel et matériel»; l'Association des femmes d'affaires de Montréal, pendant féminin de la Chambre de commerce, est créée en 1910 et vise à défendre les intérêts des petites commerçantes et des modistes. L'Association des employées de bureau, qui recrute aussi les «Demoiselles du téléphone», voit le jour en 1907; l'Association des domestiques est fondée un an plus tard, au même moment que l'éphémère Association des institutrices.

Marie Gérin-Lajoie s'impose comme l'âme véritable de toutes ces associations qui naissent et évoluent, du moins à leurs débuts, au Monument-National. Elle est aussi la principale artisane de la lutte pour la reconnaissance légale et pour le droit de vote des femmes. Ces thèmes vont devenir les principaux chevaux de bataille de la Fédération nationale Saint-Jean-Baptiste, l'organisme qui succède aux Dames patronnesses en 1907.

En effet, ce foisonnement d'activités et le recrutement massif qui en découle nécessitent une redéfinition du statut des Dames

26– *Les Demoiselles des magasins, dans une salle de classe*
du Monument-National vers 1925.

patronnesses et de ses rapports avec l'Association Saint-Jean-Baptiste de Montréal. L'ampleur du mouvement féministe canadien-français exige la constitution d'une entité responsable qui ne relèverait pas d'une autorité supérieure. Les «Dames de la Société» s'étaient métamorphosées en «Dames patronnesses»; ces dernières vont se saborder pour donner naissance à la Fédération nationale Saint-Jean-Baptiste.

La première séance officielle du Comité d'organisation de la Fédération des sociétés des femmes canadiennes-françaises et catholiques (appellation provisoire) a lieu au Monument-National le 19 octobre 1906. La Fédération est officiellement constituée en février 1907 et est ensuite incorporée à la charte de l'Association Saint-Jean-Baptiste de Montréal (article 23A). En vertu de la résolution officielle de fondation, la Fédération nationale Saint-Jean-Baptiste «fera elle-même ses règlements sans être soumise aux règlements [de l'Association] et administrera ses affaires à la

seule condition de respecter la charte et le but de l'Association[17]». Bien des «Messieurs de la Société» auraient souhaité
que le nouvel organisme intègre le terme «féminin» à son nom
officiel mais, comme le souligne Marie Gérin-Lajoie, qui aurait
l'idée d'ajouter l'épithète «masculin», «masculine» en l'occurrence, au nom de l'Association Saint-Jean-Baptiste de Montréal?

Les deux comités de direction conviennent de travailler en
étroite collaboration et de siéger à la même table au moins deux
fois par année pour «délibérer et statuer sur les intérêts communs
des deux sociétés». Puis, le 12 janvier 1912, la Fédération nationale Saint-Jean-Baptiste est enfin reconnue comme société autonome, avec «tous les pouvoirs conférés aux corporations civiles
par la loi du pays». Cette indépendance officielle et légale ne
marque pas la fin de la collaboration de la Fédération avec
l'Association Saint-Jean-Baptiste ni son départ du Monument-
National. Elle s'inscrit dans un processus normal et prévisible
d'émancipation, qui donne toute la latitude nécessaire à ces
femmes dont la première cause a été de soutenir le projet de
Monument-National.

En avril 1925, la Fédération nationale Saint-Jean-Baptiste
déménage ses bureaux dans ses nouveaux locaux de la rue Sherbrooke. Mais ce départ ne signifie pas la fin de la présence des
femmes au Monument-National. La Fédération continuera d'y
tenir ses assemblées annuelles, ses rassemblements et ses nombreuses soirees sociales et récréatives, imitée en cela par tous les
organismes qui lui sont affiliés.

L'action de la Fédération nationale Saint-Jean-Baptiste est
remarquable à bien des égards. En plus de l'éducation des
femmes, de l'organisation de mouvements féminins, de la lutte
contre l'alcoolisme, contre l'immoralité (en particulier au cinéma), la Fédération nationale Saint-Jean-Baptiste a imposé la reconnaissance de la capacité légale des femmes et, à terme, elle a
aussi obtenu qu'on leur accorde le droit de vote.

[Annotation manuscrite : « l'évolution féministe // l'esprit (réformiste) du Monument National »]

Cette première révolution féministe est intrinsèquement liée au mouvement réformiste, chrétien et libéral, qui a donné naissance au Monument-National. Ce n'est pas un hasard si le cœur de la Fédération nationale Saint-Jean-Baptiste est constitué de ces « Dames de la Société » de la première heure qui, dès le début des années 1890, ont organisé des tombolas pour aider à l'érection de ce foyer dont la race, hommes et femmes confondus, avait un si urgent besoin. Ce n'est pas un hasard, non plus, si pendant plus de trente ans, le Monument-National a abrité le premier mouvement féministe québécois. Il y était chez lui.

L'économie, le mutualisme et la Caisse nationale d'économie : début du mouvement coopératif québécois

Tandis que les « Dames de la Société » s'évertuent à consolider l'œuvre du Monument-National et à améliorer la condition des femmes francophones, quelques membres du comité de direction de l'Association Saint-Jean-Baptiste de Montréal, dont Joson Perrault, s'alarment des ravages de la pauvreté, en particulier chez les personnes âgées. Ils constatent que les Canadiens français sont peu portés à faire fructifier leurs épargnes et qu'ils ont la mauvaise habitude de recourir à des usuriers lorsqu'ils ont besoin d'argent ou lorsqu'ils veulent effectuer des placements. À cette époque, le Québec est l'une des provinces canadiennes les plus mal desservies en institutions d'épargne et de crédit. En 1912, par exemple, on compte en moyenne une succursale bancaire pour 2 606 habitants au Canada. Au Québec, cette moyenne tombe à une pour 4 547[18].

C'est pour changer cette situation, et pour inciter les Canadiens français à épargner efficacement, que le Lévisien Alphonse Desjardins, qui partage les préoccupations des « Messieurs de la Société », élabore un type d'entreprise associative fondée sur le mutualisme. L'un des principaux atouts du projet de Desjardins est le caractère local de l'entreprise : elle doit être enracinée dans son milieu et s'inscrire naturellement dans le paysage paroissial, au même titre que le presbytère ou le magasin général. Desjardins pense que la réticence des Canadiens français à recourir aux institutions bancaires tient, en partie, au fait qu'elles sont associées à la grande bourgeoisie canadienne-anglaise. Mais, lorsqu'il ouvre la première caisse populaire d'Amérique dans sa maison de Lévis, le 23 janvier 1901, Desjardins prend bien soin de souligner que les caisses populaires ne se substituent pas aux grandes banques, elles en sont les auxiliaires. L'histoire a démontré qu'il avait eu raison sur tout, sauf sur ce dernier point.

Pendant que Desjardins met au point son projet audacieux, un marchand de nouveautés à la retraite, Arthur Gagnon, entre au comité de direction de l'Association Saint-Jean-Baptiste de Montréal. Gagnon partage les préoccupations de Perrault et de certains autres de ses collègues. Il s'émeut de voir des gens de son âge s'enfoncer dans la misère après des décennies de travail exténuant. La situation lui paraît encore plus grave chez ses confrères marchands et commerçants qui ne parviennent pas à se créer de fonds de pension pour leurs vieux jours. Comme Desjardins, Gagnon songe que la meilleure façon de briser le cercle vicieux de la pauvreté réside dans l'entraide et dans l'épargne. Il en fait valoir les avantages à ses collègues du comité de direction qu'il n'a d'ailleurs aucune difficulté à convaincre. Joson Perrault est gagné d'avance au mouvement associatif, qu'il préconise depuis des années chez les agriculteurs. Quant à Frédéric-Liguori Béique, qui est lui-même banquier, il voit d'un très bon œil l'apparition d'institutions destinées aux petits épargnants.

Gagnon démontre que seule une société mutuelle nationale peut venir à bout de l'habitude du bas de laine chez les Canadiens français et offrir une alternative efficace au système de crédit sur gage et sur hypothèque, qui ne fait qu'enrichir quelques intermédiaires sans rien rapporter à la collectivité. La société mutuelle «mettra une grande partie de notre population à l'abri de la misère[19]», promet Gagnon avec insistance.

Bien appuyé par le comité, Gagnon élabore son projet en s'inspirant du modèle des Prévoyants de l'Avenir, une société française de rentes viagères qui, après vingt ans d'existence, compte au-delà de 400 000 membres. Le principe en est relativement simple. L'argent déposé par les membres sert à constituer un capital inaliénable dont le revenu est ensuite distribué entre les adhérents vivants. Les membres doivent avoir cotisé pendant vingt ans pour toucher des rentes. Le 31 mars 1899, le président de l'Association Saint-Jean-Baptiste, Frédéric-Liguori Béique, soumet le projet de règlements d'une future «Caisse nationale d'Économie» aux assemblées conjointes du comité de direction et de la commission financière de l'Association, qui l'adoptent. La résolution stipule que 25 % des montants déposés à la Caisse serviront à son administration et que le capital subsistant sera placé à un rendement optimal. Arthur Gagnon est chargé de la gestion de l'entreprise, qui demeure sous la haute autorité du comité de direction de l'Association et dont le siège est établi au Monument-National, dans l'espace de l'entrée sud du rez-de-chaussée occupée autrefois par le Musée Éden.

Lors de cette assemblée, il est convenu que toutes les notabilités francophones de Montréal seront invitées à souscrire un montant symbolique à la Caisse nationale d'Économie, afin d'inspirer confiance aux petits épargnants. C'est ainsi que Lomer Gouin, Raoul Dandurand, Rodolphe Lemieux, Ernest Lapointe et Laurent-Olivier David sont parmi les premiers sociétaires de la Caisse, immédiatement imités par des centaines d'ouvriers, commerçants et salariés. Moins d'un an après sa fondation, la Caisse compte 2 127 membres et dispose d'un capital de 9 768 dollars. Des placements judicieux et l'arrivée de nouveaux membres lui permettent de prêter 18 000 dollars à la fabrique de la Présentation de la Sainte-Vierge, dès le mois de mai 1900.

En 1904, après cinq ans d'activité, la Caisse compte 15 000 adhérents, mais c'est encore trop peu pour Béique et Gagnon qui sont subjugués par le modèle français. Ils décident de publier un feuillet périodique, *Le Bulletin*, afin de mieux faire connaître les avantages et les buts de la Caisse. Les résultats de cette initiative sont tels que, en 1912, la Caisse est en mesure de rembourser le solde (120 000 dollars) de l'emprunt que l'Association avait contracté auprès de l'Ordre des Forestiers. Elle devient ainsi la principale créancière de l'Association.

En 1916, la Caisse nationale d'Économie est solidement assise avec un fonds inaliénable de 1 650 000 dollars, ce qui constitue une remarquable percée dans le champ de la finance et démontre le bien-fondé des arguments d'Arthur Gagnon. Malheureusement, il n'est plus là pour savourer son œuvre. Beaucoup de ceux qui l'ont appuyé en 1899 ont également disparu, mais l'esprit qui les animait est toujours présent et les arguments de Gagnon gardent toute leur actualité : « Il faut garder entre nos mains la richesse que nous créons, et qui devient souvent une arme entre des mains ennemies[20] ». Cette conviction est partagée par tous les nouveaux dirigeants de l'Association qui entreprennent de parfaire l'œuvre du père fondateur en adjoignant une société de fiducie à la Caisse nationale d'Économie. La Société nationale de Fiducie voit le jour le 10 octobre 1916. En plus d'aider l'Association à administrer ses nombreuses filiales, elle lui procurera des revenus pour développer ses œuvres et celles des autres institutions sociales ou économiques qui, comme elle, visent le mieux-être de la « race ».

Un quart de siècle plus tôt, David invoquait les mêmes arguments pour justifier l'aménagement d'espaces locatifs au rez-de-chaussée du Monument-National. La Caisse nationale d'Économie et la Société nationale de Fiducie poursuivront leurs activités au Monument jusqu'en 1923. Déménagées rue Saint-Jacques, elles continuent à croître avec rapidité. Le 31 décembre 1957, la Caisse nationale d'Économie possède un actif de près de 25 millions de dollars. Quant à l'actif net de la Société nationale de Fiducie, il s'élève, après paiement des dividendes réguliers et supplémentaires, à plus d'un million pour un volume total d'opérations légèrement supérieur à 54 millions[21].

La Caisse nationale d'Économie et la Société nationale de Fiducie demeurent les principales réalisations de l'Association Saint-Jean-Baptiste dans le domaine économique. Elles y prolongent l'œuvre du Monument-National. Parmi les autres initiatives d'ordre économique prises par la Société, il faut noter la création de la Ligue de l'Achat chez Nous en 1933. Cette Ligue, qui est née de la crise économique de 1929-1933, vise à encourager les Canadiens français à acheter dans des commerces tenus par les leurs. La Ligue a été perçue très négativement par la communauté yiddish, qui compte des centaines de commerçants parmi ses membres.

Le «Monument de tout le monde» : action communautaire et centre multi-ethnique

En dépit de ses difficultés financières, l'Association Saint-Jean-Baptiste s'est toujours efforcée de respecter la mission sociale et communautaire qu'elle s'était assignée. Elle accorde régulièrement son appui à des personnes ou des organismes dans le besoin, elle met également ses ressources au service de ceux qui en font la demande quand la cause lui paraît valable. Les salles du Monument-National, qu'il s'agisse des bureaux, de la salle de conférence, de la salle de cours ou de la grande salle, sont souvent sollicitées par des groupes qui n'ont évidemment pas les moyens de payer les tarifs officiels prévus par l'Association. Ces tarifs sont pourtant minimes et lui permettent à peine de couvrir ses frais. Le comité de direction a fixé à 100 dollars le coût de location de la grande salle pour une soirée ordinaire, mais dans les faits, seuls les organismes à but lucratif paient ce montant. Les organisations charitables et les groupements d'amateurs déboursent rarement plus de 60 dollars, ces largesses creusent d'autant le déficit de l'Association.

L'action de la plupart des organismes sociaux ou culturels canadiens-français se trouve grandement facilitée par ces accommodements. Des troupes artistiques semi-amateurs comme la Compagnie Franco-canadienne (mars et avril 1895, juin 1898)[22], le Chœur indépendant (avril 1894), l'orchestre et la chorale de l'Institut des Sourdes-muettes (avril 1894), les étudiants de la faculté de Droit et ceux de la faculté de Médecine de l'Université Laval de Montréal (décembre 1896 et janvier 1897), la Société artistique (mai 1898), la Société chorale (d'Alex Clerk, novembre 1898), l'Orchestre Sainte-Cécile (janvier 1899), pour ne citer qu'eux, profitent ainsi de la générosité et de l'hospitalité de l'Association Saint-Jean-Baptiste. Mais les organismes artistiques ne sont pas les seuls à bénéficier d'un traitement de faveur. Une multitude de regroupements politiques ou para-politiques, des groupes de pression, des sociétés d'entraide ou des organisations professionnelles fréqentent assidûment, et à bon compte, le Monument-National. Toutes les associations féminines créées par la Fédération nationale Saint-Jean-Baptiste, ou affiliées à elle, ont longtemps séjourné au Monument. L'Alliance française, l'Association athlétique amateur de Montréal (novembre 1896), le Club libéral conservateur (février 1897), l'Union des Commis marchands (janvier 1898), le Parlement modèle (régulièrement, à compter de novembre 1898), le Cercle Ville-Marie (octobre 1899), les enfants des Écoles chrétiennes (pour y passer leurs examens, en février 1899), les Forestiers et l'Union Sainte-Cécile (mars 1900) ont fait de même.

Que l'Association fournisse ainsi une aide indirecte aux organismes qui œuvrent au bien de la population canadienne-française, cela est tout à fait conforme à la philosophie de ceux qui ont défendu et réalisé le projet du Monument-National. Ce qui est plus surprenant, et moins fidèle en apparence aux principes des fondateurs, c'est que l'Association accorde un régime aussi favorable aux groupes qui œuvrent au sein d'autres communautés. Les Canadiens anglais (d'origine britannique) sont fréquemment invités au Monument-National pour y assister à des spectacles ou à des concerts préparés par certains de leurs groupes amateurs de théâtre ou de musique. Souvent aussi, ils vont y écouter un conférencier de renom ou une sommité étrangère de passage à Montréal, comme le duc d'York (septembre 1901), le duc de Devonshire (février 1917), Lady Aberdeen (janvier 1895) ou le professeur Manson (novembre 1897). Si les Canadiens anglais se rendent assez volontiers au Monument-National, du moins jusqu'à la Première Guerre mondiale, les Irlandais, eux, s'y sentent tout à fait chez eux. Entre 1894 et 1915, ils sont les principaux occupants du lieu après les Canadiens français et les Juifs. En certaines périodes, le Monument a d'ailleurs toutes les apparences d'un centre communautaire irlandais.

On ne saurait dénombrer la quantité de spectacles, conférences, concerts, récitals ou assemblées publiques organisés par des Irlandais dans la grande salle ou dans les autres locaux du Monument. La St. Patrick Society (mars 1894), la St. Ann's Young Men Association (régulièrement, à partir de janvier 1898), les St. Patrick's Cadets (janvier 1903), la Young Irishmen's Benefit & Literary Association (mars 1904), la St. Anthony's Young Men Association (octobre 1908) y ont donné des spectacles et récitals très applaudis. Le Monument-National a également accueilli des invités irlandais de marque, tels le Lord Mayor de Dublin (novembre 1899), Mgr Donaty (décembre 1896) ou John O'Brien (mai 1900).

Si les anglophones, Canadiens anglais et Irlandais, sont très présents au Monument-National au cours de ses vingt-cinq premières années d'existence, ils ne l'ont tout de même pas investi aussi massivement que les Juifs yiddishophones. L'entrée de ces derniers au Monument commence de façon fort discrète avec la production de la pièce *Le Roi Lear juif* par la troupe de Zolatorevski, le 15 février 1897. Mais à partir de cette date, les spectacles donnés par des troupes professionnelles juives y sont de plus en plus nombreux. Parallèlement à ces activités, une foule

er les faifs encore plus présents

d'organismes juifs à but non lucratif, qui animent et encadrent la vie de la communauté yiddish, s'installent au Monument, le temps d'un spectacle, d'un concert ou d'une assemblée. C'est le cas de la Hebrew Philanthropic Society (février 1903), de la Hibernian Society (novembre 1903), de l'Institut du Baron de Hirsch (mars 1897), de la Bnai Ziou Kadima Society (avril 1906), de la Romanian Hebrew Benefit Association (mai 1906), du Order Sons of Benjamin (juin 1908), de la Young Men's Hebrew Association, de la Young Women's Hebrew Association et d'une multitude d'autres groupements dont le nom n'a pas été retenu sur les registres officiels de l'Association Saint-Jean-Baptiste[23]. L'événement le plus retentissant de cette période, pour les Juifs locaux, est la création de la cantate *Ruth* d'Alfred Gaul présentée conjointement par la Young Men's Hebrew Association et la Young Women's Hebrew Association, sous la direction du chef d'orchestre canadien-français Jean-Josaphat Gagnier, le 21 juin 1914. L'œuvre regroupe soixante-quinze chanteurs et trente-cinq musiciens, parmi lesquels se trouvent une douzaine de francophones.

L'élément le plus remarquable de la présence juive ne tient pas tant à l'attachement profond des yiddishophones envers le Monument, qu'à la diversité des activités qu'ils y tiennent. À plusieurs reprises, ils ont même transformé le Monument-National en lieu de culte, afin d'y célébrer des fêtes religieuses importantes.

Dès 1901, un certain Drownstein, représentant de la communauté yiddish, sollicite l'autorisation d'utiliser la grande salle pour les offices religieux marquant la nouvelle année juive. Cette demande est rejetée par le comité de direction de l'Association Saint-Jean-Baptiste, lors de sa séance du 19 juillet 1901. Le procès-verbal ne précise pas les motifs de cette décision. Ce premier refus ne décourage cependant pas les Yiddish, qui reviennent à la charge en 1903. Cette fois, la demande émane de Louis Mitnick, que les «Messieurs de la Société» connaissent bien puisqu'il a déjà loué la grande salle à plusieurs reprises afin

27– Annonce de l'oratorio Ruth *d'Alfred Gaul,*
créé dans la grande salle du Monument-National en 1914.

28– Les interprètes amateurs, juifs et canadiens-français,
de Ruth devant le Monument-National en 1914.

d'y donner des spectacles dramatiques. La requête déposée par
Mitnick devant le comité le 24 août 1903 précise que les offices
ont lieu durant la journée, à des heures spécifiques, et qu'ils ne
nécessitent aucune transformation à la salle. Le comité de direction répond favorablement à la demande, moyennant un loyer de
300 dollars pour cinq journées de célébrations (entre le 20 septembre
et le 8 octobre 1903), «chauffage, nettoyage et éclairage non
compris»[24]. Ces célébrations se répéteront régulièrement jusqu'au milieu des années 30, alors que les différentes communau
tés juives disposeront de synagogues et de salles pour y célébrer
l'essentiel de leurs fêtes civiles et religieuses.

Les anglophones et les Juifs yiddishophones ne sont pas les
seuls à fréquenter le Monument-National. Les Italiens, les
Syriens, les Haïtiens et les Chinois tiennent les activités les plus
diverses dans la grande salle et les autres locaux du bâtiment — de
la soirée récréative au «bazar» (par des Italiens en mai 1897) —,
mais leur présence n'est pas aussi marquée que celle des groupes
précédents.

Le soutien que l'Association Saint-Jean-Baptiste apporte à la plupart de ces groupes et organismes, en leur fournissant ses salles et ses services, est assez intrigant. Quand on songe que le Monument-National a été conçu pour faire échec à la volonté assimilatrice des Canadiens anglais, on comprend mal que le duc d'York y soit reçu avec tant d'égards. On pourrait dire la même chose des Irlandais envers lesquels l'Association se montre très hospitalière, alors que l'épiscopat irlandais d'Amérique mène une lutte sans merci aux « frères » franco-américains du nord-est des États-Unis. La collaboration avec les Juifs n'est pas moins surprenante. Leur présence massive rue Saint-Laurent n'est-elle pas la cause première de la faillite du « projet colossal » de boulevard National ? N'est-ce pas aussi à cause d'eux que le « foyer de la race » canadienne-française se trouve désormais en territoire étranger ? Au moment même où les Juifs célèbrent le Yum Kippour dans la grande salle du Monument, l'Association combat avec férocité le projet de loi qui prévoit la formation d'écoles juives confessionnelles dans le réseau public québécois au début des années 1930.

Cette attitude, qui peut paraître contradictoire, s'explique par l'esprit libéral qui anime la plupart des dirigeants de l'Association Saint-Jean-Baptiste, jusqu'à la Deuxième Guerre mondiale, à l'exception de la période dominée par l'équipe d'Olivar Asselin au début des années 1910. Leur nationalisme, si virulent soit-il, n'a rien de belliqueux ni de xénophobe. Mais le facteur qui peut le plus justifier leur attitude d'ouverture ressort à la culture montréalaise. Cette culture est celle d'un équilibre fondé sur la nécessaire cohabitation de communautés, aux intérêts divergents, qui font tout pour préserver une paix dont elles connaissent la fragilité. Cette paix vaut bien quelques accommodements et civilités, de part et d'autre. On prie en hébreu au Monument-National, mais des Juifs souscrivent à son œuvre ; on y reçoit respectueusement le duc d'York en 1901, mais en juin 1880, on avait applaudi à tout rompre le *Papineau* de Fréchette et ses patriotes séditieux

une paix en équilibre fragile
entre Montréalais franco-anglo,
juifs, etc

dans la très britannique Académie de Musique. Ceux-là mêmes qui avaient pleuré au malheur des héros de 1838, tel David, portent un toast sincère à la gloire d'un représentant de la Reine. On peut être « français et être loyaux sujets anglais », se plaisait à répéter le président Loranger, douze ans après l'exécution de Louis Riel, pour justifier la participation active, sinon enthousiaste, de l'Association Saint-Jean-Baptiste aux fêtes jubilaires de la reine Victoria en 1897[25]. Justification fort superflue à vrai dire, puisque ces paradoxes ne dérangent personne. Ils font partie du quotidien montréalais de cette époque, un quotidien que le Monument-National incarne à la perfection.

L'ère des grands orateurs

De la fin du XIXe siècle à la Deuxième Guerre mondiale, l'Association Saint-Jean-Baptiste, devenue entre-temps la Société Saint-Jean-Baptiste, continue de recruter ses dirigeants au sein de l'élite intellectuelle, sociale et économique du pays. Son influence demeure considérable en dépit de la multiplication des organisations sociales, des groupes de pression et des associations syndicales ou para-syndicales qui visent, eux aussi, la promotion des Canadiens français. Vu son importance et son statut, il n'est donc pas surprenant que l'Association ait été mêlée à tous les grands débats qui ont mobilisé le Canada et le Québec pendant plus d'un demi-siècle. Ces débats ont évidemment eu des échos dans la grande salle du Monument-National, qui a accueilli la plupart des dirigeants politiques et des plus grands orateurs de la province et du pays entre 1893 et 1940. Elle a servi de tribune aux principaux partis politiques fédéraux et provinciaux, comme aux groupuscules plus radicaux ; elle a accueilli tous les candidats à la mairie de Montréal jusqu'en 1940 ; elle a aussi régulièrement vibré aux appels de Marie Gérin-Lajoie, d'Idola Saint-Jean et de Caroline Béique en faveur des femmes. Le nombre d'orateurs de renom qui ont pris la parole au Monument est incalculable. À cette époque où le public est friand de joutes oratoires, où les

29– Joseph-Adolphe Chapleau prononçant un discours dans la grande salle en 1894.

grands tribuns font l'objet d'une véritable vénération, tous ceux qui ont des ambitions politiques doivent subir le test du discours public et le réussir. La salle du Monument est aussi un lieu de consécration. On «fait» le Monument comme, plus tard, les artistes feront la Place des Arts ou le Saint-Denis.

Mais le Monument-National avait suscité des élans oratoires passionnés avant même que d'exister. Il y a déjà eu ce discours inoubliable que l'abbé Lévesque avait prononcé lors de la pose de la première pierre en juin 1884, au coin des rues Craig et Gosford. Le célèbre prêcheur s'était alors métamorphosé en orateur populaire. Mais il n'était pas la seule vedette de cette soirée mémorable. Joseph-Adolphe Chapleau s'y était également illustré.

Ancien Premier ministre du Québec, Chapleau venait d'être élu (en 1882) à Ottawa où il occupait le poste de secrétaire d'État. Chapleau était, à ce moment-là, la personnalité québécoise la plus en vue de la capitale fédérale. Ses talents d'orateur étaient unanimement reconnus. Chapleau surpassait tous ses rivaux dans ce domaine grâce à son sens du théâtre et à son humour corrosif, qu'il savait émailler de citations littéraires. Son discours de juin 1884, donné sans note, émut son auditoire autant qu'il le fit rire.

Il me faudrait le concours de la poésie et de la musique pour célébrer dignement les gloires de ce jour qui réunit autour de nos bannières nationales les innombrablers enfants de la patrie canadienne. Par malheur, je suis brouillé depuis longtemps avec les muses, si jamais j'ai eu des relations avec ces illustres sœurs. Il me faudrait le langage académique des princes de la littérature et de la rhétorique, et ce don des dieux n'est pas arrivé jusqu'à moi. Quand le plateau chargé de ces mets divins passa devant moi, je m'aperçus qu'il était presque vide; ceux que l'on avait servis avant moi avaient tout pris. Je ne dirai pas le nom de ces coupables, malgré que j'en voie deux [Laurent-Olivier David et Louis-Honoré Fréchette] dans cette salle; encore moins les accuserai-je; [...].

30– Le premier ministre Wilfrid Laurier dans la grande salle du Monument-National en 1899.

Pourtant non, l'on n'avait pas tout pris, il restait quelques bribes dont je sus m'accommoder. Cela me fit un plat modeste que je viens partager avec vous. Que voulez-vous? Si je n'ai pas sa beauté, j'ai du moins la candeur de la jeune fille qui « ne donne que ce qu'elle a ». Une fois encore, je vais enlever l'encre de la plume de ceux qui s'obstinent à vouloir écrire que je ne parle pas français[26], je vais en faire l'aveu moi-même en vous parlant... canadien.

Oh ! de cette éloquence-là, par exemple, j'en ai, j'en ai plein la bouche, j'en ai plein mon cœur ! Et comment n'en serais-je pas pénétré aujourd'hui, de cette éloquence de l'âme tressaillant de patriotisme. « Ô patrie, ineffable mystère, Mot sublime et terrible ! Inconcevable amour[27] ».

Les trois plus grands tribuns canadiens-français de la fin du XIXe siècle ont tous pris la parole au Monument-National. Outre Chapleau, qui est également présent à l'inauguration de 1893 où il prononce un discours plus sobre que celui-ci, Honoré Mercier et Wilfrid Laurier ont su faire vibrer la fibre patriotique de leurs compatriotes dans la grande salle. Tous deux se trouvent à la tribune d'honneur du 25 juin 1893, au côté de Chapleau. Laurier y rend le vibrant hommage que l'on sait à son ami David ; quant à Mercier, malade et affaibli, il se contente de prononcer quelques mots de circonstance. Son dernier grand discours a été prononcé la veille au Parc Sohmer à l'occasion de l'ouverture du grand congrès de 1893. Mercier rassemble alors ses dernières énergies dans un plaidoyer enflammé en faveur de la « race », qui est aussi son testament politique.

> Je déclare : nous avons des droits égaux à ceux des autres races, et malheur à qui voudrait nous les enlever. Nous sommes aujourd'hui plus de deux millions et nous savons nous défendre comme ont fait nos pères, et si nous oublions notre devoir, nos compatriotes des États-Unis [venus en grand nombre] sauront bien nous le reprocher. [...]

> Qu'elles finissent, ces divisions, et non pas seulement le jour de la Saint-Jean-Baptiste, mais toujours, toujours.

> N'oublions pas que les pires ennemis de notre race ne sont pas les Anglais, ni les Écossais, ni les Irlandais, mais nous-mêmes [...][28].

Le Monument-National est également le théâtre d'assemblées contradictoires, fort houleuses, qui voient des politiciens impopulaires se faire abondamment chahuter, voire ridiculiser. Robert Laird Borden est de ceux-là. Il a la mauvaise idée de venir défendre son projet de loi sur la marine canadienne de 1911 dans la respectable enceinte du Monument. Il y est houspillé sans pitié. Un peu plus tard, la loi sur la conscription provoque des affrontements oratoires d'une grande intensité, comme le font la loi québécoise sur l'usage du français (la loi Lavergne) ou le Règlement 17 sur les écoles françaises d'Ontario. Le Monument-National est un véritable carrefour où se croisent et s'entrechoquent tous

31– Robert Laird Borden, dans la grande salle un peu avant la Première Guerre mondiale.

32– Henri Bourassa, auteur de nombreux discours au Monument-National.

Henri Bourassa

les grands courants idéologiques. On pourrait refaire l'histoire houleuse du pays à la simple lecture des discours qui y ont été prononcés au cours de ses cinquante premières années d'existence. Il ressortirait de cette histoire que le champion incontesté des rencontres mémorables du Monument, qui exigent autant d'habileté rhétorique que de présence scénique, est Henri Bourassa. Sa seule présence à une assemblée publique est un gage de succès.

Bourassa est un habitué du Monument-National, où il donne certains de ses discours les plus importants (sur les Franco-Américains, le 24 juin 1911 ; sur le Règlement 17, le 19 mai 1915[29] ; sur la paix, en mai 1918 ; pour ne citer que ceux-là). Les discours de Bourassa sont de véritables performances artistiques et physiques qui subjuguent les auditoires les plus avertis. Il sait parler en même temps aux couches populaires et aux classes intellectuelles, sans sombrer dans la démagogie, et il peut émouvoir tout en conservant une grande rigueur intellectuelle. Son pouvoir de persuasion est redoutable, à preuve l'historien Lionel Groulx qui est tombé sous le charme dès sa première participation à une conférence de Bourassa. Près de soixante ans plus tard, ce dernier rend compte de cette expérience avec une admiration demeurée intacte. L'orateur avait été invité à prononcer un discours par l'Association canadienne de la jeunesse catholique (ACJC) le 17 avril 1905. Le sujet portait sur la situation des francophones de l'Ouest.

La scène se passe au Monument-National. Bourassa choisit de traiter, plus spécifiquement, des droits et de la liberté scolaires des minorités françaises, qui se trouvent menacés dans les Territoires du Nord-Ouest où deux provinces, l'Alberta et la Saskatchewan, sont sur le point de naître. Comme Chapleau, Laurier et Mercier, Bourassa parle sans note. La voix est claire, légèrement métallique, la diction est impeccable, se souvient Lionel Groulx, qui ajoute :

> On écoute dans un silence tendu, subjugué dès les premiers mots. Bourassa parle depuis une dizaine de minutes. De son

même ton de professeur ou d'avocat, il brosse à larges traits
un tableau de l'histoire de l'Ouest canadien : découverte des
explorateurs français, œuvre des pionniers, œuvre des mis-
sionnaires, insignes civilisateurs. Puis, bien cambré sur ses
jambes, la tête haute, la voix éclatante, l'orateur serre de plus
près son sujet : pour les héritiers des explorateurs, pour les
fils des pionniers, pour les planteurs de croix, pour les ouvriers
de la civilisation, [qu'] exigent l'honneur, la fierté, la jus-
tice ? Des droits égaux, droits de la constitution du pays,
droits de ceux de sa race de faire enseigner leur langue, droit
de faire enseigner leur religion, égalité devant les taxes...
L'argent des catholiques vaut l'argent des protestants...
Petites phrases martelées en formules tassées, lapidaires.
Rien de creux, rien d'emphatique, en effet dans ce discours,
mais une pensée qui reste pleine, qui progresse, qui accroît
conviction et émotion ; une fougue lucide, dirais-je, conta-
gieuse, irrésistible. Séduit, soulevé, l'auditoire commence
d'applaudir. Profondément ému, l'orateur passe outre, laisse
la foule en suspens, puis enfin, le sanglot dans la gorge, lance
sa finale. La foule ne se contient plus. Tous sont debout,
applaudissent, crient, acclament, trépignent, mouchoirs, chapeaux, cannes en l'air[30].

La réputation de Henri Bourassa est telle que ces « Messieurs
de la Société » lui demandent de prononcer le discours de clôture,
à l'occasion de la visite au Monument du gouverneur du Rhode
Island, le 17 décembre 1914. En cette période où les minorités
francophones hors Québec, au Canada comme aux États-Unis,
vivent sous la menace constante de l'assimilation, l'événement
revêt une grande importance symbolique, puisque le gouverneur
Aram Pothier est québécois de naissance. Celui, qu'on se plaît à
appeler « le Laurier franco-américain », incarne à fois le génie de
la race et sa fragilité, car le gouverneur casse encore plus son
français que son illustre modèle. Bourassa saisit l'occasion pour
en appeler à la solidarité de tous les Canadiens français, dénonçant

dénonçant

l'attitude de ceux qui suggèrent le repli du Québec sur lui-même, sous prétexte que la francophonie n'a pas d'avenir à l'extérieur de la province.

> La province de Québec doit bien comprendre que ses efforts ne lui serviront que dans la mesure où elle étendra ses rapports religieux, politiques et économiques à tous les Canadiens français de l'Alberta, de la Saskatchewan, de l'Ontario et aux Acadiens. Nous allons aussi tendre la main, par-dessus la frontière, aux Canadiens des États-Unis. [...]
>
> Si nous laissons sacrifier une par une les minorités françaises qui sont nos avant-postes, le jour viendra où la province de Québec elle-même subira l'assaut...[31]

À côté de ce tribun hors pair, même les plus grands orateurs de l'heure font piètre figure. Mais Bourassa n'a pas l'exclusivité de la grande salle. Armand Lavergne, qui a longtemps été son disciple, est également un enfant chéri de l'endroit. Défenseur infatigable des droits du français, Lavergne n'a ni la superbe de Bourassa, ni sa culture, mais son côté populiste et sa bonhomie séduisent. C'est à lui qu'on doit la fameuse boutade sur la «*Presse* épaisse». Invité à prendre la parole lors d'une soirée marquant le cinquième anniversaire du quotidien *Le Devoir*, il décoche des flèches vitrioliques contre *La Presse*, qui a eu le malheur de le qualifier de «jeune fou de Montmagny».

> *Le Devoir* a déjà cinq ans! Qu'il est grand pour son âge, bien plus grand que ses confrères, quoiqu'ils soient plus gros que lui. C'est que *Le Devoir* a progressé en hauteur pendant qu'eux progressaient en épaisseur[32].

Quoique moins attachant que Mercier, Laurier, Chapleau, Bourassa ou Lavergne, Olivar Asselin a aussi fait les délices des foules du Monument. Ce n'est pas tant son nationalisme intransigeant ou la rigueur de son argumentation qui séduisent ses auditeurs, que ses emportements et ses charges implacables contre l'archevêque de Montréal et contre ses ennemis politiques — ils étaient légion. Il les qualifie volontiers de «vénérables ganaches», de «provinciaux curieux et méchants», d'adeptes de «mascarades et pétarades» ou encore de «partisans de l'intangibilité du Mouton». Olivar Asselin n'a pas été qu'un des grands orateurs du Monument, il a également présidé aux destinées de l'Association Saint-Jean-Baptiste de mars 1913 à juin 1914 et, à ce titre, a eu une influence déterminante sur les activités du Monument-National. Il est le premier président à souhaiter officiellement que l'Association s'en départisse.

Le dernier des grands tribuns de cet âge d'or, qui a soulevé les auditoires de la grande salle et qui y a connu des heures exaltantes, est le chanoine Lionel Groulx. Groulx aussi est un habitué du Monument-National, du fait qu'il a été membre du comité de direction de la Société Saint-Jean-Baptiste durant quelques années et que plusieurs des organismes qu'il a suscités y ont oeuvré ou y ont été présents[33].

C'est au Monument-National que, de son propre aveu, il a remporté son «premier succès oratoire» «devant un public émotif comme on l'est en ce temps de la première grande Guerre[34]». Groulx n'a pas la chaleur et le sens théâtral de Henri Bourassa, mais ses discours sont d'une telle logique et sont exprimés avec tant de conviction qu'ils forcent l'admiration. Dans sa première allocution notoire, Groulx brosse un bilan négatif du premier cinquantenaire de la Confédération et demande à ses compatriotes de relever l'échine afin de prendre en mains leur destinée. Sa conclusion frôle le lyrisme.

> [...] avec notre fierté déprimée, après la trahison de plus en plus manifeste de nos hautes classes dirigeantes, obligés de nous replier sur l'unique réserve de notre jeunesse et de nos classes pauvres, race décapitée, acculée à tout l'inconnu de demain et presque à la menace d'un *Sonderbund*, nous sentons trembler entre nos doigts le flambeau de nos destinées, et la

33–Lionel Groulx, auteur de multiples discours au Monument-National.

grande force surhumaine nous fait ployer les genoux et join-dre les mains[35].

C'est le 24 juin 1924, que Lionel Groulx donne l'un des discours les plus marquants de sa carrière à l'occasion du congrès national organisé par la Société Saint-Jean-Baptiste. L'essentiel de ses idées se trouve réuni dans cette réflexion magistrale intitu-lée *Nos devoirs envers la race*[36]. Groulx recourt déjà au procédé rhétorique qu'il affectionne : l'évocation du passé où l'actualité se lit en filigrane. Partant d'un événement historique, qu'il magnifie, il établit des similitudes entre le présent et ce passé glorieux et en tire les leçons appropriées. Le 16 septembre 1942, il livre son fameux réquisitoire, intitulé *Vers l'indépendance politique*, devant une salle archi-comble et enthousiaste. Pour la circonstance, Groulx choisit de brosser un parallèle entre la résistance de Lafontaine au Parle-ment de Kingston en 1842 et l'attitude actuelle — en 1942 — des Canadiens français à l'égard de leur langue, de leur culture et de leur foi. Les discours de Lionel Groulx ont un grand retentissement parmi les intellectuels québécois, mais son nationalisme inquiète et irrite la communauté juive, qui y perçoit des relents d'antisémi-tisme.

Le Monument-National a également vu défiler des dizaines de personnalités québécoises, canadiennes et étrangères qui, sans être douées de talents oratoires exceptionnels, ont réussi à faire vibrer la grande salle du Monument par leurs propos étonnants ou par leur fougue — c'est le cas d'André Laurendeau et de Gérard Filion (tous deux du groupe Jeune-Canada, à quelques reprises entre juin 1933 et avril 1935), de Jean Drapeau (à propos de la conscription et du Bloc populaire) —, ou par leurs emportements inhabituels — comme dans le cas des académiciens Édouard Montpetit (en mai 1913) et Roger Duhamel (à quelques reprises entre 1943 et 1946)[37]. Le Monument a aussi accueilli, entre 1930 et 1940, les champions canadiens-français de l'antisémitisme regroupés autour d'Adrien Arcand sous la bannière du Parti social chrétien, puis du Parti de l'unité nationale du Canada. Le

3 novembre 1930, Arcand livre un violent réquisitoire intitulé
Chrétien ou Juif? où il assimile «la race juive» à «une tribu» et
où il dénonce l'impérialisme et le matérialisme juifs. Curieusement, la présence d'Arcand et de ses collègues pro-nazis a coïn-
cidé avec l'accroissement des activités sionistes au Monument.

Parmi les personnalités étrangères les plus célèbres qui se
sont illustrées par leurs talents de tribun au Monument-National
se trouve David Ben Gourion. Car, en plus de servir de centre
communautaire et de salle de spectacles à la communauté yiddish
de Montréal, le Monument a également été un important foyer
sioniste. C'est dans la grande salle du Monument-National qu'a
eu lieu le premier congrès juif canadien le 16 mars 1919[38], c'est
également là que David Ben Gourion est venu fouetter les ardeurs
nationalistes des Juifs montréalais le 15 décembre 1930, à l'occasion du vingt-cinquième anniversaire du cercle montréalais de
la Poale Zion[39]. Plus populiste que Henri Bourassa, Ben Gourion
n'en est pas moins un orateur redoutable, qui défend avec fougue
le projet d'État juif en Palestine. Véritable fondateur d'Israël,
dont il sera le premier chef de gouvernement (de 1948 à 1953 et
de 1955 à 1963), David Ben Gourion revient à quelques reprises
au Monument-National où il reçoit toujours un accueil délirant de
la part de ses coreligionnaires.

Après la Deuxième Guerre mondiale, les grands tribuns
n'exercent plus la même fascination sur le public. Le développement des moyens électriques d'amplification de la voix a sans
doute joué dans cette perte de faveur, mais il est aussi possible
qu'ils aient été victimes de la vague de scepticisme qui balaie le
monde occidental après 1945. Lionel Groulx prend encore la
parole au Monument-National à quelques occasions après la
guerre, mais ses élans enflammés sur la race, la langue et le passé
n'ont plus l'impact de ses premiers discours. L'ère des grands
tribuns est bel et bien révolue. Pourtant, en mars 1962, la grande
salle défraîchie connaît quelques ultimes sursauts passionnés. La
cause en est imputable à un jeune orateur de grand talent, Pierre

Déclin des grands tribuns après WW II

The Canadian
Jewish Chronicle

MAY EVERY WORD SPOKEN AND EVERY ACTION
TAKEN BE WORTHY OF CANADA AND OF ISRAEL.

ברוכים הבאים
שלוחי ישראל

WELCOME

Delegates
To The
First Canadian Jewish
Congress

Oh, Sons of Israel, Arise!
'Neath Canada's liberty-loving skies.
Speak out your mind with one accord
Ye are the chosen of the Lord!
Speak in the name of all our race,

From every clime and every place.
Speak! for the Jew still needs defending
'Ere we shall see his sorrows ending.
You who've come to the Canadian Jewish Congress,
May your efforts be crowned with all success.   I. L. S.

VOLUME VI.   MARCH 14, 1919—ADAR-II—12, 5679.   No. 44

34– *Annonce du 1er Congrès juif canadien tenu au Monument-National à partir du 16 mars 1919.*

*toile de fond : rév. industrielle
la lutte des classes*

Pierre
Bourgault, militant du Rassemblement pour l'indépendance
nationale qui tient alors une assemblée publique au Monument.
Ce dernier souffle met un terme définitif à l'activité politique du
Monument-National.

1895-1966

Les débuts de l'éducation des adultes : les cours publics, les autres cours, la bibliothèque

L'œuvre du Monument-National, aussi marquée soit-elle par
l'idéologie nationaliste, relève d'un vaste courant universel qui
est en grande partie inspiré par les valeurs nouvelles issues de la
révolution industrielle. Ces valeurs correspondent au mouvement
d'action sociale défini par le pape Léon XIII dans sa retentissante
encyclique *Rerum Novarum*, publiée en 1891. Le document papal,
novateur et audacieux à bien des égards, insiste sur la nécessité de
« venir en aide, par des mesures promptes et efficaces, aux
hommes des classes inférieures, attendu qu'ils sont pour la plupart
dans une situation d'infortune et de misère imméritée[40] ». Perçue
comme une réaction à la montée du socialisme, l'Encyclique prend
résolument le parti des prolétaires, en opposant les vertus chrétiennes de charité, d'entraide et de partage au concept radical de
lutte des classes.

L'action du Monument-National, qu'il s'agisse de la fondation de la Fédération nationale Saint-Jean-Baptiste ou de celle de
la Caisse nationale d'Économie, est toute imprégnée de cet
altruisme qui caractérise la pensée libérale catholique et réformiste de cette époque au Québec. Le projet de cours publics, que
Joson Perrault défend dès la fin des années 1880, découle également de cette philosophie.

L'Association est très attachée au projet des cours publics,
qui justifie dans une large mesure l'existence même du Monument-National. Dès son élection au poste de président en 1888,
Laurent-Olivier David insiste, en effet, sur le fait que l'« Édifice
national » sera à la fois un centre récréatif et un lieu d'éducation

pour tous les Canadiens français. En 1890, alors que l'Association cherche désespérément des fonds pour mener son œuvre à terme, elle fait de la nécessité de «répandre l'instruction parmi les masses» le principal argument du plaidoyer qu'elle présente au Premier ministre Mercier, en faveur du projet de Monument. La discussion, qui a lieu à cette occasion entre le chef du gouvernement provincial et les représentants de l'Association, porte presque exclusivement sur ces «cours publics d'instruction pratique» et sur la bibliothèque, également publique, qui leur est attachée. À cette époque, Montréal ne compte encore que des bibliothèques privées.

La mission éducative du Monument devient un engagement formel, lorsque le gouvernement Mercier décide d'octroyer à l'Association un montant de 10 000 dollars pour ses œuvres. On sait qu'il lui accorde en même temps, le 30 juin 1890, un permis controversé de loterie publique. Ce permis est expressément justifié par «l'ouverture d'une bibliothèque publique et de cours d'instruction pratique dans le futur édifice[41]». Cinq ans plus tard, en mai 1895, l'Association Saint-Jean-Baptiste revient à la charge sur le même sujet. Aux prises avec des problèmes financiers particulièrement aigus, elle prie le gouvernement provincial, dirigé à présent par Louis-Olivier Taillon, de garantir les emprunts du Monument-National en considération de l'importance éducative de son œuvre. Le mémoire qui appuie cette requête place les cours publics au cœur même de la mission du Monument.

Cette œuvre, qui a absorbé dans sa construction la somme de 250 000 dollars, est essentiellement une œuvre d'instruction de contenu et d'utilité publique [sic]. Elle a pour base l'enseignement technique dont nos classes industrielles ont un si pressant besoin [...][42].

Le gouvernement de Taillon refuse la garantie réclamée, mais il accorde à l'Association une subvention annuelle de 2 500 dollars pour la gestion des cours publics. C'est la première fois que l'orientation technique et industrielle des cours est mentionnée avec tant d'insistance, mais des résistances se manifestent au sein même du comité de direction. Si Joson Perrault, Frédéric-Liguori Béique et Arthur Gagnon, le fondateur de la Caisse nationale d'Économie, sont partisans de ce qu'on nomme déjà l'«École industrielle», d'autres, dont David, insistent pour que les «humanités», c'est-à-dire la culture générale, aient également leur place dans la mission éducative du Monument. Il ne suffit pas de former techniquement les «masses laborieuses», il faut aussi les «édifier», assurer «leur élévation par le génie de l'esprit et de la langue», par «le commerce du génie français». Les tenants de ces deux tendances sont heureusement des hommes de compromis. Ils conviennent donc que les cours publics offrent un enseignement technique et un enseignement général. Ces cours sont gratuits et ouverts aux hommes et aux femmes, sauf dans certains cas particuliers[43], ce qui est très innovateur.

Les premiers cours débutent sur une base expérimentale dans la semaine du 1er novembre 1895. Les titulaires choisis font autorité dans leur discipline respective et sont engagés pour une série de «conférences» réparties tout au long de l'année. Le succès de l'entreprise amène l'Association à créer le «comité des cours publics» en juin 1896, en vue de préparer l'année scolaire suivante. La plupart des conférenciers de l'année écoulée sont invités à participer à ce comité et à reprendre leurs conférences dans un cadre beaucoup plus strict. Le comité présente son rapport au comité de direction de l'Association le 18 septembre 1896. Il a fixé la liste des matières enseignées, précisé les modalités d'engagement des professeurs (payés 100 dollars pour l'année) et arrêté la date d'ouverture des cours publics. La carrière du Monument-National, comme lieu d'éducation populaire destiné aux adultes, débute ainsi officiellement le 5 octobre 1896.

La formule adoptée lors de cette première année varie peu par la suite, bien que des changements soient régulièrement

les sortes de cours offerts :

apportés au contenu des cours et que le corps professoral soit continuellement renouvelé. L'enseignement a lieu en soirée et chaque cours est constitué d'une vingtaine de rencontres hebdomadaires d'une durée moyenne de soixante à quatre-vingt-dix minutes, pour un total de vingt à trente-cinq heures. N'importe qui peut s'inscrire à ces cours (sans aucune limite) pour lesquels aucune condition préalable n'est exigée, si ce n'est le fait de savoir lire et écrire. La liste des disciplines enseignées en 1895-1896 reflète assez bien les intérêts des membres du comité de direction dont certains — David en histoire universelle et Perrault en agriculture — assument des charges professorales.

Outre ces deux cours, donnés respectivement le lundi et le dimanche, le programme comporte un cours de mécanique générale donné par A. Bonin le mercredi, un cours intitulé «mines et métallurgie» assumé par H. Roy le jeudi, un cours de commerce donné par S. Côté le vendredi et, enfin, le cours d'architecture dont le titulaire, Joseph Venne, est l'architecte du Monument. Ce cours a lieu le samedi en soirée. Le succès remporté par ces divers cours dépasse les prévisions les plus optimistes de Perrault, qui obtient du comité de direction l'ajout de deux autres cours. L'un, portant sur l'hygiène de la famille, est octroyé au docteur F. Parizeau de la faculté de Médecine de Paris; l'autre traite des sciences électriques. Il est confié à un dénommé Hérap.

À part Côté, Venne et Perrault, dont le cours s'institue *cours évolués :* désormais «agriculture et colonisation», aucun des professeurs de la première année officielle des cours publics n'est encore présent au début de l'année 1898-1899. Le cours de mécanique générale a été refondu et porte désormais le titre de «mécanique industrielle». Il est confié à un ingénieur français fraîchement débarqué à Montréal, Antoine Bailly, qui bifurque rapidement vers le théâtre, où il connaîtra une longue et brillante carrière sous le nom d'Antoine Godeau[44]. Deux nouvelles matières sont intégrées au programme et commandent l'ouverture d'un cours d'économie politique, donné par l'honorable Joseph Royal, et,

surtout, celle du cours d'élocution assumé par le professeur
Delahaye, un «maître de la parole» venu de France. En 1903-
1904, le cours d'histoire universelle est remplacé par le cours
d'histoire du Canada, tandis qu'un cours de sténographie et clavigraphie et un cours de marine et navigation s'ajoutent aux sept
cours déjà existants. Ce dernier cours, financé par le ministère
(fédéral) de la Marine, marque les débuts de l'École de marine.
Sous l'impulsion de Perrault, bientôt remplacé par Adolphe-V.
Roy à la direction des cours publics du Monument, la part de
l'enseignement technique ne cesse de se développer, alors que
l'enseignement général stagne.

Cette tendance correspond au besoin exprimé par les milieux
enseignants, les principaux commerçants et industriels canadiens-français qui, de plus en plus, réclament la création d'écoles
industrielles et techniques. Quant aux dignitaires de la Chambre
de commerce, dont Joson Perrault fait partie, ils souhaitent que le
cours de commerce du Monument-National serve de base à la
création d'une école des Hautes Études commerciales dont
Montréal a grand besoin. Tous ces projets d'écoles techniques,
industrielles et commerciales émanent principalement de l'Association Saint-Jean-Baptiste, qui espère bien voir ses cours
«d'utilité publique» intégrés à des institutions prestigieuses dont
elle aurait la responsabilité. Car, il va de soi que cet enseignement technique ne saurait être confié à des clercs. Ceux-ci se
montrent d'ailleurs assez réticents face à ces projets d'écoles,
qu'ils perçoivent comme une menace aux collèges classiques.
Dans un long article qui brosse un bilan d'une réunion pédagogique nationale, tenue à l'Université Laval (de Québec) le 22 juin
1906, Mgr Camille Roy rappelle que :

> L'expérience a démontré que nos collèges classiques ont
> formé dans ce pays une élite qui assure à la race canadienne-
> française une supériorité intellectuelle dont nous sommes
> fiers. N'allons pas compromettre une œuvre si bonne par de
> hasardeuses et problématiques entreprises. [...]

Outillons-nous donc, puisqu'il le faut; fondons des écoles de hautes études pratiques; que nos gouvernements suppléent à l'entreprise privée qui manque de ressources, [...] mais ne demandons pas, comme on l'a fait quelquefois, à nos collèges classiques et à nos petits séminaires de se transformer en usines où l'on prépare les apprentis de tous les métiers. Pour avoir voulu faire des jeunes gens propres à tout, nous n'en ferions pas dont l'esprit soit suffisamment initié au culte de l'art, et à la pratique et au maniement des idées[45].

Ces réticences n'affectent en rien l'enthousiasme des tenants des «nouvelles écoles» qui voient le discours du Trône du 15 janvier 1907 couronner leurs efforts. Le gouvernement y annonce en effet la création de trois grandes institutions d'enseignement supérieur: une école technique à Québec, une école technique et une école des Hautes Études commerciales à Montréal. Mais l'Association Saint-Jean-Baptiste, qui espérait hériter de l'École technique, se rend vite à l'évidence que celle-ci lui échappera. Cette déception se double d'une inquiétude. La création de l'École technique pourrait bien entraîner la suppression de la subvention gouvernementale aux cours publics, ce qui mettrait leur existence en péril. L'Association demande immédiatement audience au Premier ministre qui la rassure. La subvention annuelle de 2 500 dollars sera maintenue. Quoi qu'il advienne, les cours survivront.

Pour 1906-1907, l'Association décide d'ajouter la télégraphie à la gamme des matières enseignées, tandis que le cours d'histoire est supprimé. L'année suivante, les cours publics subissent deux bouleversements: l'introduction du cours de droit usuel et la nomination d'Irène Joly au poste de professeure de dactylographie et de correspondance commerciale. Le cours de droit usuel est l'œuvre de Marie Gérin-Lajoie, qui y participe à titre de conférencière invitée. Le cours porte essentiellement sur la matière de son ouvrage *Le Droit usuel* (qui sert d'ailleurs de manuel aux élèves). Quant à l'affectation d'Irène Joly, elle constitue une importante percée pour la Fédération nationale

Saint-Jean-Baptiste et ses militantes, qui y voient la preuve que la carrière des femmes enseignantes ne se limite plus aux institutions féminines et aux écoles élémentaires. Rappelons que, à cette époque où les emplois de soutien administratif (secrétaires, commis de bureau, dactylographes, etc.) sont encore très majoritairement assumés par des hommes, le fait de confier une classe dominée par des élèves masculins à une femme est audacieux. La nomination soulève d'ailleurs de nombreuses réticences dont le comité de direction ne tient pas compte.

Les changements les plus marquants des années subséquentes résultent souvent, directement ou indirectement, des initiatives de la Fédération nationale Saint-Jean-Baptiste : cours d'anglais aux employées de bureau, cours de français technique « usité dans les professions, les arts et métiers et l'agriculture, particulièrement pour enseigner aux employés dans les usines et manufactures les noms français des instruments et des outils dont ils se servent[46] ». Deux innovations majeures surviennent respectivement en 1915 et en 1925. À l'instigation de Joseph-Victorien Désaulniers, qui dirige maintenant les cours publics, le comité de direction décide de créer un cours de français pour étrangers. Ce cours très suivi, qui attire autant d'anglophones que d'allophones récemment immigrés au pays, sert aussi d'initiation à la culture québécoise. Dix ans plus tard, Victor Morin, ex-président de la Société Saint-Jean-Baptiste, fonde le cours de guide touristique. Ce cours passe pour être le premier du genre au Canada. Il est également le premier des cours publics à recevoir une sanction officielle d'un organisme ne relevant pas de la Société. Les diplômes sont en effet émis par le Conseil municipal qui n'accorde de permis de guides touristiques qu'aux diplômés du Monument.

Tout au cours de leurs soixante-dix années d'existence, les cours publics du Monument-National se sont continuellement adaptés aux besoins de la société québécoise. Si les cours techniques disparaissent à mesure que se développent des instituts publics d'éducation spécialisée, les cours de formation générale et pratique subsistent jusqu'à la fin. On voit ainsi apparaître des cours d'alimentation, et « d'achats », de mode, etc. Les cours de français sont également très populaires après la Deuxième Guerre mondiale. Leur suppression au printemps 1966 marque la fin des cours publics du Monument-National.

Mis à part le cours de tourisme, aucun document officiel ne sanctionne la réussite des cours publics du Monument-National ce qui, dès l'origine, crée des problèmes d'assiduité parmi les élèves. Pour la régler, l'Association imagine toute une série de mesures incitatives qui vont de la remise de certificats d'excellence à l'imposition de pénalités financières ou, même, au renvoi pour toute absence injustifiée[47].

Au cours de leur longue carrière, les cours publics du Monument ont attiré une moyenne de cinq cents à mille élèves des deux sexes. Ils ont devancé, favorisé et, parfois, provoqué la formation d'écoles spécialisées, comme l'école des Hautes Études commerciales, l'École technique de Montréal devenue ensuite l'École de technologie supérieure, l'Institut de tourisme et d'hôtellerie, l'École de marine (devenue depuis Institut) et le Conservatoire d'art dramatique. Tout cela témoigne bien de l'utilité de ces cours dont l'apport au développement de la société québécoise est remarquable.

Grâce à ces cours du soir, gratuits et publics, le Monument-National a pu, durant un certain temps, remplir une fonction essentielle que ni les clercs des collèges classiques ni le gouvernement n'acceptaient d'assumer. Le Monument-National peut, à ce titre, revendiquer le statut de première université populaire d'Amérique, sinon par la lettre, du moins par l'esprit. Car, comme les universités populaires créées sur le modèle de G. Deherme à partir de 1898, le Monument-National a répandu « l'instruction dans le peuple » et a tenté de créer « un rapprochement entre les intellectuels et la classe ouvrière ». Si d'autres groupements — dont celui de Joseph Légaré au sein de l'Association Saint-Jean-Baptiste de Québec[48] — ont déjà offert des cours du soir aux

*35– Intérieur de l'atelier de sculpture du Monument-National
avec le professeur Edmond Dyonnet.*

adultes, aucun ne l'a fait à une aussi grande échelle et avec une orientation technique aussi marquée que le Monument-National.

L'action éducative du Monument-National ne se limite pas aux cours publics. Dès 1895, il abrite le Conseil des Arts et Manufactures, qui y restera jusqu'en 1955 et qui occupe la totalité des troisième et quatrième étages. Le Conseil, qui prend plus tard le nom d'École des arts et métiers, dispense également un enseignement technique et artistique. En 1916, les élèves peuvent y suivre des cours de menuiserie, d'architecture, de couture, de lettrage, d'«affiches d'annonces», de lithographie et de dessin. La présence du Conseil au Monument suscite la création d'une multitude de petites écoles et d'organismes d'éducation et d'animation populaire à vocation artistique. Parmi eux, on peut mentionner l'École de sculpture et l'École de dessin, à laquelle a participé le sculpteur Alfred Laliberté. Ces deux écoles sont

*Le Conseil des Arts et Manufactures
(→ L'École des arts et métiers)*

gratuites et demeureront au Monument-National jusqu'en 1922.
Le Conseil favorise également la création d'un premier Conservatoire national des arts (de mai à décembre 1896), d'une École
des Beaux-Arts (en 1896), d'un musée-atelier (en 1895), d'une
(autre) école de dessin (de 1898 à 1910), etc. Le Monument-
National a aussi abrité pendant des années, à partir de 1898, le
cours de solfège et de musique, donné successivement par les
musiciens Edmond Hardy, Jean-Baptiste Dubois et Jean Goulet,
qui a longtemps tenu lieu de conservatoire de musique.

Tous les cours dispensés au Monument-National ont trouvé
leur complément naturel dans la bibliothèque publique de Montréal,
qui a logé au premier étage du bâtiment de 1905 à 1910 et dont le
catalogue a été largement constitué par les professeurs des cours
publics et du Conseil des Arts et Manufactures. La mission éducative du Monument-National s'est aussi réalisée par le programme des conférences publiques — de vulgarisation ou savantes —
organisé par le comité des conférences ou par des organismes
indépendants d'action sociale. Les publications périodiques *La
Bonne Parole*, *L'Oiseau bleu*, *La Revue nationale* et *les Contes
historiques* ont prolongé cette mission dans tous les foyers de la
province et du Canada français.

Notes du Chapitre III

1. Ce n'est qu'au début des années 1960 que la Société Saint-Jean-Baptiste s'ouvrira aux femmes.

2. Femme progressiste très liée au Premier ministre de Grande-Bretagne, William Ewart Gladstone, et sympathisante reconnue du mouvement féministe anglais, Lady Aberdeen occupe d'ailleurs la grande salle du Monument-National trois jours d'affilée à partir du 14 janvier 1895. Il n'est pas impossible que cette réunion ait un rapport avec les activités du National Council of Women (séance du 28 décembre 1894, P.-v., SSJB).

3. Joséphine Dandurand est aussi dramaturge à ses heures et l'une de ses pièces, *La Carte postale*, est créée au Monument-National le 14 avril 1910 par les élèves du Conservatoire Lassalle.

4. Pour l'histoire de cette revue, voir le collectif Clio, *L'Histoire des femmes au Québec depuis quatre siècles*, Montréal, Le jour éditeur, 1992, p. 245.

5. Brouillon de lettre de Marie Gérin-Lajoie à Mademoiselle Morel, écrivaine française, 1902, p. 6, archives des Sœurs Notre-Dame-du-Bon-Conseil. Cité par Jennifer Stoddart *et al.*, *La Glace est rompue*, Montréal, s. éd., 1973, p. 24.

6. Cité par Stoddart, *id.*, p. 39.

7. *Ibid.*, p. 28.

8. Ces deux dernières sont sœurs et sont les filles de Lady Lacoste (Marie-Louise Globensky). Justine est la fondatrice de l'Hôpital Sainte-Justine de Montréal.

9. Stoddart, *loc. cit.*, p. 34.

10. Qui présentera d'ailleurs une première séance d'amateurs dans la grande salle le 10 février 1903.

11. Discours d'ouverture de Caroline Béique, cité par Robert Rumilly, *Histoire de la Société Saint-Jean-Baptiste de Montréal — des Patriotes au Fleurdelisé 1834/1948*, Montréal, L'Aurore, 1975, p. 183.

12. Caroline Béique, *Quatre-vingts ans de souvenirs*, p. 225. Cité par Stoddart, *op. cit.*, p. 31.

13. Pour les dirigeants de l'Association, les Écoles ménagères restent une œuvre de l'Association Saint-Jean-Baptiste de Montréal. Dans son bilan de l'année 1908, le président Hormisdas Laporte souligne l'engagement social de l'organisme par la création de ces Écoles, par la fondation de la Ligue anti-alcoolique et de la Caisse nationale d'Économie, tout en rappelant l'énorme succès des cours publics (voir séance du 14 février 1908, P.-v., SSJB).

14. Stoddart, *id.*, p. 26.

15. Claudio Jannet, cité par Mgr L. A. Paquet, *Le Canada français*, décembre 1919, I-4, p. 242.

16. Extrait de *La Bonne parole*, mai 1927, p. 7, cité par Marie Lavigne et Rosanne Saint-Jacques in Stoddart, *op. cit.*, p. 48.

17. Cité par Rumilly, *op. cit.*, p. 219.

18. Voir Paul-André Linteau, René Durocher et Jean-Claude Robert, *Histoire du Québec contemporain — de la Confédération à la crise (1867-1929)*, Montréal, Boréal-Express, 1979, p. 406.

19. Cité par Rumilly, *op. cit.*, p. 187. Pour l'histoire détaillée de la Caisse, voir cet ouvrage p. 178-179.

20. *Ibid.*, p. 274.

21. Les deux caisses sont ensuite transformées et fusionnées avec la compagnie d'assurances de la Société Saint-Jean-Baptiste et une entreprise privée. La compagnie La Sauvegarde est née de cette fusion. Pour l'histoire de ces deux organismes jusqu'en 1957, voir l'article de Victor Morin intitulé « Réhabilitation historique » paru dans *Les Cahiers des Dix*, n° 23, 1958, p. 39-52.

22. Le procès-verbal du comité de direction de l'Association Saint-Jean-Baptiste du 27 septembre 1893 évoque la possibilité que la Compagnie se produise dans la grande salle en octobre 1893. Tout laisse supposer que ce projet ne s'est pas concrétisé.

23. C'est d'ailleurs le cas de la majorité d'entre eux. Les archives de l'Association Saint-Jean-Baptiste ne mentionnent que le nom du représentant du groupe.

24. La première demande avait été faite par un certain Brownstein (voir séance du 19 juillet 1901, P.- v., SSJB). La demande de Mitnick est traitée lors de la séance du 24 août 1903 (P.-v., SSJB).

25. Cité par Rumilly, *op. cit.*, p. 172.

26. Des opposants politiques se plaisaient à disséquer ses discours pour en souligner les maladresses et les erreurs. Quelques jours auparavant, un collaborateur de *La Vérité* de Québec s'était amusé à faire l'analyse logique et grammaticale d'un discours que Chapleau avait prononcé aux Communes. L'« étudiant » qui a signé cet article conclut que malgré toute sa bonne volonté il ne peut avec certitude identifier l'origine du jargon employé par l'illustre homme politique !

27. Repris par *La Minerve* du 28 juin 1884, p. 2, sous le titre « Le Banquet National ».

28. Cité par Robert Rumilly, *op. cit.*, p. 165.

29. Robert Rumilly offre une description remarquable de ce discours et de l'art oratoire de Bourassa à cette occasion (*Histoire de la Province de Québec*, vol. XX, Montréal, Montréal-Éditions, s. d., p. 55-60).

30. Lionel Groulx, *Mes mémoires*, tome II, Montréal, Fides, 1971, p. 191.

31. Cité par Robert Rumilly, *op. cit.*, p. 251.

32. Cité par Lionel Groulx, *id.*, volume III, 1972, p. 190.

33. C'est aussi au Monument qu'a logé l'Action française à ses débuts — en 1917-1918, dans une salle minuscule aménagée sous l'escalier menant au premier étage.

34. *Ibid.*, volume I, 1970, p. 309.

35. Reproduit dans *La Revue d'histoire de l'Amérique française* sous le titre « Cent ans d'histoire, 1867-1967 » (XXI, p. 667-675).

36. Repris dans son livre *Dix ans d'Action française*, Montréal, Bibliothèque de l'Action française, 1926, p. 216-233.

37. Jean Drapeau et lui font partie du comité de direction de la Société pendant la Guerre et la crise de la conscription.

38. Une première assemblée préparatoire avait eu lieu en novembre 1915 (voir David Rome, *The Yiddish Theatre : The « Adler »*, Montréal, Canadian Jewish Archives, 1987, p. 22).

39. Anonyme, « David Ben Gourion Will Participate in Jubilee Celebration of Local Poale Zion », *Canadian Jewish Chronicle*, XVIII-29, 5 décembre 1930, p. 15.

40. Cité par Linteau *et al.*, *Histoire du Québec contemporain*, p. 522.

41. Robert Rumilly, *op. cit.*, p. 154.

42. *Ibid.*, p. 171.

43. Dans les faits, on constate que les cours de technique plus lourde — mécanique industrielle, architecture et construction, mines, agriculture, électricité industrielle — sont presque exclusivement suivis par des hommes. Le cours de sténographie et clavigraphie, enseigné par une femme, recrute une clientèle majoritairement mais non exclusivement masculine. Par contre, les cours dits « des humanités » — histoire, élocution — sont suivis à part égale par des hommes et par des femmes (voir liste des élèves dans le *Rapport annuel 1903-1904 de l'Association Saint-Jean-Baptiste de Montréal*, Montréal, Imprimerie de *La Patrie*, 1904, p. 5-20).

44. En raison de ses connaissances techniques, il sera souvent chargé de la régie de scène, en plus de son travail d'acteur.

45. Camille Roy, « À propos de notre enseignement secondaire », *La Vérité*, 26e année, n° 1, 14 juillet 1906, p. 1.

46. Définition de contenu tirée du procès-verbal de la séance du 26 juin 1908 (P.-v., SSJB).

47. Par exemple, les élèves déposent un dollar de garantie à l'inscription qui ne leur est remis qu'à la réussite du cours.

48. Par la création de la Société d'éducation de Québec qui vise aussi « la progression des connaissances utiles » et dont l'action s'étend de 1841 à 1849 (voir John R. Porter, *Joseph Légaré 1795-1855 — L'œuvre*, Ottawa, Musées nationaux du Canada, p. 10-11).

Chapitre IV

Les spectacles du Monument-National

Laurent-Olivier David, le principal artisan de la création du Monument-National, n'a jamais manifesté d'amertume face à l'envahissement de celui-ci par des groupes non francophones et non catholiques. Il reste que la carrière du Monument s'engage dans une voie bien différente de ce que ses collègues de la première heure et lui-même avaient prévu. En juin 1898, le «phare» de la race a brillé pour beaucoup de monde, mais il n'est toujours pas le grand foyer artistique que les Canadiens français attendent et qui aiderait tant à leur épanouissement. Quant au théâtre français, s'il finit par s'établir sur sa vaste scène, c'est après la boxe et la lutte, après les artistes yiddish, après six mois de productions anglaises (par l'Académie de Musique) et après le cinéma naissant.

Du cours d'élocution aux Soirées de Famille : l'amorce de l'«âge d'or» du théâtre au Québec

De tous les cours publics offerts au Monument-National, le cours d'élocution est celui qui a le plus de succès et de retentissement. Suivi, à certaines périodes, par plus de deux cents élèves assidus, il se métamorphose rapidement en cours d'expression, puis d'interprétation dramatiques. Cette évolution est en partie attribuable à l'action d'un jeune étudiant en droit, Elzéar Roy, qui parvient à convaincre Adolphe-V. Roy, le directeur des cours publics, de développer la dimension pratique de ce qui ne devait être, à l'origine, qu'un cours de diction. Le directeur n'a aucune difficulté à persuader à son tour ses collègues du comité de direction de l'Association Saint-Jean-Baptiste du bien-fondé de cette mesure, où Joson Perrault voit «le triomphe de la technique jusque dans les plus beaux arts». Mais ni Adolphe-V. Roy ni ses collègues n'ont la moindre idée de ce que leur réserve le bouillant étudiant. Ils entérinent de bonne grâce la création du cours d'élocution qui

> donnera lieu à une série de vingt-cinq leçons par les maîtres de la parole. Nos jeunes orateurs auront donc là une occasion rare de compléter leur instruction dans l'art, si négligé, jusqu'ici, et si difficile de bien dire[1].

Passionné de théâtre, Elzéar Roy a vu systématiquement tous les spectacles donnés au Monument-National. Avec le comédien français Léon Petitjean et Antoine Godeau, il participe même à quelques productions amateurs, à titre de «directeur artistique» et d'interprète. À cette époque, Montréal n'a pas de théâtre français permanent, bien que sa population soit majoritairement francophone et qu'une foule d'artistes immigrés et québécois — le noyau qui compose la Compagnie franco-canadienne, entre autres — brûlent d'envie de gagner leur vie sur les planches. En attendant ce jour tant souhaité, ils se contentent de diriger des séances d'amateurs, dont ils assument généralement les rôles principaux, et survivent en donnant des «cours de bon parler» très prisés de la bonne bourgeoisie locale.

Le cours public d'élocution du Monument-National ouvre de nouvelles perspectives. Si Joson Perrault peut voir dans le cours de commerce de M. Côté le prélude à la fondation d'une école des Hautes Études commerciales, pourquoi le cours d'élocution que l'Association s'apprête à ouvrir ne deviendrait-il pas un vestibule de conservatoire? Et, tant qu'à faire, pourquoi ne servirait-il pas de base à une future Comédie Française montréalaise? C'est précisément à cela que songe Elzéar Roy lorsqu'il précise plus en détail son projet aux « Messieurs de la Société », en juin 1898. La grande salle est sous-utilisée, il leur propose d'y installer une troupe régulière qui serait constituée des élèves du cours d'élocution.

L'enthousiasme d'Elzéar Roy est communicatif. David l'appuie sans réserve, tandis que le trésorier de l'Association rêve tout haut aux recettes découlant d'une telle entreprise. Frédéric-Liguori Béique a quelques doutes vite balayés. « Le succès est assuré, le risque est nul », lui rétorque Elzéar Roy avec aplomb. Il n'a pas tort. Le cours comptera deux cents élèves, qui voudront tous jouer la comédie ; chaque élève a au moins cinq proches qui, eux, désireront le voir jouer. La salle est presque pleine. Béique n'a plus d'argument et se rallie. Pour venir à bout des derniers résistants, Elzéar Roy évoque l'argument suprême : l'œuvre est hautement patriotique, puisqu'elle mettra un terme au monopole exercé par les théâtres anglophones de la ville et offrira une saine alternative aux nombreux Canadiens français qui les fréquentent. L'argument est inattaquable. Fort de l'appui unanime du comité de direction, auquel il n'a dévoilé qu'une partie de ses intentions, Roy entreprend de marquer avec faste l'ouverture du cours d'élocution et de ses « compléments ». Toute la bonne société montréalaise est conviée à la vaste assemblée du 30 septembre 1898, tenue dans la grande salle, où Elzéar Roy dévoile certains aspects de l'entreprise.

[Ce] cours ne portera véritablement fruit qu'en autant qu'on mettra en pratique les leçons qu'on y recevra. Sans cela, ce serait tout simplement montrer à un convive les mets de votre table, lui dire combien ils sont excellents sans les lui faire goûter ; c'est ce que monsieur le doyen des professeurs des cours publics a si bien compris, aussi a-t-il résolu de donner le complément nécessaire au cours d'élocution, je veux parler de l'école d'application, c'est-à-dire, comme le nom l'indique, l'application donnée sur la prononciation, le geste et le maintien ; en d'autres termes, ce sera une école où l'on étudiera la déclamation en général, la comédie, le drame et l'opérette selon les circonstances et le talent des élèves.

Cette école, composée naturellement des élèves des deux sexes, étant pour ainsi dire le vestibule d'un conservatoire, devra nécessairement donner dans cette salle une série de représentations publiques qu'on est convenu d'appeler Soirées de Famille à cause du cachet d'intimité qui les distinguer[a], représentations qui seront à la fois une récompense pour les élèves et une aubaine pour les spectateurs pour suivre avec intérêt de jeunes acteurs et jouir d'un bon spectacle français[2].

Ce qu'Elzéar Roy et ses amis artistes tentent de faire valoir, c'est que l'inauguration du cours d'élocution et la fondation des Soirées de Famille participent du même mouvement de résistance à l'assimilation que la fondation du Monument-National lui-même. C'est le même combat, car, au-delà de la volonté de former des jeunes à l'art de la parole et à la scène, ils prétendent endiguer l'afflux des Canadiens français dans les théâtres anglophones — donc new-yorkais — de la ville. Pour parvenir à cette fin, ils doivent bénéficier de l'appui total des dirigeants de l'Association, de celui des autorités politiques et de celui des autorités ecclésiastiques. La conclusion du discours de présentation d'Elzéar Roy reprend le motif «édifiant» et patriotique de l'œuvre, qui avait entraîné l'adhésion des «Messieurs de la Société» :

Le public, de son côté, assistera à de jolies représentations où les meilleures pièces françaises et canadiennes seront interprétées avec goût et avec soin. Il aura sous les yeux des spectacles qui pourront à la fois l'amuser, l'instruire et l'édifier. Il oubliera, nous l'espérons, la route de certains théâtres anglais où l'art est remplacé par l'immoralité et qui, cependant, recrutent leur clientèle en grande partie parmi les Canadiens français[3].

L'auditoire présent à cette soirée du 30 septembre appuie sans réserve l'initiative d'Elzéar Roy. Les Soirées de Famille sont désormais une réalité. Leur spectacle d'ouverture est fixé au 13 novembre 1898 avec, au programme, le *Testament de César Girodot*. Elzéar Roy avait d'abord choisi de donner le spectacle des Soirées de Famille tous les dimanches mais, devant l'opposition de l'archevêque de Montréal[4], il décide de les repousser au lundi, sans que cela n'affecte l'affluence des spectateurs.

Les Soirées de Famille ont connu une carrière remarquable. Ce groupement amateur, dont Elzéar Roy dirige lui-même les productions (régie, direction artistique, choix du répertoire), fonctionne selon le modèle des petites compagnies professionnelles dont, à vrai dire, il se distingue assez peu. La troupe comprend vingt-six comédiens et comédiennes réguliers et peut compter sur autant de chanteurs, musiciens et autres comédiens occasionnels. Au cours de leurs trois années d'existence sous la direction de Roy, soit de novembre 1898 à mai 1901, les Soirées produisent soixante-neuf pièces de théâtre et donnent cent trois représentations. Malgré ce rythme de production essoufflant (un spectacle par semaine au cours de la saison régulière), les Soirées se sont constamment efforcées de renouveler leur répertoire. C'est d'ailleurs cette volonté de renouvellement qui pousse Elzéar Roy à passer tout l'été 1900 en France en quête de nouveaux auteurs. Il revient de ce voyage les « malles pleines de livres », qui vont aussitôt grossir la collection de la future bibliothèque publique.

En 1898-1899, neuf des vingt-quatre œuvres présentées (37,5 %) sont des créations montréalaises. L'année suivante, cette proportion passe à onze sur vingt et une (52 %) et en 1900-1901, qui est la dernière année d'activité complète de la troupe, dix-huit des trente-sept titres (48,5 %) à l'affiche sont des primeurs locales.

Le comité de direction suit de très près les activités des Soirées, d'une part, parce qu'il est le garant de la moralité des

spectacles[5], d'autre part, parce que les Soirées de Famille constituent la principale source de revenu de la grande salle. Les procès-
verbaux officiels de l'Association donnent d'ailleurs le détail des
recettes de chacune des Soirées qui rapporte, en moyenne, cin-
quante-cinq dollars nets. Le nombre total des représentations,
incluant les reprises et les spectacles de fin de saison donnés au
bénéfice des acteurs et d'Elzéar Roy, s'élève à vingt-quatre la
première saison, vingt-neuf la seconde et trente-deux la troisième[6], pour des revenus annuels globaux oscillant entre 1 200 et
1 700 dollars, ce qui est considérable. Les recettes des Soirées ont
largement contribué à rétablir la situation financière de l'Association au cours de cette période. Durant leur existence, le Monument-National est devenu une entreprise rentable.

Les dossiers de l'Association ne font pas que quantifier
l'apport crucial des Soirées, ils permettent d'identifier leurs plus
gros succès populaires et de préciser les goûts de leur public. Si
l'on se fie aux trois pièces les plus vues, ces goûts sont assez
éclectiques puisque les préférences des spectateurs vont aux
Rantzau d'Erckmann-Chatrian (le 10 janvier 1901, 223 dollars),
au *Voyage au Caucase* (le 18 octobre 1900, 180 dollars) et à
l'inévitable *Martyre* d'Adolphe D'Ennery (le 22 février 1900,
147 dollars). Les vedettes de ces spectacles sont aussi les artistes
favoris des Soirées : Clara Reid, Raoul Barré, Alfred Naud, Ernest
Tremblay, Élise Chapdelaine et sa mère, ainsi que la jeune Juliette
Béliveau qu'on surnomme la « petite Sarah ».

Malgré ce bilan exceptionnel, les Soirées n'ont rempli à peu
près aucun des mandats qu'avait fixés Roy. Elles ne sont pas
parvenues à détourner le public francophone des grandes salles
anglaises. Elles n'ont pas non plus instauré de tradition professionnelle, dans la mesure où une seule de leurs membres, Juliette
Béliveau, a fait carrière au théâtre. Un autre, Ernest Tremblay, est
devenu revuiste mais ne s'est pas attardé dans le métier. Enfin, il
faut bien reconnaître que les Soirées n'ont eu aucun effet palpable sur la dramaturgie locale[7]. Sous ce rapport, elles n'ont pas été

plus ouvertes aux auteurs locaux que les Compagnons de Saint-Laurent quelques décennies plus tard.

Cela n'empêche pas que les Soirées de Famille et le cours d'élocution comme, du reste, tous les cours publics du Monument-National, ont eu un impact considérable sur la vie intellectuelle et culturelle de Montréal. Si elles n'ont pas autant attiré les « masses laborieuses » que le souhaitait Elzéar Roy, elles ont tout de même lancé un mouvement. Vues sous cet angle, les Soirées ont joué un rôle historique de première importance : elles ont été un signal et un déclencheur. Pour ceux et celles qui, immigrants francophones ou québécois de naissance, rêvaient de délaisser les cercles d'amateurs pour vivre de leur art, l'instauration du cours d'élocution et des Soirées a indiqué que la voie était libre et que l'avènement du théâtre français à Montréal était imminent. Ils savaient en effet que, en raison des dangers d'assimilation multiples encourus par la société canadienne-française, y compris et surtout dans les théâtres anglophones, ni l'Église ni les autorités morales et politiques locales ne s'opposeraient à ce qu'ils ouvrent des théâtres professionnels, transportant ainsi la lutte contre l'« élément assimilateur anglo-saxon » sur les scènes commerciales. La solidarité dont toute la société canadienne-française de Montréal avait déjà fait preuve face au danger d'« anglification », qui s'était matérialisée par la construction du Monument-National, était encore bien vivace et l'appel à la mobilisation de toutes les forces de la race faisait toujours effet. Toute initiative qui concourait à la survie de la patrie assiégée était d'emblée acceptable.

Cette conjoncture exceptionnelle ouvrait une ère de relative tolérance qui, en plus de favoriser l'éclosion d'une dizaine de petits théâtres francophones professionnels en l'espace de quelques mois — le Théâtre des Variétés (quinze jours avant le début des Soirées), l'El Dorado, le Théâtre Renaissance, etc. —, incita les artistes locaux à se hasarder dans un répertoire plus audacieux que celui présenté par les Soirées de Famille. Si celles-ci ont eu le mérite d'initier le public montréalais aux œuvres de François Coppée, Grenet-Dancourt ou Adolphe Belot, si elles ont joué Molière, ce sont d'autres scènes qui ont révélé Victorien Sardou, Alexandre Dumas fils, Edmond Rostand et tous ces auteurs qui faisaient les délices des habitués du boulevard et des cafés-concerts parisiens.

La dissolution des Soirées de Famille du Monument-National ne s'est pas faite soudainement. Après le départ d'Elzéar Roy, qui a connu quelques différends avec les membres du comité de direction, l'Association retient les services d'Urbain Ledoux pour la saison 1901-1902. Mais Ledoux n'a pas les qualités d'organisateur et d'animateur de Roy. Dès le mois de novembre, le comité de direction décide de mettre un terme aux Soirées de Famille du Monument-National, parce qu'elles menacent de se métamorphoser en gouffre financier.

Attendu que le public n'ayant pas répondu à l'attente [du comité de direction] en encourageant les Soirées de Famille et qu'il y a eu déficit pour les premières soirées, il est résolu que l'Association discontinue les Soirées de Famille[8].

La fin des Soirées n'entraîne pas la disparition du cours d'élocution. Bien au contraire, celui-ci continue à se développer, mais avec une insistance marquée sur la diction et les techniques de voix, au détriment de l'interprétation proprement dite. Le théâtre revient pourtant à l'honneur à compter de 1907, quand le comédien français Eugène Lassalle, titulaire du cours, suggère au comité de direction de créer un petit conservatoire pour répondre au besoin des élèves désireux de se perfectionner dans l'«art de bien dire». La proposition est acceptée le 6 décembre 1907 et donne naissance au Conservatoire Lassalle. Par la suite, le cours d'élocution suscite la fondation de la Société du Bon parler français.

La scène du Monument, elle, a grandement souffert de la dissolution de la troupe d'Elzéar Roy. Divers locataires ont bien tenté d'y installer des compagnies professionnelles aux noms ronflants et au répertoire alléchant, dont une « Comédie Française du Nouveau Monde », mais sans grand succès. Heureusement pour les dirigeants de l'Association, la fin des Soirées de Famille coïncide avec un accroissement marqué des activités yiddish au Monument-National.

Julien Daoust, Ignacy Jan Paderewski, l'oratorio *Caïn* et le rendez-vous manqué avec Sarah Bernhardt (en 1905)

Julien Daoust, l'un des artisans les plus dynamiques du théâtre local d'avant-guerre, redonne vie au théâtre français du Monument-National en 1902. Daoust connaît bien l'endroit puisque, le 24 avril 1899, il y avait créé la célèbre pièce *Cyrano de Bergerac* d'Edmond Rostand, « en grande première française d'Amérique[9] ». Après avoir participé en 1900 à la fondation du Théâtre National[10], Daoust revient donc sur la grande scène du boulevard Saint-Laurent avec, en tête, un projet particulièrement audacieux. Il s'agit de jouer la Passion du Christ dans un formidable déploiement, digne des plus grands théâtres de Broadway. Ce spectacle, dont Germain Beaulieu signe le texte, est important à un autre titre : il rompt radicalement avec le mode de production théâtrale en usage à Montréal à cette époque.

À la différence des autres scènes commerciales et françaises de la ville, qui utilisent le mode de distribution dit « par emplois[11] », Daoust adopte le mode de fonctionnement des Américains, c'est-à-dire qu'il recrute ses artistes en fonction d'un rôle précis et pour une production unique dont il est le maître d'œuvre. Il serait sans doute abusif de parler ici de « mise en scène » au sens moderne du terme, mais la démarche de Daoust vise clairement à unifier le spectacle et à soumettre les interprètes à une direction artistique unique. Par ailleurs, au lieu de viser une série hebdomadaire de sept ou huit représentations, comme c'est généralement l'usage, Daoust envisage de donner trois semaines de spectacles d'affilée sur la même scène. Enfin, alors que les autres

troupes professionnelles préparent une nouvelle production par semaine (en même temps qu'elles jouent la précédente), Daoust consacre près de trois mois à la préparation de son spectacle que finance un certain Wilfrid Mercier[12]. Il en résulte une production mieux préparée et mieux équilibrée que celle offerte par les autres théâtres francophones, en dépit de faiblesses évidentes.

Les spectateurs présents le soir de la première, qui a lieu le 10 mars 1902, n'en croient pas leurs yeux. Ils ont l'impression de se trouver au Her Majesty's. Les décors de Joseph Steinberg sont d'un réalisme à couper le souffle et les effets visuels sont innombrables. Des pierres, des plantes, des animaux, des fruits envahissent la scène du Monument, tandis que des orages éclatent et que des éclairs déchirent une atmosphère lourde d'émotion. Les critiques de l'époque sont à peu près unanimes à souligner les qualités

⇐ 36– *Julien Daoust dans le rôle du Christ dans* La Passion *de Germain Beaulieu, au Monument-National en 1902.*

37– Esquisse d'une scène de La Passion *de Germain Beaulieu*
au Monument-National en 1902.

spectaculaires — parfois naturalistes — et dramatiques de cette
Passion qui mobilise jusqu'à soixante interprètes sur scène. L'effet
moral, non plus, n'est pas négligé.

> [Tous] puisent là une leçon saisissante qui les met à même de
> méditer utilement sur le touchant mystère de la rédemp-
> tion[13].

En quatre semaines, du 10 mars au 5 avril 1902, *La Passion*
attire près de quarante mille personnes, ce qui en fait le premier
succès de masse de la dramaturgie locale et la première « super-
production » du théâtre francophone d'Amérique. Ce précédent
incite Daoust à répéter l'expérience les deux années suivantes. Si
le Christ n'est plus présent sur scène à cause des pressions des
autorités religieuses[14], les martyrs chrétiens qui lui succèdent

→ *mélodrames*

exercent le même pouvoir d'attraction sur le public montréalais francophone. Il faut dire que, d'une pièce à l'autre, Daoust accentue le caractère mélodramatique de ses grands déploiements et ouvre ainsi la voie aux mélodrames populaires québécois à succès, dont *Le Chemin des larmes*[15] (dont il est l'auteur) et *Aurore l'enfant martyre* (de Léon Petitjean et Henri Rollin) sont les exemples les plus achevés.

Ainsi, la scène du Monument accueille *Le Triomphe de la Croix* (en mars 1903) et *Pour le Christ* (en avril 1904), deux œuvres écrites et mises en scène par Julien Daoust, qui joue également le rôle principal dans chacune d'elles. Ces drames et mélodrames religieux marquent une première étape dans la constitution d'un répertoire dramatique authentiquement québécois et destiné aux scènes professionnelles.

La présence de Daoust insuffle un nouveau dynamisme à la grande salle du Monument et parvient à en faire, à l'occasion, un lieu très couru par les Canadiens français. Mais Daoust ne la remplit que durant trois ou quatre semaines par année, c'est beaucoup moins que les Juifs! Les dirigeants de l'Association Saint-Jean-Baptiste le regrettent et jugent que la meilleure façon de relancer la carrière française du Monument est d'y attirer une grande vedette de la scène internationale. Depuis la visite d'Emma Albani en 1896, aucun artiste de renom n'est venu s'y produire. L'année 1905 s'annonce à cet égard prometteuse.

Montréal sera en effet témoin de trois événements artistiques majeurs au cours de cette année: le concert d'Ignacy Jan Paderewski, la création de l'oratorio *Caïn* d'Alexis Contant et la visite de Sarah Bernhardt.

Le représentant montréalais de l'artiste polonais[16], un certain Veitch, est bien à même d'apprécier les qualités acoustiques de la grande salle du Monument-National, puisqu'il y a déjà organisé une dizaine de concerts et récitals depuis 1900. Il accepte donc volontiers d'y produire le célèbre pianiste, qui est bien

38– Le pianiste Ignacy Jan Paderewski en 1892.

connu pour sa francophilie et ses sympathies à l'endroit des
Canadiens français. Ces derniers le lui rendent bien et apprécient
par-dessus tout l'ardent nationalisme (polonais) qu'il affiche pu-
bliquement. Le concert mémorable a lieu dans la grande salle le
24 avril 1905 devant une foule choisie.

Sept mois plus tard, le même public est témoin d'un autre événement historique, la création de *Caïn*. La première de cet oratorio, qui passe pour être le premier composé par un Canadien français, a lieu le dimanche 12 novembre 1905 devant une salle comble que le Premier ministre et Lady Laurier rehaussent de leur présence. L'œuvre, qui traite du meurtre de *Caïn*, est bien accueillie par la critique : «*Caïn* est certes d'une haute inspiration qu'un souffle puissant anime d'un bout à l'autre[17]». Elle retient surtout le second chœur de la deuxième partie dont «les pages d'une envolée superbe» auraient pu être signées avec honneur par des «maîtres glorieux». Cette création amateur[18], en dépit de ses faiblesses et de ses limites, est saluée comme un «grand moment pour la patrie». Il faut remercier

> Monsieur Contant de nous avoir donné une si belle œuvre qui fait honneur non seulement à lui et aux siens, mais à la province de Québec, à la race canadienne-française.

Après Paderewski et l'oratorio de Contant, les «Messieurs de la Société» s'apprêtent à recevoir la plus grande des artistes «que la France ait jamais données». L'événement Sarah Bernhardt s'annonce également sous des auspices très favorables pour le Monument. La cinquième apparition de Sarah en Amérique du Nord subit en effet les contrecoups de la lutte que se livrent, aux États-Unis et au Canada, les directeurs du Trust et quelques résistants regroupés autour des frères Shubert sous le nom de *Independents*. Pour diverses raisons, Sarah Bernhardt décide de confier l'organisation de sa tournée aux résistants qui ne contrôlent, en fait, qu'une centaine d'établissements à travers tout le continent. Le Trust, quant à lui, dirige seul, ou par agents interposés, plus de trois mille salles. Voyant que Sarah Bernhardt s'obstine à maintenir son alliance avec ses rivaux, le Trust annonce officiellement qu'il refusera à la «Divine» de jouer dans les établissements qui se trouvent sous son contrôle. C'est mal connaître Sarah qui saisit l'occasion pour ameuter la presse et étaler l'injustice dont elle est victime. L'opinion publique se montre sympathique à sa cause. Sarah triomphe intérieurement. Ce n'est certes pas un monopole new-yorkais, si puissant soit-il, qui empêchera la « Divine » de s'offrir à son public. Sarah jouera quoi qu'il advienne !

Puisque les plus grands théâtres d'Amérique lui sont fermés, elle se produira dans son propre théâtre, de toile ! La tournée de 1905 se déroule ainsi, en effet, sous le grand chapiteau que les frères Ringling (du cirque Ringling, Barnum & Bailey) mettent à la disposition de l'étoile parisienne. La tournée est un triomphe populaire doublé d'une grande réussite financière.

Les « Messieurs de la Société » jubilent. Comme c'est le cas dans la plupart des villes nord-américaines, tous les grands théâtres (anglais) de Montréal sont sous le contrôle du Trust. Mais, Montréal a la chance de posséder trois grandes salles françaises qui échappent au Trust — le Monument-National, le Théâtre National et le Théâtre des Nouveautés—. La plus spacieuse d'entre elles, et la plus digne de recevoir Sarah, est sans contredit la salle du Monument. Des pourparlers s'engagent donc avec les agents du groupe des *Independents* et tout indique que, bientôt, les accents pathétiques de la « Divine » résonneront dans la grande salle. Mais peu avant la date prévue, le Trust se ravise. Il avoue craindre la colère des Montréalais, qui ne lui pardonneraient pas de fermer ses théâtres à celle qu'ils tiennent en si haute estime depuis sa première visite en 1880. Il saisit donc le prétexte que Paul Cazeneuve et sa troupe française se trouvent au Théâtre Français (l'actuelle discothèque Métropolis) pour déclarer que cet établissement de 3 000 places[19] n'est pas sous sa juridiction et que, en conséquence, rien ne s'oppose à ce que Sarah s'y produise. Les motifs véritables de ce retournement sont, bien sûr, d'ordre financier. Il est évident que les francophones montréalais auraient été réjouis d'accueillir Sarah dans leur Monument, qui y aurait gagné en prestige et en légitimité. Quant à Sarah, elle avait là l'occasion d'aider un combat, celui des « Français du Canada » pour leur survie, qui, affirmait-elle, lui tenait à cœur. Mais elle jugea sans doute que ses sympathies pour les «descendants d'Iroquois» et pour leur «noble cause» ne justifiaient pas le sacrifice de 50 % de ses recettes[20]. Elle profita de l'ouverture du Trust et s'installa sur la scène du Théâtre Français (situé à cinq minutes de marche du Monument), à partir du 27 novembre.

Les conséquences de ce rendez-vous manqué sont difficiles à évaluer. Chez les dirigeants de l'Association Saint-Jean-Baptiste, la déception est profonde. Il ne fait aucun doute, dans leur esprit, que la tournée de Sarah, qui a permis aux *Independents* de venir à bout des ambitions monopolistiques de ce Trust réputé invulnérable, aurait pu radicalement transformer la destinée du Monument et — qui sait? — de la rue qui l'abritait. Sarah Bernhardt devait revenir trois fois à Montréal par la suite, au His Majesty's! Les «Messieurs de la Société» ne le pardonnèrent jamais tout à fait.

Nouvelles modifications à la salle

Si Sarah Bernhardt n'a, en rien, favorisé la carrière du Monument-National, la présence assidue des Soirées de Famille lui a permis de se hisser sans contredit parmi les meilleurs théâtres de la ville, tant par son confort que par son acoustique. Dès sa séance du 12 août 1898, le comité de direction, pressé par Elzéar Roy, convient enfin de remplacer toutes les chaises d'opéra de l'orchestre et des baignoires par des fauteuils rembourrés (de dix-huit pouces de largeur) qu'il commande à la Canada Office Furniture. Il achète également des accessoires pour la scène, qui reçoit une nouvelle console électrique, et fait recouvrir les allées latérales de tapis. Il profite de l'occasion pour modifier les portes de la grande salle, afin d'en faciliter l'accès. L'année suivante, le comité se résout à faire installer la grande marquise au-dessus de l'entrée principale. Elle sera éclairée à partir de décembre 1901. Ces modifications, somme toute assez mineures[21], sont très bien reçues par le public et confirment la vocation théâtrale de la grande salle. C'est probablement vers

la question de la cohabitation multi-ethnique ...

cette période que le comité entre en contact avec la célèbre firme d'architectes new-yorkais, la J. B. McElfatrick & Sons, dans le but de parachever la salle qui a déjà près de dix ans d'existence et qui a de nouvelles concurrentes à affronter (dont le Théâtre National et le Théâtre des Nouveautés). La firme new-yorkaise a, à son actif, quelques-uns des plus grands théâtres de Broadway, dont le Bijou, le Broadway, le Gayety et le Proctor[22]. Le détail des échanges entre l'Association et la firme n'a pas été consigné, mais leur résultat est connu. Il consiste en une série de plans et de suggestions d'améliorations dont le comité prend connaissance au cours de l'année 1901, c'est-à-dire au moment précis où les Soirées de Famille disparaissent. Ceci explique le sort qui est réservé aux travaux des architectes.

La disparition des Soirées provoque, en effet, un réexamen sérieux de l'ensemble des activités du Monument-National. Des membres influents de l'Association Saint-Jean-Baptiste voient d'un mauvais œil les Juifs yiddishophones envahir ce foyer érigé à la gloire de la race canadienne-française. Vu la transformation du quartier, qui est désormais complètement dominé par ce qu'on appelle alors les «Hébreux», ils suggèrent que l'Association transporte ses activités ailleurs dans la ville et transforme le Monument en un simple immeuble à revenus. D'autres, au contraire, maintiennent que la cohabitation avec les Juifs ne nuit en rien à la mission de l'Association et à la valeur symbolique du bâtiment. Quelques-uns, dont Laurent-Olivier David, Raoul Dandurand et Frédéric-Liguori Béique, vont même jusqu'à suggérer que l'aide aux Juifs et aux autres «races» minoritaires est tout à fait conforme aux principes fondateurs de l'Association Saint-Jean-Baptiste de Montréal.

Ces débats ne sont guère différents de ceux qui ont cours dans l'ensemble de la communauté canadienne-française de Montréal. Ils opposent les tenants d'un nationalisme exclusif et intransigeant — par exemple celui d'Olivar Asselin — aux partisans d'un nationalisme de compromis, qui préconisent de s'accommoder de la réalité et qui vont parfois jusqu'à prôner la collaboration inter-ethnique. Le sort du Monument-National, continuellement ballotté entre ces deux tendances qui se disputeront le pouvoir de l'Association durant toute la première moitié du XXᵉ siècle, penchera généralement pour la collaboration.

Le 28 avril 1907, les nationalistes radicaux, qui sont favorables au déménagement, déposent un ambitieux projet qui vise à améliorer la rentabilité de la grande salle en la transformant en salles de réunion. C'est la première fois que les documents officiels de l'Association évoquent l'hypothèse du changement de vocation de la grande salle. Les discussions qui suivent cette proposition, dont les motifs sont aussi d'ordre économique, sont longues et ardues. Finalement, les partisans de la cohabitation l'emportent. Cette victoire se traduit, dans l'immédiat, par l'affermissement de la vocation théâtrale de la grande salle[23]. Lors de sa séance du 26 mars 1909, le comité de direction examine les plans que l'architecte montréalais Eugène Payette a préparés à partir des recommandations de la J. B. McElfatrick.

Ces plans impliquent trois modifications majeures à la grande salle : la construction de loges « telles que prévues dans les plans originaux », l'« ornementation et l'amélioration de l'ouverture de la scène », la réorganisation du parterre. Le projet suggère de nouvelles transformations aux paliers de l'escalier de l'entrée principale du Monument (qui cause encore bien des problèmes), un réaménagement du foyer d'accès à la grande salle et une meilleure circulation, par des escaliers plus larges, entre le parterre et le balcon. Selon toute vraisemblance, c'est à cette époque que le prolongement du balcon en fer à cheval vers la scène est transformé de façon à permettre l'installation de deux grandes loges de chaque côté de la scène. Les huit baignoires (quatre de chaque côté, à hauteur de l'orchestre) sont réaménagées et redessinées pour être assorties aux quatre loges que Payette installe à l'étage supérieur. Quant au cadre de scène, il est baissé d'environ un mètre et son pourtour est orné d'une moulure en bas-relief qui reprend les motifs des baignoires et des loges[24].

Toutes ces modifications ont pour effet d'accroître le confort et la coquetterie de la grande salle, mais aussi, de réduire sa capacité de quelques dizaines de places. Elle peut désormais accommoder 1 507 personnes assises : 120 dans les baignoires et les loges, 376 à l'orchestre, 522 au parterre et 587 au balcon. Pour l'immédiat, les principaux bénéficiaires de ces transformations sont les Juifs yiddishophones dont le nombre ne cesse d'augmenter dans le secteur. «Le développement de la population étrangère» amènera d'ailleurs quelques membres radicaux à proposer la construction d'un «foyer d'études et de récréation» ou «maison centrale» dans une zone plus francophone de la ville dès 1916[25].

Le développement du théâtre yiddish

L'un des traits marquants du Montréal de la Belle-Époque réside dans l'effervescence de ses scènes francophones et yiddishophones. Ces deux théâtres connaissent des évolutions parallèles qui présentent d'étonnantes similitudes. Ce qui est plus surprenant encore, c'est que les grands moments qui jalonnent leur histoire, à Montréal, se déroulent souvent, et presque en même temps, dans la grande salle du Monument-National.

La ressemblance de ces théâtres ressortit à la conjoncture historique que vivent la communauté yiddish et la communauté canadienne-française. Au tournant du siècle, toutes deux se sentent terriblement menacées et se mobilisent pour assurer leur avenir. Les francophones s'efforcent de résister aux pressions assimilatrices des Canadiens anglais, les yiddishophones tentent de reconstituer un peu de la vie des ghettos, d'où ils sont issus, pour retrouver un minimum de cohésion sociale dans une terre totalement étrangère. Dans les deux cas, la fonction du théâtre est à la fois de préserver une identité et de l'affirmer. Le combat pour la survie collective, alimenté par le nationalisme canadien-français

le rôle du T

— ou « patriotisme » — dans un cas et par le « yiddishisme »[26] dans l'autre, crée des affinités qui expliquent les courants de solidarité entre les leaders des deux groupes. Qu'on songe, par exemple, au sionisme affiché d'un Raoul Dandurand, qui va jusqu'au militantisme (contre l'antisémitisme).

Si le théâtre joue sensiblement le même rôle dans les deux communautés, il y jouit de statuts bien différents. Chez les francophones, le spectacle dramatique demeure une distraction. Chez les Juifs de la diaspora, le théâtre yiddish est vraiment perçu comme un instrument essentiel de la vie communautaire et revêt une valeur quasi-mystique qui explique le prestige de ses vedettes et la vénération que leur voue le simple public.

Ceci permet de comprendre pourquoi, dès son implantation à Montréal, la communauté yiddish appelle à la naissance d'une tradition théâtrale locale. Cette volonté est largement facilitée par l'appui de l'Association Saint-Jean-Baptiste de Montréal, dont l'attitude n'est évidemment pas tout à fait désintéressée. Mais il reste que l'hospitalité de l'organisme canadien-français tranche sur l'antisémitisme ambiant. Il faut se rappeler que dans bien des villes d'Amérique du Nord (et du Canada) de cette époque, l'antisémitisme est tel que les Juifs n'ont accès à aucune salle publique. Ils en sont réduits à construire ou à acquérir leurs propres salles pour y recevoir leurs vedettes. Les Juifs de Toronto ont dû ériger un théâtre juif, ceux de Montréal n'en ont pas senti le besoin[27].

La place prépondérante du théâtre dans la culture yiddish de Montréal est manifeste dès les origines. Après le premier spectacle donné par Zolatarevski et quelques amateurs le 15 février 1897, chacun des spectacles yiddish donnés au Monument-National fait salle comble. À titre de comparaison, signalons que la Soirée de Famille la plus lucrative — *Les Rantzau* — rapporte 223 dollars, alors que les recettes de *Shulamith*, le premier spectacle yiddish présenté par des professionnels, s'élèvent à 900 dollars[28] ! Le public est si chaleureux que Louis Mitnick, qui est l'acteur principal et l'instigateur de cette soirée, s'adresse directement à la foule durant l'entracte pour lui demander s'il doit produire d'autres spectacles. La réponse est unanime[29].

La présence des Juifs au Monument-National reste épisodique jusqu'au début de la saison 1904-1905. L'examen des documents de l'Association n'indique qu'une quinzaine de spectacles entre cette date et l'automne de 1904. Les choses s'accélèrent par la suite, alors qu'on compte une moyenne de trois spectacles aux huit semaines. Cela peut paraître peu, mais c'est plus du tiers des spectacles donnés dans la grande salle après la fin des Soirées de Famille et il s'agit, avec les drames religieux de Daoust, des seuls spectacles donnés au Monument par des professionnels au cours de cette période.

C'est seulement en 1909-1910 que le théâtre yiddish se développe au point de devenir la principale attraction de la grande salle. Louis Mitnick, qui vient de s'établir définitivement à Montréal — jusqu'à ce jour, il ne faisait que s'y arrêter à l'occasion de ses tournées —, s'engage par contrat à donner soixante représentations au cours de cette seule saison, à raison de deux représentations hebdomadaires[30]. Mitnick espère bien, dès cette date, établir une troupe permanente yiddish au Monument-National. Il n'y parviendra que quatre ans plus tard.

L'entreprise présente des difficultés en raison des limites du marché juif local, que d'autres établissements locaux sollicitent également[31], et des apparitions fréquentes des artistes yiddish de renom. Le théâtre yiddish nord-américain est essentiellement un théâtre de tournée. Même les plus grandes étoiles yiddish, qui dirigent ou possèdent des établissements à New York, partent régulièrement se produire à travers le continent. Il est rare qu'elles fassent une saison complète sur leur propre scène. Le public de Montréal voit donc très régulièrement ces «étoiles vagabondes», ainsi qu'on les appelait, et il s'attend à ce que la

39– Scène de Dos yiddisher harts de Joseph Latteiner avec la troupe de David Kessler (2ᵉ à d., 1ʳᵉ rangée) et Malvina Lobel (au centre).

troupe régulière proposée par Mitnick lui offre des spectacles du même calibre que les Boris Thomashevski, Keni Liptzin[32], David Kessler[33], Morris Moscovitch et Samuel Torenberg; il s'attend aussi à ce que de grandes étoiles yiddish de la scène européenne, qui inscrivent systématiquement Montréal sur leur itinéraire de tournée nord-américaine.

À l'exclusion des grandes vedettes new-yorkaises, dont les visites ont toujours un immense retentissement à Montréal, l'événement le plus marquant de la première décennie du siècle est la présence d'Esther Rachel Kaminska, la grande étoile de la scène polonaise. Celle, qu'on surnomme la « Duse juive » et « la mère du théâtre yiddish », triomphe littéralement dans une pièce assez anodine de Zalmen Libin, *Les Hommes sans foi*, en décembre 1910. En dépit du caractère mélodramatique de cette œuvre, qui chante les louanges de la révolution, le public du Monument-National est saisi par l'intensité du jeu de Kaminska : « Il pleure de la première à la dernière scène », rappelle un critique de l'époque[34], qui s'étonne de voir les spectateurs silencieux et rivés à leur siège durant tout le spectacle, ce qui n'est vraiment pas dans leurs habitudes.

En 1913, Mitnick se décide à constituer une troupe régulière, composée d'artistes new-yorkais, qu'il installe en permanence sur la scène du Monument. Le noyau de la troupe, composé de Nathan et Rosa Goldberg, Isidor Meltzer, Louis Backshitski, Meyer Honigman et Louis Goldstein, réussit à se concilier les faveurs d'un public aux goûts encore bien éclectiques. Cette première saison régulière est rehaussée par la présence de l'acteur juif allemand Rudolph Shildkraut, qui passe pour l'égal du grand David Kessler avec lequel il joue d'ailleurs fréquemment à New York. Shildkraut demeure cinq semaines entières à Montréal au sein de la troupe régulière de Mitnick, y jouant ses plus grands rôles sauf, selon toute vraisemblance, celui de Yelk de la pièce très controversée, et jugée immorale, *Gut Fun Nekome* (*Dieu de la vengeance*) de Sholom Asch[35]. Max Reinhardt, qui avait déjà

40– Rosa Goldberg dans le rôle titre de Mirele Efros *de Jacob Gordin.*

dirigé Shildkraut en Allemagne, disait de lui qu'«il peut jouer les grands rôles aussi bien que n'importe quel grand acteur, mais que personne ne sait jouer les petits rôles mieux que lui».

Après la visite de Shildkraut, les Montréalais reçoivent celle du célèbre Jacob Adler qu'on considère, avec le dramaturge Jacob Michailovitch Gordin, comme le grand réformateur de la scène yiddish. *le T yiddish traditionnel* (handwritten)

Les artistes qui dominent le théâtre yiddish d'Amérique, les Kessler, Liptzin, Thomashevski, sont de la vieille école romantique. Ils jouent avec emphase, sacrifiant le réalisme des personnages et des situations à la recherche de l'effet. Ils n'ont pas le respect du texte et sortent régulièrement de leur rôle pour s'adresser en aparté au public, qui en redemande. Il est vrai que le théâtre de cette époque n'exige pas des interprètes une discipline rigoureuse et qu'il favorise la grandiloquence. Suivant le modèle établi par le fondateur de la dramaturgie yiddish, Avron Goldfaden, la plupart des pièces juives du début du siècle sont des idylles invraisemblables qui se déroulent dans un passé aussi mythique qu'exotique (généralement en Palestine ou en Russie). La musique, le chant et la danse occupent une place prépondérante dans cette dramaturgie qu'on pourrait réduire à deux genres — le mélodrame (musical) et l'opérette légère — et qui, selon l'expression de Goldfaden, se résume à «une chanson, une gigue, une brouille, un baiser».

Premiers signes de modernité dans le théâtre yiddish du Monument

Jacob Gardin (NY) (handwritten)

Ce théâtre yiddish traditionnel laisse de plus en plus d'artistes et de spectateurs insatisfaits, de sorte qu'un courant de réforme prend naissance dans la plupart des grands centres. Jacob Gordin, l'instigateur de ce mouvement, fait partie de l'élite intellectuelle new-yorkaise. Comme d'autres membres de cette élite, il parle couramment russe et puise ses références culturelles dans les

Réformes
Gordin - réaliste

mouvements d'avant-garde d'Europe de l'Est. Imbu de réalisme et de naturalisme, il méprise souverainement la culture yiddish qu'il considère vulgaire, inférieure ; et l'opinion qu'il a du petit peuple yiddish n'est guère plus favorable.

C'est en 1891 que Gordin assiste pour la première fois à un spectacle yiddish dans un théâtre juif du Lower East Side. L'expérience est un choc. «Tout ce que j'ai vu et entendu était bien loin de la réalité vécue par les Juifs. Tout était vulgaire, exagéré, faux, grossier». Mais Gordin n'en reste pas là. Ce théâtre est non seulement méprisable, il est nuisible, car il entretient chez son public un sentiment de fatalité, alimenté par la nostalgie d'un passé qui n'a jamais existé. Gordin entreprend dès lors de renouveler la scène juive en donnant aux Juifs de la diaspora une dramaturgie qui les met en face de leur réalité. «Je suis rentré chez moi, je me suis assis et j'ai écrit ma première pièce [*Siberia*]. J'ai écrit ma première pièce comme un moine, un scribe, recopie un passage de la *Torah*[36]».

La dramaturgie de Gordin ouvre une deuxième période dans la brève histoire du théâtre yiddish, celle du naturalisme et des pièces à thèse ; celle, en somme, de la modernité. Goldfaden, le grand rival de Gordin, a bien résumé la nouveauté de l'entreprise :

> Savez-vous la différence entre Gordin et moi ? J'ai recherché ce qu'il y avait de plus beau chez les Juifs, en particulier dans leur vie de famille, et je l'ai mis en scène. Lui, Gordin, a recherché les pires défauts des Juifs — le vol, le meurtre, la grossièreté — et il a mis tout ça sur scène. Il a profané la famille juive[37].

La réforme de Gordin nécessite une transformation radicale de l'art du jeu dont Jacob Adler va se faire l'artisan. À l'esthétique romantique outrancière, Adler substitue un jeu qui paraît presque réaliste et intériorisé, un jeu qui exclut le cabotinage et la recherche de l'effet pour l'effet. Ce choix assure au texte une *au texte*

primauté qu'il n'avait jamais eue. Il n'est pas encore sacré, mais les comédiens ne peuvent ni s'en échapper ni le modifier à leur convenance. En plus, ils sont appelés à unir leurs talents pour garantir l'équilibre du spectacle. Ils travaillent d'ailleurs sous l'autorité d'un des leurs, en l'occurrence Adler, qui se charge de préserver l'unité de la production et le message de l'auteur. Avec Adler, le théâtre yiddish entre dans l'ère pré-moderne de la mise en scène. Ce n'est peut-être pas encore le «tout organique» d'Adolphe Appia, mais ce n'en est pas loin. La démarche d'Adler rappelle à bien des égards celle de Julien Daoust.

Jacob Adler vient à plusieurs reprises à Montréal, y reprenant souvent son rôle fétiche du *Roi Lear juif*, mais ses deux premières visites restent les plus mémorables, à cause de la commotion qu'elles créent dans le milieu montréalais. La première de ces visites remonte au 31 juillet 1914, la seconde aux 21 et 22 octobre 1915. Si tous s'inclinent alors devant la puissance de jeu de l'artiste et la qualité surprenante de ses productions, équilibrées et bien réglées, beaucoup s'étonnent de le voir se complaire dans une «concoction vulgaire et incohérente sans aucune valeur[38]». Cette concoction, c'est *L'Homme sauvage* (créée à Montréal le 21 octobre), l'une des plus grandes œuvres de Jacob Gordin.

L'Homme sauvage

La pièce traite du drame de trois enfants écrasés par un père brutal et autoritaire. L'action se déroule dans la maison sombre, sans lumière, du marchand Schmil Leiblach. L'un des fils, qui est étudiant, s'est déjà enfui de la maison paternelle pour échapper à la tyrannie de son père. Le second a sombré dans le jeu et l'alcool. Le troisième, malingre et épileptique, est à moitié idiot. C'est l'Homme sauvage. Son idiotie a été provoquée par le père qui avait décidé que l'enfant devait être férocement et régulièrement battu pour guérir.

Devenu veuf, le père se remarie avec une chanteuse de cabaret qui, en fait, est une prostituée. L'Homme sauvage tombe

41 – La troupe ARTEG (Groupe du théâtre des travailleurs) de Montréal sur la scène du Monument-National vers 1935. Debout à droite, Gustav Schachtir.

éperdument amoureux d'elle. Devant ses refus répétés et brutaux,
il la poignarde et tire de son crime une intense jouissance
sexuelle. Il retourne ensuite l'arme contre lui avec le même
sourire béat. La scène d'ouverture de la pièce est saisissante.
L'Homme sauvage émet des sons rauques — il ne sait pas parler
— en interprétant une danse primitive. Son ombre gigantesque se
projette sur le mur du fond de la scène[39].

Les Montréalais sont partagés, mais ils sentent bien que le
spectacle marque un tournant dans leur histoire et qu'il les engage dans une autre ère artistique. Adler vient à peine de quitter
le Monument-National que la plus grande actrice de la scène
traditionnelle nord-américaine y arrive (le 14 octobre 1915). Pour
la circonstance, Keni Liptzin a choisi de jouer *Son réveil*, une
pièce de Galician Richter bien dans le style de Gordin. Le drame
traite d'une immigrante juive, qui gagne sa vie en se prostituant
et qui tente d'entraîner sa sœur cadette dans la même voie et à son
insu. L'originalité de cette production, au réalisme cru, tient au
fait que la pièce intègre à son action une séquence filmée.

Le mouvement réformateur provoqué par Gordin et Adler
n'entraîne pas la disparition des pratiques théâtrales antérieures,
que ce soit dans le jeu ou dans l'écriture. Les deux tendances vont
au contraire coexister, ce qui aura pour effet de provoquer la
stratification du public yiddish et d'accélérer la spécialisation des
établissements. À Montréal, le Monument National s'imposera
comme la scène du grand répertoire et de l'avant-garde, tandis
que les salles secondaires comme le Palace, le Rialto, l'Atlantic
ou, même, le Starland, seront le refuge des artistes moins réputés
des variétés, du burlesque et du mélodrame populaire. Les intellectuels et les bourgeois de la communauté yiddish adopteront le
Monument-National, le petit peuple et les nouveaux immigrants
se rabattront sur les salles alentour.

En 1915, ce processus de hiérarchisation des salles, des
artistes et des publics yiddish est bien avancé, à la grande joie des

la scène du MN => le bastion de la jeune modernité.

imprésarios locaux, dont Louis Mitnick et son fils Isaac[40], qui voient là l'occasion de diversifier et de multiplier leurs activités. Quant à la grande salle du Monument-National, elle s'impose graduellement comme le bastion de la jeune modernité. Pour les Juifs d'abord, pour les francophones ensuite.

Mouvements d'avant-garde chez les francophones

Alors que le prolétariat montréalais, qu'il soit anglophone ou francophone, célébre bruyamment l'avènement du cinéma et s'entasse dans des petits théâtres obscurs et inconfortables, pour y applaudir les vedettes du burlesque et du mélodrame, un sentiment d'impatience commence à poindre au sein du public bourgeois et lettré. Chez les francophones, ce sentiment coïncide avec une forte augmentation des séjours des Québécois en France et avec la venue de plus en plus fréquente ici d'artistes et d'intellectuels parisiens. Il découle de ces contacts une meilleure connaissance des expériences artistiques qui ont cours à Paris à l'époque et une volonté nette de renouveler les pratiques artistiques locales. En somme, et avec quelques années de décalage, certains francophones de Montréal refont la même expérience que Gordin, Adler et leurs admirateurs montréalais.

Ce parallèle s'impose avec d'autant plus de force que la conjoncture qui provoque la réforme de la scène yiddish ressemble, à s'y méprendre, à celle que vivent les Canadiens français de Montréal durant le premier quart du XXᵉ siècle. Depuis 1898 et la création des Soirées de Famille, le public francophone s'est comporté comme un public homogène. La volonté collective de voir émerger une institution théâtrale locale dans le champ commercial, a systématiquement primé sur les critères d'ordre esthétique ou artistique. Mais, à mesure que le temps avance, certains spectateurs se montrent plus exigeants. Une scission se manifeste donc entre deux publics qu'on pourrait qualifier, faute de données plus précises, de public populaire et de public bourgeois[41]. Ce dernier revendique un théâtre plus soigné et plus consistant

que les petites comédies ou les mélodrames partiellement impro-
visés par les vedettes de l'heure. Mais comme aucun théâtre
commercial ne se soucie de satisfaire ses désirs — qui présentent
un gros risque financier —, c'est vers l'Association Saint-Jean-
Baptiste et le Monument-National que se tournent les instigateurs
de ce courant réformateur du début des années 20.

L'Association connaît à ce moment-là une période de relative aisance, due pour une large part aux revenus qu'elle tire de
ses contrats de location avec Mitnick. Cette sérénité la rend plus
réceptive aux besoins culturels et intellectuels exprimés par certains membres influents. Le Monument-National devient donc le
foyer de ce renouveau, dans lequel on peut voir la première
grande manifestation tangible de la modernité sur les scènes
francophones locales. Mais contrairement à ce qui s'est passé
chez les yiddishophones, ce renouveau reste le fait d'amateurs.

On associe souvent l'apparition de la modernité au Québec à
la fondation des Compagnons de Saint-Laurent par le père Émile
Legault en 1937. En réalité, c'est sur la scène du New Empire que
des artistes locaux, regroupés par Henri Letondal et Antoinette
Giroux sous le nom de Petit Théâtre, tentent une première expérience «moderne» en créant, dans des décors minimaux, une
pièce sans intrigue de Charles Vildrac intitulée *Le Paquebot
Tenacity*. Le spectacle, qui a lieu le 31 mars 1922, ne connaît pas
de grand retentissement, mais il marque le début du mouvement
de réforme que va dominer, pendant quelques années, une troupe
audacieuse mais inconstante, les Compagnons de la Petite scène.

Dirigée par Alfred Vallerand et Georges L. Fortin, cette
jeune troupe, qui se qualifie elle-même de «troupe d'avant-
garde» et qui se propose de faire connaître le «théâtre actuel»,
surprend le public canadien-français en tentant, après le Petit
Théâtre, une nouvelle application de la modernité au théâtre. La
troupe — dont font notamment partie Hector Charland et Jeanne
Depocas — s'est inspirée de Jacques Copeau et de ses spectacles

[annotations manuscrites : « Les Compagnons de la Petite scène — très innovateurs (~ création collective) »]

[annotation manuscrite : « 1923 — La Renaissance des Soirées de Famille »]

du Vieux-Colombier de Paris pour produire, en mars 1923, les deux premiers actes du *Mort à cheval* d'Henri Ghéon dans la grande salle du Monument-National. Le décor est constitué de rideaux monochromes et les comédiens portent tous des blouses blanches identiques.

La production soulève une grande controverse entre les détracteurs et les apôtres du théâtre dit « expérimental » ou d'avant-garde. Ces derniers ont le vent dans les voiles et les Compagnons de la Petite scène sont rapidement imités par une foule de petites organisations, dont le Théâtre Intime (avec Honoré Vaillancourt, Henri Letondal, Élisa Gareau, Camille Bernard), qui entendent rompre avec le répertoire, le style de jeu et le mode de production des scènes commerciales et des scènes d'amateurs traditionnelles. Les exigences qu'impose, chez elles, l'unité du spectacle éliminent le mode de distribution par emplois et excluent tout vedettariat au profit d'une démarche collective fondée sur le principe du compagnonnage. Véritables laboratoires d'expérimentations, elles cherchent à intégrer tous les artisans et artistes qui participent au processus de création, dont l'objectif est à la fois la recherche de la nouveauté et l'unité. Sous certains rapports, ces troupes font d'ailleurs preuve de plus d'audace que les réformateurs de la scène yiddish qui, eux, étaient tenus de respecter les règles commerciales du marché.

En août 1923, dans ce qui s'impose comme un moment-clé de l'histoire théâtrale locale, l'Association Saint-Jean-Baptiste incite ces petites troupes « modernes » à se regrouper au sein d'un organisme central qui, tout naturellement, prend le nom de Soirées de Famille. La renaissance des Soirées de Famille ne fait pas que rappeler des souvenirs à quelques nostalgiques, elle s'inscrit dans un mouvement d'opposition aux immigrants et, en particulier, aux Juifs. Ce sentiment est alimenté par quelques membres influents de l'Association, dont les positions antisémites sont bien connues. Les artistes du renouveau théâtral deviennent ainsi, à leur insu, l'enjeu d'un débat auquel ils n'ont aucune part active. Grâce à eux, le français va à nouveau régner dans la grande salle et en chasser le « jargon hébraïque ».

En 1923, il est clair pour tout le monde que le Monument-National a cessé d'être un foyer uniquement canadien-français et que la « Main », au lieu de se franciser, est devenue le cœur de la ville juive. Cela suscite bien des amertumes dont le journaliste Gustave Comte, qui est également membre de l'Association, se fait l'écho dans *La Patrie*.

> Notre Monument-National étant situé en plein cœur de Jérusalem, sa vaste salle de spectacles, où nous pouvons trouver, avec le confort, des qualités acoustiques de premier ordre, devait — c'était fatal — être un jour monopolisée par les descendants directs d'Abraham et de Jacob. L'événement s'étant produit, nos compatriotes semblaient avoir perdu tout espoir de reconquérir leurs droits sur une salle qui avait jadis abrité tant d'étoiles de la scène et du concert[42].

Cette charge fielleuse n'entraîne pas de réaction dans les autres journaux francophones de la ville, ce qui porte à penser qu'elle ne fait qu'exprimer un sentiment assez général. Par contre, les organes juifs ripostent avec vigueur.

> Nous, qui sommes nés dans cette ville, parmi des familles canadiennes-françaises, que nous tenons en grande estime et avec lesquelles nous avons noué de solides liens d'amitié dès l'enfance, [...] nous qui avons établi des rapports d'affaires avec les Canadiens français sur la base du respect mutuel, nous devons admettre que nous n'avons jamais pensé que de tels sentiments contre nous puissent exister chez les Canadiens français. Nous continuons à penser qu'il s'agit de cas isolé[s][43].

Rien n'est moins sûr. La montée du sentiment antisémite va même jusqu'à un projet de boycottage des commerces juifs, dont la fondation de la Ligue de l'Achat chez Nous est l'une des manifestations. La création des nouvelles Soirées de Famille

Le public n'est pas tout à fait prêt pour un T avant-gardiste

1923 s'effectue donc dans un contexte où les tensions inter-ethniques sont très vives au Monument et à Montréal. Les troupes dites «modernes» s'installent dans la grande salle au début de la saison 1923-1924. Outre les Compagnons de la Petite Scène et le Théâtre Intime, on y relève le Cercle Michel Scott, le Cercle académique Lafontaine et le Cercle Lapierre qui réunissent, au dire de Gustave Comte, ce que «Montréal compte de mieux dans le genre».

La saison 1923-1924 des nouvelles Soirées de Famille s'annonce fabuleuse. Chacune des troupes doit produire une nouvelle production aux quinze jours, pour un total global de soixante-quinze représentations. Mais après des débuts très prometteurs, elles doivent rapidement réajuster leur tir. Si le public de ces nouvelles Soirées rejette le burlesque, le mélodrame et les revues faciles, il n'est pas gagné pour autant aux expériences avant-gardistes.

Le 10 octobre 1923, les Compagnons de la Petite scène créent *Michel Auclair*, de Charles Vildrac. Cette pièce, sans péripétie et d'une grande simplicité de facture et de moyens, qui suggère davantage qu'elle ne dépeint, déplaît fortement aux spectateurs qui la jugent trop «moderne». «Les spectateurs ont quitté le théâtre en nous traitant de visionnaires[44]», se plaignent les deux directeurs dépités. Pour amadouer ce public moins ouvert qu'ils ne l'ont d'abord cru, les Compagnons décident d'entrecouper leurs pièces d'avant-garde des numéros vaudevillesques les plus usés soulevant l'ire des partisans de la modernité. Henri Letondal, collaborateur occasionnel à *La Patrie*, est de ceux-là.

J'avais demandé à ces deux apôtres du théâtre d'avant-garde [Fortin et Vallerand] de me [...] dire pour quel motif sérieux ils avaient en quelque sorte abdiqué devant le public. MM. Fortin et Vallerand s'excusent d'avoir fait jouer trois petites pièces pour «guignol de charité», «chauve-souris paroissiale» ou «music-hall mondain», en disant que les nôtres

semblent s'intéresser fort peu au théâtre d'avant-garde. [...]
Et bien c'est justement aux Compagnons de la Petite scène
qu'il appartient de faire œuvre d'éducation théâtrale[45].

Parce que cette éducation exige patience, prudence et ténacité, Letondal conseille aux deux directeurs d'abandonner Vildrac
pour Ibsen ou Jules Romains et, surtout, de quitter ces Soirées de
Famille de « romanesque mémoire ». Letondal incite les dirigeants des Compagnons et des autres troupes similaires à ouvrir
leur propre « petit théâtre », ou théâtre de poche, et à se constituer
un public d'initiés qui, croyait-il, irait s'élargissant.

Ni les Compagnons ni les autres petites troupes, qui ont
partagé leur audace, ne retiennent le conseil. Ils refusent de se
risquer dans cette entreprise bien aléatoire, préférant la relative
sécurité du Monument-National à un avenir par trop incertain.
L'absence de subvention publique et la rareté des mécènes justifient en partie cette regrettable pusillanimité, mais il faut aussi
comprendre que, en dépit de sa réticence, le public bourgeois des
Soirées est le moins réfractaire aux expériences modernes.

La modernité n'était pas condamnée, mais l'avant-garde se faisait plus prudente. Tel n'était plus le cas dans le théâtre yiddish.

À huit ans d'intervalle, le Monument-National est donc témoin
d'une deuxième révolution moderne. La première avait été le fait
d'artistes professionnels ; la seconde relevait de l'initiative
d'amateurs pleins de bonne volonté mais limités (en ressources et
en talent). La question qui s'impose cependant est de savoir s'il
y a eu un rapport entre ces deux courants. Il ne fait aucun doute
que des membres de la communauté yiddish fréquentaient les
salles francophones, y compris quand elles étaient occupées par
des amateurs. Il est également indéniable que des Canadiens
français connaissaient les expériences modernes qui avaient
cours en Europe au début du siècle : soit qu'ils en aient été
témoins lors de voyages outre Atlantique, soit qu'ils se soient
documentés sur la question. Mais tout porte à croire également

que les artisans du renouveau francophone ont pu observer Jacob
Adler et ses disciples qui partageaient leur scène[46].

Une autre tradition : l'opéra de Canton

Contrairement aux Juifs, aux Canadiens anglais et aux Canadiens français, dont la présence au Monument-National est étayée
par une volumineuse documentation, les Chinois n'ont guère
laissé de traces dans la grande salle qu'ils ont pourtant fréquentée
à maintes reprises. Entre l'apparition de la Oriental Opera Company, le 6 septembre 1897, et l'opéra *Les Larmes perlent sur*

42– *Scène d'opéra de Canton au Monument-National*
par la troupe Han Yuen avec David Hui en 1974.

l'armure, donné sur la même scène en novembre 1972 par la troupe Yuet Sing (le Chant de Canton), c'est le mutisme complet. Les troupes chinoises, amateurs ou professionnelles, qui se produisent au Monument, sont ignorées de la presse locale et la lecture des archives de l'Association — puis de la Société — Saint-Jean-Baptiste n'est pas plus éclairante, puisqu'elles ne mentionnent jamais spécifiquement la nature des spectacles présentés lorsque ceux-ci sont organisés par des imprésarios néocanadiens. Or, comme aucun nom chinois n'apparaît sur les registres de location de l'Association, il y a tout lieu de croire que les imprésarios juifs sont responsables de la venue des troupes chinoises au Monument. Cette hypothèse est attestée par les anciens du quartier chinois qui ne parlent jamais du Monument-National, mais du «Théâtre juif».

L'intervention des Juifs dans l'organisation des activités théâtrales chinoises s'explique par la nature et la structure de la communauté chinoise de Montréal. Sans aller dans les détails, il faut rappeler que les Chinois ont maintenu ici la tradition de la famille élargie ou du clan. L'organisation de chaque clan repose sur une définition précise des tâches dévolues à ses membres, sur une hiérarchie de type gérontocratique et sur un code moral interne rigoureux. Ces clans sont presque autarciques. Ils n'entretiennent pratiquement aucun rapport avec les autres groupes ethniques de la ville et vivent en vase clos au sein même de la minorité chinoise. Il résulte, de cette structure, une multiplicité d'organismes culturels, économiques et religieux au sein de la communauté, chacun d'eux étant lié à un clan particulier. Les seuls moments de rencontre et d'activités communes sont les grandes célébrations rituelles, car, en dépit de ses divisions, la communauté chinoise est très homogène, contrairement à la commmunauté yiddish. L'immense majorité de ses membres sont de Canton ou de ses environs immédiats. Ils partagent la même langue, la même culture et, souvent, la même religion.

L'art occupe une place importante dans la vie sociale de ces immigrants ou descendants d'immigrants. Les quelques Montréalais qui se risquent dans le quartier chinois — qui se trouve un peu à l'ouest de la « Lower Main » — peuvent en témoigner. Ils y assistent depuis la fin du XIXᵉ siècle à des mascarades colorées et joyeuses, organisées pour marquer les célébrations festives qui ponctuent la succession des saisons et des années (dont le nouvel an chinois). Ces manifestations, dont la tradition a survécu jusqu'aujourd'hui, se déroulent généralement en plein air et mobilisent l'ensemble des clans. L'opéra chinois n'a généralement pas l'envergure de ces manifestations collectives extérieures.

En effet, la vie en clans a souvent conféré à cet opéra un caractère privé, presque clandestin, qui n'est pas sans rappeler le « théâtre de société » des francophones sous le régime français et des anglophones au début du XIXᵉ siècle. Ces spectacles ont lieu à l'intérieur du clan et sont produits et joués par ses membres[47] qu'appuie parfois un interprète professionnel venant d'une autre ville, car il ne semble pas y avoir eu d'artistes professionnels au sein de la communauté locale jusqu'à une date récente — à l'exception des musiciens. Parallèlement à ces spectacles intimes dont on ne sait pratiquement rien, il y a les productions présentées sur les scènes commerciales de la ville, celles du Théâtre Royal[48], du Monument-National et du Gesù. Ces productions sont l'œuvre de compagnies professionnelles qui fonctionnenet sur le même modèle que les troupes de tournée américaines de la deuxième moitié du XIXᵉ siècle. Composées d'un nombre restreint d'acteurs, elles recourent aux services d'artistes amateurs locaux pour assumer les rôles secondaires. L'organisation en clans et l'absence d'organisme supra-clanique n'auraient probablement pas permis la tenue d'événements d'une grande envergure s'ils avaient été organisés par des membres de la communauté chinoise, parce qu'ils auraient été associés à un clan ou à un groupe de clans. Ceci explique le précieux rôle de

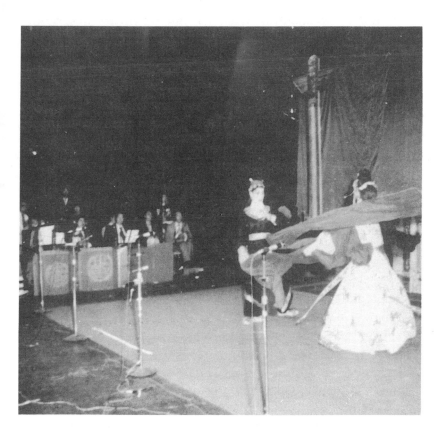

43– Scène d'opéra de Canton par la troupe Yuet Sing de Montréal.

pourvoyeurs joués par les imprésarios juifs auprès des Chinois de
la ville dès la fin du XIXe siècle.

Qu'il soit joué par des artistes professionnels sur une grande
scène ou exécuté par des membres du clan, le spectacle consiste
habituellement en un opéra ou en un extrait d'opéra chinois.
L'appellation est trompeuse car, contrairement à l'opéra occidental, l'opéra chinois est un art populaire qui, en dépit de son
formalisme et de ses règles rigoureuses, est accessible à tous. La

L'opéra chinois (de Canton)

deuxième caractéristique vient du fait qu'il combine divers genres qui, dans la tradition occidentale antérieure à la postmodernité, sont séparés. Il tient à la fois du grand opéra, du spectacle d'acrobatie, du ballet, du drame historique et du conte merveilleux. L'intérêt et l'originalité de cet opéra résident dans son caractère profondément humain. Ses personnages, héros mythiques et historiques — des dieux, des empereurs, des nonnes, des esprits —, sont de véritables figures humaines amplifiées, comme dans le théâtre grec de l'antiquité, auxquelles les spectateurs s'identifient sans difficulté. L'opéra chinois se nourrit de légendes anciennes que le peuple s'est transmis de génération en génération et qu'il connaît bien.

Il existe différentes variantes d'opéras chinois. L'origine des Chinois montréalais fait que les opéras joués ici relèvent de la tradition de Canton. L'opéra de Canton se distingue de l'opéra de Pékin par la plus grande place qu'il accorde au chant et à l'improvisation — l'opéra de Pékin est plus gestuel — et par l'importance qu'y occupent les intrigues sentimentales et les destinées individuelles, au détriment des grands événements historiques.

Ces spectacles, qui durent de trois à quatre heures, lorsque l'opéra est présenté dans sa version intégrale, et qui regroupent rarement plus de dix comédiens, sont centrés sur les personnages. La scène est rudimentaire et le décor se limite à une toile de fond. Par contre, les costumes sont d'une extraordinaire richesse, tout comme les accessoires. Le succès du spectacle repose sur les aptitudes de chanteurs des interprètes masculins et féminins. Les opéras sont toujours empreints d'une grande poésie, ainsi qu'en témoignent leurs titres : *La Beauté naît au sud de la rivière*, *Le Sang de l'infidèle coule sur l'épée du serment*, *Le Roi de la dynastie Han rencontre en rêve madame Wey*, *Les Larmes perlent sur l'armure*[49].

À partir du milieu du XXᵉ siècle, la structure clanique s'assouplit, ce qui favorise une plus grande circulation entre les clans. Cette évolution permet l'éclosion de troupes locales d'amateurs qui prennent le relais des grandes compagnies de tournée. L'une des premières troupes de l'ère post-clanique apparaît en 1954 sous le patronnage de la Société de Francs-Maçons chinois de Montréal (qui loge au 1068-1072 Saint-Laurent)[50]. La troupe Han Yuen (la Sérénité du jardin) commence à donner des spectacles l'année même de sa fondation et poursuit ses activités jusqu'en 1987. Elle se produit d'abord dans la salle de l'Église catholique chinoise de Montréal, puis au Gesù et, enfin, au Monument-National, où elle crée son spectacle annuel de 1971 à 1974. Les spectacles de la troupe Han Yuen sont généralement constitués de deux pièces et sont produits à l'occasion de la fête nationale de Taiwan.

Iran Wong, un commerçant du quartier chinois, fonde une autre troupe locale d'opéra en 1970. À l'instar de la précédente, la troupe Yuet Sing (le Chant de Canton) produit en moyenne un à deux opéras par année jusqu'en 1976. L'organisation engage parfois des artistes professionnels pour remplir les principaux rôles de ses spectacles. La situation se trouve donc inversée par rapport à l'époque antérieure, puisque l'initiative vient désormais des agents locaux. Ce sont eux qui choisissent le répertoire et les artistes invités. Tel est le cas de la production de l'opéra *Les Larmes perlent sur l'armure*, donnée au Monument-National en novembre 1972 avec la cantatrice Tin Suey Wong, de Hong Kong, et le chanteur Fey Fung de Toronto. La troupe Yuet Sing interrompt ses activités de 1976 à 1981. Après cette date, elle cesse de se produire au «Théâtre juif» — le Monument — et se limite à la production d'extraits d'opéras, ce qui semble d'ailleurs une tendance générale à travers le monde.

D'autres troupes ont été actives et sont encore actives au sein de la communauté chinoise de Montréal, dont celle du centre culturel sino-vietnamien, et il ne fait aucun doute que certaines d'entre elles se sont produites au Monument-National. L'histoire de ces troupes est encore à écrire, comme l'est celle des spectacles de la communauté chinoise de Montréal. L'absence de données de première main, principalement pour la période antérieure à 1950, rend ces projets difficiles et incite à la plus grande prudence. Mais la nature même de l'opéra de Canton qui, sans être figé, est rigoureusement codifié et puise dans le même répertoire depuis deux siècles, porte à penser qu'il n'y a pas de différences marquantes entre ce que nous voyons au Monument-National depuis 1950 et ce qui s'y faisait antérieurement. Alors que les Juifs et les francophones délaissent les sentiers battus d'un romantisme naguère révolutionnaire pour une modernité déroutante, les Chinois pratiquent un art dont la principale caractéristique est l'immuabilité. Cette opposition toute théorique devient réelle sur la scène du Monument-National. Car, au même titre que le théâtre francophone, le théâtre anglophone et le théâtre yiddish, l'opéra de Canton fait partie intégrante de son histoire exceptionnelle.

Notes du Chapitre IV

1. *La Patrie*, 9 juillet 1898, p. 3.
2. Germain Beaulieu, « Soirées de Famille », *L'Annuaire théâtral*, 1907-1908, p. 59-60.
3. Germain Beaulieu, *loc. cit.*, p. 60.
4. Voir la lettre qu'il lui envoie à ce propos (Lettre du 13 décembre 1898 de Mgr Bruchési au juge Loranger, archives de l'Archevêché de Montréal, correspondance de Mgr Bruchési).
5. Roy procède lui-même à la censure des textes, remplaçant par exemple le terme « maîtresse » par « fiancée » ou « adultère » par « amitié ».
6. La différence entre le nombre de titres et le nombre de représentations tient au fait que certains spectacles comportent deux pièces.
7. « [...] les littérateurs canadiens seront invités à composer des pièces touchant autant que possible à l'histoire du Canada » (Germain Beaulieu, *loc. cit.*, p. 60).
8. Séance du 14 novembre 1902 (P.-v., SSJB).
9. La salle lui avait été accordée pour 75 dollars (séance du 31 mars 1898 (P.- v., SSJB).
10. Il s'agit du premier théâtre canadien-français professionnel qui connut un succès durable à Montréal.
11. Les artistes sont typés — jeune premier, grande coquette, vilain, etc. — et sont engagés en fonction de leur type. Ils connaissent environ une cinquantaine de rôles par cœur. Lors de la préparation du spectacle, chaque artiste est entièrement responsable de son personnage. Cela donne souvent lieu à des numéros d'acteur époustouflants mais à des spectacles déséquilibrés.
12. Le bail de la grande salle est signé le 7 février 1902 au coût de 535 dollars « payables d'avance » (P.-v., SSJB).
13. Anonyme, *le Journal des théâtres*, Fonds Daoust, Bibliothèque nationale du Québec, M-1-002.

14. L'archevêché avait fini, sans précipitation, par interdire *La Passion* sous prétexte que le personnage du Christ y était joué par un comédien. L'interdiction avait été plus radicale à Paris et à New York où des projets similaires avaient été tués dans l'œuf à la même époque.

15. Dont le succès est tel que les méchantes langues le rebaptisent *Le Chemin des piastres.*

16. Qui ménera également une carrière d'homme politique dans son pays, comme président et ministre des Affaires étrangères.

17. Anonyme, « L'audition de *Caïn* », *Le Canada,* 13 novembre 1905, p. 10.

18. Le rôle titre est tenu par E. Duquette, les autres sont confiés à Ed. Lebel (Abel), Joseph Saucier (Adam), Mademoiselle A. Landry (Ève), Madame A. Desmarais (l'Ange). C'est Jean Goulet qui dirige l'orchestre.

19. C'est le plus vaste théâtre du Canada et, paraît-il, de tout l'empire.

20. La grande salle a une capacité de moitié inférieure à celle du Théâtre Français. Les neuf représentations données par Sarah ont rapporté près de 30 000 dollars et le journal *The Gazette* estime à 22 950 le nombre de billets vendus à l'occasion de sa visite (données fournies par Ramon Hathorn, « Sarah Bernhardt et l'accueil montréalais », *Revue d'histoire littéraire du Québec et du Canada français,* n° 5, hiver-printemps 1983, p. 47).

21. Le budget prévu est de 4 500 dollars (séance du 16 août 1899, p.-v., SSJB).

22. Il existe un style McElfatrick. La firme a construit près de quatre-vingts théâtres à travers tous les États-Unis entre 1883 et 1921. Pour plus de détails voir l'ouvrage de Byrne David Blackwood, *The Theatres of J. B. McElfatrick and Sons, architects, 1855-1922,* University of Arkansas, University Microfilms, 1955, vol. 1, 224 pages.

23. Mais cette question sera à nouveau soulevée lors de la séance du 12 mars 1914 quand Olivar Asselin, alors président de l'Association, lancera son projet de maison centrale et d'annexes. Ce projet, calqué sur le sytème des YMCA est en réalité très proche du concept actuel de maisons de la culture. C'est, paradoxalement, grâce au revenu du Monument, donc aux Juifs, qu'Asselin entendait financer son entreprise « patriotique ».

24. Voir séances du 30 juillet, du 24 septembre et du 22 décembre 1909. Le devis d'Eugène Payette est conservé dans les archives de la Socité Saint-Jean-Baptiste, Archives nationales du Québec, Montréal.

25. À l'instigation d'Olivar Asselin. Le modèle proposé, qui ne se concrétisera pas, est celui des YMCA (voir le *Mémoire du comité spécial pour l'étude de la construction d'un nouvel édifice* déposé le 9 juillet 1916 (Fonds SSJB, Bibliothèque nationale du Québec, 06M, P82 26-175).

26. L'expression est utilisée par Nahma Sandrow. Le « yiddishisme » est la réaction des Juifs des ghettos à la montée des nationalismes (généralement teintés d'anti-sémitisme, comme le slavophilisme) en Europe de l'Est dans la deuxième moitié du XIX⁰ siècle. Voir *Vagabond Stars — A World History of Yiddish Theater,* New York, Limelight Editions, 1986, p. 50 et ss.

27. Un vague projet de théâtre juif est tout de même évoqué dans la presse de l'époque. Il y est question d'un bâtiment de 700 places au coin de Saint-Laurent et Ontario en 1909. Mais ce projet n'a jamais vu le jour. Signalé par David Rome, *op. cit.,* p. 13.

28. Encore que, conformément à l'usage, les rôles secondaires et les chœurs soient assumés par des amateurs locaux.

29. L'anecdote est rapportée par un journaliste du journal yiddish de Montréal *Der Adler.* Cité par Rome, *id.,* p. 9.

30. Séance du 9 juillet 1909 (P.-v., SSJB).

31. Parmi lesquels l'Auditorium Hall dont Mitnick prendra le contrôle en février 1909. Il convertira l'établissement en salle de vaudeville yiddish. D'autres établissements ouvrent rue Saint-Laurent. À certains moments, il y a eu jusqu'à trois troupes yiddish professionnelles à Montréal en même temps (Voir Bourassa et Larrue, *op. cit.,* p. 81-84).

32. Kenny Liptzin vient pour la première fois à Montréal en décembre 1905 ou au printemps 1906. Elle interprète alors *Mirele Efros*, *The Inheritance* et *The Bastard* (en yiddish) de Jacob Gordin. Cette visite est faite sous la responsabilité de l'imprésario Relkin (qui loue la salle les 25, 26 et 27 décembre 1905, puis les 7 et 9 mars et 17, 18, 20 avril 1906). Elle revient ensuite les 18 et 19 février 1909 et joue *Orphan* de Jacob Gordin et *Her Past* de Zalmen Libin, cette fois à l'invitation de Mitnick.

33. À l'été 1910.

34. Goldstein dans *Der Adler*, 5 janvier 1905. Cité par Rome, *op. cit.*, p. 25.

35. La pièce a été créée par Max Reinhardt à Berlin en 1907. Il y est question d'un père qui s'en prend à Dieu parce que sa fille a une relation homosexuelle avec une prostituée.

36. Cité par Nahma Sandrow, *op. cit*, p. 132. Traduit par l'auteur.

37. *Ibid.*, p. 151. Traduction de l'auteur.

38. L'expression est de Ish Yehudi, critique du *Adler*, cité par Rome, *id.*, p. 21.

39. La scène est décrite par Lulla Adler Rosenfeld dans *The Tiddish Theatre and Jacob P. Adler*, New York, Shapolsky Publishers, 1988, p. 268-269.

40. Après la mort de Louis en 1915, c'est son fils Isaac qui devient le principal responsable du théâtre yiddish de la ville.

41. Cette distinction reste imprécise, car au sein même du public bourgeois, on perçoit diverses tendances dont celle représentée par Henri Letondal et Gustave Comte qui réclament un « théâtre de lettrés ».

42. Gustave Comte, « Le Monument National revient aux Canadiens », Chronique Théâtre, musique, cinéma, *La Patrie*, octobre 1923.

43. Anonyme, « Anti-Semitism in the Catholic Press », *The Canadian Jewish Chronicle*, X-17, 2 novembre 1923, p. 1.

44. Henri Letondal, « Deux directeurs en quête d'un mécène », *La Patrie*, 23 mai 1924, p. 18.

45. *Ibid.*

46. C'est l'opinion de Caro Lamoureux qui a bien connu Vallerand et les « modernes » de cette époque.

47. Sous le patronage, entre autres, de Lee, Hee-Chong, le père de l'industriel Arthur Lee.

48. On sait, par exemple, que des opéras chinois ont été présentés dans la vaste salle du Théâtre Royal de la rue Côté — là où se trouve aujourd'hui le Palais des congrès — par des artistes chinois venus des États-Unis entre 1913 et 1922.

49. Nous devons la traduction de ces titres à Guy Ho, membre de la troupe Yuet Sing (voir Bourassa et Larrue, *op. cit., p. 88)*.

50. Une fois par semaine, des artistes amateurs chinois y interprètent, aujourd'hui encore, des extraits d'opéras traditionnels.

Chapitre V

La grande époque des professionnels

*et le déclin de la Soc. S-J-B
(d'apparition d'autres organismes
d'action et groupes de pression)*

1923

La renaissance des Soirées de Famille correspond à un retour en force des francophones sur la grande scène du Monument-National, qu'ils ne quitteront plus qu'à la fin des années 1950. Mais ce retour n'a pas pour effet d'en éclipser les autres occupants. Au contraire, pendant près de quarante ans, ils y cohabiteront avec les Juifs, sans que ce voisinage ne soulève d'incident marquant.

La « grande époque » du Monument a vu apparaître et disparaître de petites entreprises sans grande originalité, mais elle a aussi été marquée par des événements et des artistes d'une importance considérable. Pour les francophones, cette grande époque correspond à l'arrivée des artistes professionnels au Monument-National. Chez les Juifs, elle correspond au triomphe définitif de la modernité.

Paradoxalement, cette période est aussi celle du déclin de la Société Saint-Jean-Baptiste. Le développement du mouvement syndical, l'apparition d'organismes d'action catholique, comme la Jeunesse ouvrière catholique ou la Jeunesse étudiante catholique, la multiplication des groupes de pression, l'interventionnisme grandissant de l'État et l'évolution des partis politiques font qu'elle n'a plus l'influence d'autrefois. Il n'est donc pas surprenant, dans ces circonstances, que la « grande époque » du Monument soit celle de ses spectacles !

transforme le folklore en un commerce lucratif

Conrad Gauthier

Les Veillées du bon vieux temps   *1921 - 1940/s*

Tandis qu'un virulent débat s'engage, chez les Canadiens français, sur les bienfaits et les méfaits de la modernité théâtrale et de ce qu'on appelle déjà le « théâtre d'avant-garde », un folkloriste bien connu entreprend de raviver la flamme de la tradition.

C'est à Conrad Gauthier, comédien et homme de théâtre infatigable, qu'on doit la conception et la création de ces Veillées du bon vieux temps qui, de 1921 au milieu des années 1940, ont attiré des foules records au Monument-National. À certaines périodes, Gauthier organisa jusqu'à une nouvelle *Veillée* par mois.

Ces « veillées » évoquent avec nostalgie et dans la bonne humeur la vie des anciens et celle des habitants des campagnes, que les mœurs de la ville et le progrès n'ont pas encore contaminés. Véritables entreprises de célébration et de valorisation de l'identité canadienne-française, ces Veillées sont tout imprégnées de ce qu'un sociologue a justement qualifié d'« idéologie de la conservation ». Elles embellissent le passé, glorifient les personnages du terroir et leurs habitudes. Tant par leur objet que par la place qu'elles accordent aux chansons et à la musique, les Veillées du bon vieux temps évoquent le théâtre yiddish de la première époque. Ce n'est pas là leur principale vertu. Les Veillées ont servi de tremplin à une multitude d'artistes du terroir, conteurs, violoneux, chanteurs, gigueux, comiques, etc., recrutés par Gauthier dans les veillées de village ou dans les quartiers populaires de Montréal. Les *Veillées* ont été plus que des fêtes folkloriques, elles célèbrent une tradition.

Chacune des Veillées du bon vieux temps consiste en un mélange hétéroclite de numéros dont la cohérence et le déroulement sont assurés par un maître de cérémonie, qui fait partie intégrante du spectacle. Parfois, le présentateur-animateur — il s'agit généralement de Conrad Gauthier — est accompagné d'une présentatrice. L'organisation générale de la *Veillée* est donc très semblable à celle des spectacles de cabaret ou des revues québécoises du début du siècle. Les *Veillées* comportent les inévitables «chansons à réponse, les complaintes, les histoires, les *reels*, les gigues, les soli d'accordéon, de *ruine-babine*, de violon[1]», auxquels s'ajoutent des «contes du pays», des ballets et, en général, une courte pièce présentée en lever de rideau. C'est ainsi que Louis-Napoléon Sénécal (*La Messe de minuit*, le 11 décembre 1923), Louvigny de Montigny (*La Cabane à sucre*, le 21 avril 1924), Conrad Gauthier (*Les Chantiers d'autrefois*, le 7 février 1924, *Un abonné à la campagne*, le 24 novembre 1930), Louis Guyon (*Un mariage à la gaumine*, le 8 octobre 1925) et Jean Narrache (*La Grand' demande*, le 24 novembre 1943) ont collaboré à ces soirées très appréciées du grand public, qui y a toujours trouvé de quoi se réjouir. Les décors des *Veillées* sont pittoresques et empreints d'une tendre nostalgie, que ne manquent pas d'alimenter les vedettes populaires engagées par Gauthier.

Plusieurs des célébrités de la scène québécoise se sont produites et imposées au Monument-National dans le cadre des Veillées du bon vieux temps, à commencer par Hector Pellerin, Hector Charland, Éva Alarie, Jeannette Teasdale et Ovila Légaré. Des amateurs connus participent aussi régulièrement à ces soirées hautes en couleurs. C'est le cas d'Alfred Vallerand, qui ne répugne pas à délaisser parfois l'austérité moderne des Compagnons de la Petite scène pour exécuter une courte gigue sur la scène de la grande salle.

La plus grande fierté de Conrad Gauthier n'est pas d'avoir fait salle comble à chacune de ses *Veillées*, mais d'avoir découvert une foule d'artistes qui ont ensuite mené de belles carrières. La plus célèbre d'entre eux est la Bolduc. C'est au Monument-National, à l'occasion de la présentation des *Feux-Follets*, créée le 6 octobre 1930, que Mary Travers, dite la Bolduc, fait ses débuts professionnels. Conrad Gauthier est si convaincu de la

44– *La Bolduc dans son costume des Veillées du bon vieux temps en 1928.*

La Boldvc

valeur de sa recrue et de son succès, qu'il prend la peine de la présenter longuement à son public.

Mes chers amis, pendant que se prépare le sketch derrière le rideau rouge, permettez-moi de vous parler d'une jeune femme que j'estime beaucoup.

Il y a presque un an, je me cherchais un violoneux pour remplacer notre brillant ami Willie Ringuette. C'était comme chercher une aiguille dans un tas de foin. [...] C'est un métier physiquement dur que de faire toute la musique pour un spectacle comme le nôtre. Il faut connaître à peu près toutes les gigues possibles et impossibles, les sets, les valses, les rigodons et, en plus, il faut être capable d'accompagner tous les chanteurs susceptibles de prendre la vedette à nos Soirées du bon vieux temps. Bref, un musicien capable d'être sur scène pratiquement du début à la fin du spectacle. [...] Jeannette Teasdale, Ovila Légaré et Gustave Doiron me parlaient d'une excellente musicienne qui pourrait faire ce dur travail. J'acceptai de l'entendre et j'ai trouvé en elle une merveilleuse violoniste [...]. Au violon, elle ajoutait le talent d'accordéoniste, jouant en plus de la musique à bouche, de la bombarde et des cuillères. Et tout dernièrement, Mary Bolduc [...] nous surprenait en interprétant quelques chansons de sa composition[2].

La Bolduc sort alors du rideau rouge et entonne *La Pitoune*. Le succès est immédiat.

La Bolduc est réapparue à quelques reprises sur la scène des *Veillées* dont elle a si bien incarné la vitalité et l'esprit. Elle a été ensuite happée par le succès et a pris le chemin des studios d'enregistrement et des tournées qui allaient la consacrer. Quand elle est revenue au Monument-National par la suite, ce fut à titre de première vedette féminine de la chanson populaire québécoise.

45– Trois vedettes des Veillées du bon vieux temps : (de g. à d.) Mme Villeneuve, la Bolduc et Gustave Doiron, champion de danse de Gaspésie.

46– *La troupe Petrie sur la scène du Starland, vers 1930.*

47– Olivier Guimond fils – surnommé ultérieurement Tizoune, Tizoune fils ou Tizoune junior – vers 1940. La ressemblance avec Menasha Skulnik (ill. 53) est frappante.

48– Molly Picon dans son personnage de «*Petit clown*» vers 1925.

49– Betty Frank et Leon Blank, vers 1928.

50– *Leon Blank et Aaron Lebedeff dans* Dem tatns zundele, *en 1924.*

51 – *Maurice Schwartz dans Les Frères Ashkenazi de I. J. Singer en 1936.*

52– Cinq membres de la troupe de Vilnius, dont Wolfe Barzel et Shloyme Tanin, dans une production non identifiée, vers 1925.

53– Menasha Skulnik dans son personnage du gaffeur vers 1925.

La Société canadienne de comédie ⎯1926 ℰℎ𝓊𝒸 ⁻29

Pendant que Conrad Gauthier transforme le folklore en un commerce lucratif, des comédiens amateurs de grand talent décident de se regrouper sous l'égide de la Société Saint-Jean-Baptiste et de produire des spectacles réguliers sur la scène de la grande salle. La Société canadienne de comédie, dont les plus illustres animateurs sont Jeanne Depocas et Henri Letondal, voit le jour le 28 avril 1926 et demeure active pendant trois saisons au Monument-National, où elle donne une moyenne de cinq pièces annuellement. La particularité de cette organisation, spécialisée dans le théâtre comique, tient à ses prétentions «modernes» et à sa volonté de développer un répertoire comique canadien-français.

Il semble bien, si l'on en croit les comptes rendus critiques parus dans les journaux de l'époque, qu'elle échoue dans ces deux domaines. Sa carrière débute avec deux pièces locales, *Un jeune homme nerveux*, de Henri Letondal, et *Monsieur ne danse pas*, de Léopold Houlé. Elle crée également quelques œuvres de Nicolas Gogol, dont *Un homme difficile à marier*, dans une adaptation de Paul-Émile Senay (qui est membre de la troupe). Mais les contributions québécoises au répertoire de la Société canadienne de comédie s'arrêtent là. Après ces premières tentatives, la troupe s'enlise vite dans les Labiche et autres auteurs consacrés, ce qui ne la distingue plus guère des autres troupes amateurs et professionnelles de la ville. Quant au répertoire comique québécois, il était mieux servi sur la scène professionnelle du Théâtre National ou du Théâtre Canadien.

La Société canadienne d'opérette et Honoré Vaillancourt

Le public français de Montréal a longtemps été friand d'opérettes et de comédies musicales. La première troupe professionnelle francophone d'envergure a été, rappelons-le, la Compagnie de l'Opéra français qui a subsisté de 1893 à 1896 et qui a d'ailleurs terminé sa carrière au Monument-National. Depuis cette

date, aucune entreprise sérieuse n'avait été faite pour redonner à l'art lyrique la place qui lui revenait. C'est à Honoré Vaillancourt, un mélomane sorti des rangs amateurs, qu'on doit la renaissance de l'opérette à Montréal.

Contemporaine de la Société canadienne de comédie et des Veillées du bon vieux temps, la Société canadienne d'opérette est officiellement fondée le 14 juillet 1921. C'est un peu par hasard et en désespoir de cause que son fondateur, Honoré Vaillancourt, aboutit sur la scène du Monument. Il aurait préféré une salle plus modeste dans un bâtiment où il aurait pu installer une école de

⇐ *54– Honoré Vaillancourt, directeur de la Société canadienne d'opérette, dans* Le Soldat de chocolat *d'Oskar Strauss.*

formation lyrique, mais ses ressources sont limitées et les endroits disponibles sont hors de prix. Vaillancourt en vient donc à accepter l'hospitalité[3] que lui offre l'Association Saint-Jean-Baptiste. Ainsi, ce sont les circonstances qui font que la Société canadienne d'opérette se trouve mêlée à ces Soirées de Famille de 1923, avec lesquelles elle a pourtant fort peu d'affinité.

Le projet de Vaillancourt est ambitieux. Il ne désire pas seulement établir une troupe d'opérette permanente à Montréal, il veut que celle-ci soit à la hauteur des plus grandes troupes d'opérette françaises et américaines. Surtout, il tient à ce qu'elle soit majoritairement constituée d'artistes canadiens-français. Le défi est de taille, car si la ville compte alors quelques chanteurs et musiciens de talent, peu d'entre eux ont l'expérience de la scène théâtrale. L'entreprise comporte donc nécessairement une dimension pédagogique. Puisqu'il n'y a pas d'artistes canadiens-français prêts à jouer l'opérette, Vaillancourt les formera.

On sait encore peu de choses de ce puissant baryton, né en 1892, si ce n'est qu'il s'agit d'un pur produit de la tradition musicale montréalaise. Après des cours particuliers avec Arthur Laurendeau et Salvator Issaurel, il fréquente les cercles amateurs où il subit l'influence de Joseph-Jean Goulet, d'Albert Roberval et de Jeanne Maubourg[4]. Il fait d'ailleurs partie du noyau du Théâtre Intime qui fait concurrence aux Compagnons de la Petite scène. Le projet de Société canadienne d'opérette de Vaillancourt relève du même esprit que celui qui avait présidé à la création des premières Soirées de Famille et à l'ouverture du Théâtre National de la rue Sainte-Catherine, au tournant du siècle. Honoré Vaillancourt appartient, en effet, à cette lignée de grands fondateurs que sont Elzéar Roy, Julien Daoust et, plus tard, Gratien Gélinas. Tous, ils rêvent de créer un théâtre véritablement canadien-français à Montréal. «Il nous faut, dit Vaillancourt, un théâtre national, car c'est par ce moyen que nous affirmerons au monde entier la survivance de notre groupe ethnique[5]». Dans son esprit, la création

55– *Jeanne Maubourg, dans* Le Tampon du capiston, *et Ulysse Paquin, dans le rôle de Lothario de* Mignon, *à la Société canadienne d'opérette.*

de la Société canadienne d'opérette est la première phase de cette
vaste entreprise.

Vaillancourt ne se lance pas seul dans son projet. Dès l'origine, le musicien Albert Roberval et la comédienne et chanteuse
Jeanne Maubourg participent à sa démarche, en assumant respectivement la direction musicale et la direction artistique des productions de l'entreprise. La Société canadienne d'opérette, qui est à
ses débuts une troupe semi-professionnelle (dans la mesure où
seuls ses principaux interprètes vivent effectivement de leur art),
connaît une croissance régulière et soutenue au fil des années.
L'expérience acquise par ses jeunes artistes permet à la troupe de
se lancer dans des productions plus exigeantes et plus ambi-
tieuses. En 1927, la Société est en mesure de regrouper ses
bureaux et ses studios dans une maison qu'elle fait construire au
3774 de la rue Saint-Denis. Ce «rêve réalisé» lui permet de
développer sa mission éducative. Les succès constants de l'entreprise encouragent Vaillancourt à aller plus avant dans «l'édifica-
tion d'un théâtre national». C'est ainsi que, à l'ouverture de la
saison 1927, il ajoute un volet comédie aux activités de la Société
qui comporte désormais quatre sections distinctes : la section
d'opérette, la section d'opéra, la section de comédie (dont le
premier spectacle a lieu le 22 septembre) et la section des
concerts et récitals.

L'examen des programmes rend clairement compte des progrès rapides de l'entreprise et de l'efficacité de la direction de
Vaillancourt. En 1923-1924, la Société canadienne d'opérette
produit dix opérettes. La réaction très sympathique du public et
de la critique amène Vaillancourt et Roberval à doubler le
nombre de représentations dès l'année suivante (chaque opérette
fait alors l'objet d'une reprise). En 1926-1927, le total de spectacles passe à trente-deux. À partir de 1927-1928, la Société canadienne d'opérette atteint le cap des cinquante spectacles annuels
(dont dix-huit opérettes, comédies musicales ou opéras-bouffe et
six comédies). En 1931, elle est devenue, et de loin, la plus

56— Voici la plus ancienne photo d'une production, non identifiée, de la Société canadienne d'opérette en 1923.

importante et la plus stable des institutions théâtrales francophones de Montréal. Si l'on tient compte des soixante interprètes
réguliers, des quarante-six choristes, des vingt-six musiciens, du
personnel technique, des pianistes répétiteurs, des deux «propa-
gandistes[6]», des cinq administrateurs et de l'inévitable souffleur,
la Société canadienne d'opérette regroupe plus de cent cinquante
personnes rémunérées (à temps plein et à temps partiel).

En 1931, la Société quitte le Monument-National pour le His
Majesty's. Les causes de ce déménagement restent obscures,
mais ses effets sont immédiats, car la Société effectue à cette
occasion une formidable percée dans le marché anglophone de la
ville, dont la presse canadienne-anglaise se fait l'écho enthousiaste. La même année, Vaillancourt ajoute une section féminine
à son entreprise. Pendant canadien-français du Ladies' Morning,
le Cercle musical commence ses activités le 14 février 1931.

Durant ses huit années de présence dans la grande salle du
Monument-National, la Société canadienne d'opérette a présenté
270 spectacles, principalement des opérettes et des opéras comiques français. Cette activité formidable et l'effervescence qu'elle
provoque dans le milieu sont soudainement freinées par le décès
de Vaillancourt, survenu le 25 janvier 1933. Berthe Simpson, la
directrice du Cercle musical, prend sa relève pendant près de
deux années au cours desquelles la Société se produit à l'Impé-
rial, au Princess, au His Majesty's et, à l'occasion, au Monument-
National. Mais la charge est si lourde que Berthe Simpson et les
autres dirigeants de la Société se résignent à dissoudre l'organisme en 1935. L'œuvre de Vaillancourt ne se termine pas là pour
autant puisque, moins d'un an après la fin officielle de la Société,
la plupart de ses vedettes se regroupent dans une nouvelle formation, promise à un brillant avenir : les Variétés lyriques.

Comme l'avait souhaité Honoré Vaillancourt, la Société a
structuré l'art lyrique à Montréal et a formé une nouvelle génération d'artistes dont le talent allait encore s'affirmer au cours des

artistes => la nouvelle génération

décennies suivantes, tels Sylva Alarie, Camille Bernard, Lionel Daunais, Jules Fournier de Roberval, Charles Goulet, Fabiola Hade, Raoul Jobin, Caro Lamoureux, Roméo Mousseau, Ulysse Paquin, Gaston Saint-Jacques et Lucille Turner. Outre Jeanne Maubourg et Honoré Vaillancourt, qui ont souvent assumé les premiers rôles des productions, la troupe comprenait aussi le chef d'orchestre Jean Goulet et recruta quelques artistes de renom dont Jean Grimaldi, Conrad Gauthier et José Delaquerrière.

Le répertoire de la Société était constitué des plus grands succès parisiens du genre : *Les Brigands* de Jacques Offenbach (le 16 octobre 1923), *Princesse Dollar* de Leo Fall (en décembre 1924 et janvier 1925), *Les Cloches de Corneville* de Planquette (le 23 mars 1926). La compagnie interpréta également des œuvres de Donizetti (*La Fille du régiment*, le 29 avril 1924), de Massenet (*Le Jongleur de Notre-Dame*, le 23 octobre 1928), de Gounod (*Mireille*, le 15 septembre et le 27 novembre 1930), de Franz Lehar, de Lionel Monkton et d'Oskar Strauss.

La Société canadienne d'opérette a également interprété au moins quatre œuvres québécoises dont un opéra et une opérette. L'opéra historique de Joseph-Joachim-Ulric Voyer et Alfred Rousseau, intitulé *L'Intendant Bigot*, est créé le 5 février 1929 (et est repris deux jours plus tard) sous la direction du chef d'orchestre Albert Roberval. Cette sombre histoire, qui nous présente un Bigot cupide, méprisant et égocentrique, mobilise une distribution éclatante que dominent Arnold Becker, Paul Trottier, Charles-Émile Brodeur, Jeanne Maubourg, Marie-Rose Descarries et Caro Lamoureux. La critique, plutôt sympathique, affirme qu'il s'agit du premier opéra canadien-français. La Société canadienne d'opérette reprend l'œuvre le 22 mars 1930 à l'Auditorium de Québec. L'opérette *le Roman de Suzon*, dont la première a lieu le 3 novembre 1925, est due à Henri Miro (musique) et à Henri Letondal (livret). Le 29 et le 31 janvier 1929, la section de comédie de la Société reprend *Madeleine* d'Ernest Choquette, dont une première version avait déjà été présentée à Saint-Hilaire (lieu de résidence

57– Une noce canadienne en 1930, d'Aldéric Bourgeois et Oscar O'Brien, en 1930.

de Choquette) le 8 août 1928. Jeanne Maubourg signe la mise en scène de cette production mémorable à laquelle participent également Ozias Leduc et Paul-Émile Borduas (aux décors). La Société crée enfin une petite revue du journaliste et caricaturiste Aldéric Bourgeois intitulée *Une noce canadienne en 1930*, dont la musique est due à Oscar O'Brien. Créée à Montréal le 7 octobre 1930, la pièce est jouée au Festival de Québec les 16, 17 et 18 octobre suivants. Ce « numéro pittoresque qui [fait] revivre les moeurs des Anciens canadiens [...] avec une verve pétillante[7] » met en vedette Caro Lamoureux et Charles-Émile Brodeur.

La compagnie de Vaillancourt n'est cependant pas au-dessus de tout reproche. Les spectacles qu'elle présente manquent parfois d'équilibre et de fini. Ceci est autant attribuable aux contraintes de la distribution[8] — les premiers rôles étaient tenus par des professionnels, tandis que les rôles mineurs étaient confiés à des élèves de l'école — qu'au rythme des productions et à la faiblesse des moyens financiers de l'organisme, surtout au cours des premières années. Mais, cela n'enlève rien au fait qu'elle a longtemps incarné le « génie lyrique » français et qu'elle a été perçue, par plusieurs, comme un solide rempart contre l'influence de la musique américaine.

Au nombre des bienfaits que nous devons à la Société canadienne d'opérette, il faut placer en premier lieu la lutte contre l'envahissement du jazz et l'insignifiante et surtout tapageuse musique américaine, lutte à coups de couplets bien français, si légers et toujours charmants qu'on aime entendre de nouveau [et] fredonner[9].

Cinq ans après le départ de la Société canadienne d'opérette, le Monument-National s'imposera à nouveau comme le grand défenseur du « couplet français » !

L'avènement du théâtre d'art yiddish

Après le décès de Louis Mitnick, qu'on peut à juste titre considérer comme le fondateur de la tradition théâtrale yiddish à Montréal, son fils Isaac devient, dès 1915, le principal imprésario juif de la ville et le principal locataire de la grande salle du Monument. Avec l'aide de Louis Shohat[10], son associé, Isaac Mitnick s'efforce de consolider l'œuvre de son père. Il poursuit la tradition des visites épisodiques des grandes vedettes new-yorkaises et européennes, tout en maintenant une troupe régulière professionnelle au Monument-National. Le défi des imprésarios locaux consiste toujours à recruter des artistes qui, sans avoir la renommée des plus grandes étoiles de l'heure, sont d'aussi bons interprètes qu'elles. Le répertoire restant le même, les comparaisons sont inévitables.

Bien entendu, une troupe régulière yiddish, au Monument-National ou ailleurs, n'est pas une troupe permanente au sens strict du terme. Il y a au sein de ces troupes un va-et-vient continuel et il est rare qu'elles conservent leurs artistes plus de douze semaines d'affilée. Aucun acteur ne séjourne au Monument-National pendant une saison entière. L'analyse des programmes indique cependant que certains artistes demeurent à Montréal plus longtemps et y reviennent plus souvent que d'autres (par exemple les Bernardi, Nellie Kasman, Myer Groff, Herschel Zukerberg, Mollie Cohn, etc.).

Les habitudes nomades des artistes yiddish expliquent également la fréquence des spectacles juifs au Monument. Celle-ci semble assez irrégulière. En réalité, il est rare que la saison s'étende de septembre à mai sans aucune interruption, comme c'est le cas dans les théâtres professionnels anglais et français de la ville. À cette première caractéristique s'ajoute le fait que les troupes régulières jouent généralement trois soirs et une matinée par semaine. Dans les meilleures périodes, par exemple au début des années 1920, une pleine saison équivaut à une centaine de représentations (pour une trentaine de pièces), ce qui constitue moins du tiers de la production du Théâtre Arcade ou du Théâtre National, par exemple. Cette disparité a pour effet que les spectacles yiddish sont en général mieux préparés et plus maîtrisés que ceux auxquels on assiste sur les grandes scènes françaises de la ville, y compris à la Société canadienne d'opérette.

Si le théâtre yiddish repose sur une infrastructure commerciale solide et s'il adopte un mode de fonctionnement qui correspond bien aux habitudes de son public, il n'est pas à l'abri des bouleversements culturels qui marquent la diaspora. À Montréal, par exemple, un Juif sur deux est canadien de naissance et ne connaît les ghettos qu'à travers le témoignage de ses parents. Cette deuxième génération ne perçoit plus le théâtre comme une manifestation de ferveur religieuse ou de patriotisme, mais comme une distraction. Les yiddishophones de Montréal, en particulier, qui sont trilingues (ils parlent anglais et français), fréquentent également les grands théâtres anglais de la ville, lesquels accueillent en permanence des troupes de Broadway. Ils s'attendent à trouver sur les scènes yiddish autre chose qu'un sous-produit de ce qu'ils voient au Princess ou au Gayety's. Cette réalité nouvelle, partagée par la majorité des Juifs d'Amérique, impose au théâtre yiddish qu'il redéfinisse ses rapports avec son public et qu'il affirme sa spécificité.

À Montréal, cette évolution est très palpable dès le début de la saison 1924-1925, alors qu'un groupe de jeunes comédiens professionnels s'intalle au Monument-National. Ils marquent les débuts de la troupe juive du Monument connue sous le nom de Yiddish Players[11]. Son jeu est sobre, souvent stylisé, ses scénographies frappent par leur audace et, surtout, par l'importance qu'elles prennent dans la production. Elles ne sont pas qu'utilitaires, elles sont signifiantes. Quant au répertoire, il inclut un nombre considérable de pièces contemporaines étrangères (non yiddish). Le public se rend bien compte, à ce moment-là, que le théâtre yiddish entre dans une phase nouvelle de son développement.

Après Goldfaden et ses pièces populaires, après la révolution naturaliste de Gordin et Adler, il entre dans l'ère du « théâtre d'art ».

Les jeunes Yiddish Players, Hannah et Isidore Hollander, Menasha et Sara Skulnick, ainsi que de Jehiel Goldsmith, remportent un succès qui dépasse tout ce que leurs devanciers avaient connu. Ils sont louangés par la presse et choyés par le public qui leur demeurera très attaché. Ce dernier adopte d'emblée Menasha Skulnick et Hannah Hollander, les deux vedettes de la troupe, qui font d'ailleurs l'objet d'une véritable vénération et resteront longtemps les favoris du public montréalais. Hannah Hollander est sans doute l'artiste yiddish qui a le plus joué à Montréal et y a été le plus applaudie au cours de sa vie. Un témoin montréalais de l'époque résume l'impression que lui ont faite ces jeunes artistes en disant que, grâce à eux, le théâtre yiddish est passé au rang de grand art[12]. En réalité, ces artistes n'ont rien inventé, car leur esthétique est fortement influencée par les théories nouvelles de Maurice Schwartz, le champion new-yorkais de la modernité juive. La plupart d'entre eux ont travaillé au Yiddish Art Theatre de Schwartz et ont même été formés par lui. Mais Schwartz lui-même n'a pas non plus inventé grand-chose. Il a subi l'influence des groupes avant-gardistes yiddish d'Europe, qui entretenaient des liens étroits avec les grands courants artistiques du premier quart du XXᵉ siècle de France, d'Allemagne et de Russie. Pendant des années, la communauté yiddish d'Amérique, y compris celle de Montréal, s'est ainsi trouvée à la fine pointe du développement de l'art, devançant systématiquement le reste de l'Amérique dans ce domaine. Alors que les Américains découvraient le naturalisme et s'y risquaient avec prudence, les artistes yiddish se tournaient vers Meyerhold et l'expressionnisme !

Les Hollander et les Skulnick sont les premiers artistes professionnels de théâtre qu'on peut qualifier de modernes à Montréal. Leur « révolution » se trouvera en quelque sorte légitimée par la venue de Maurice Schwartz et de Jacob Ben-Ami au Monument. Elle le sera encore plus quand la troupe de Vilnius se

la modernité et l'avant-garde dans le T yiddish

La Vilna

produira à Montréal. Ce moment reste le plus marquant de toute la décennie et, probablement, de toute l'histoire du théâtre yiddish local.

En 1920, la troupe de Vilnius — qui est la capitale de la Lithuanie et qui abrite l'un des plus grands centres intellectuels et culturels yiddish — et la troupe Habimah, de Moscou, sont les plus célèbres et les plus avant-gardistes de toutes les troupes yiddish du monde. La Habimah est l'annexe juive du Théâtre d'Art de Moscou. Elle est donc intimement liée à Stanislavski et à Meyerhold. Quant à la troupe de Vilnius, qu'on appelle la Vilna, elle est à la croisée des courants constructiviste, symboliste, expressionniste et naturaliste, tout en subissant l'influence des premiers artistes de l'abstrait et de Max Reinhardt. C'est par la Habimah et, plus encore, par la Vilna que la modernité et l'avant-garde se répandent sur toutes les scènes yiddish du globe, à commencer par celle du Yiddish Art Theatre que Maurice Schwartz et Jacob Ben-Ami fondent à New York en 1918.

En 1916, la Vilna n'est qu'un regroupement d'amateurs sans scène fixe et sans moyens. Joseph Buloff et Miriam Orleska se joignent bientôt au groupe qui trouve refuge dans un vieux cirque délabré. En plus d'y produire régulièrement des spectacles, le groupe élabore dans ce lieu de misère les principes qui le rendront célèbre à travers le monde. Ces principes rappellent certains de ceux mis de l'avant par Stanislavski et Copeau. Le premier d'entre eux porte sur la primauté du jeu d'ensemble sur le jeu individuel. La troupe condamne le *star system* sous toutes ses formes et opte pour le concept du compagnonnage: les artistes sont égaux et polyvalents. Ils changent continuellement de rôle. Ceux qui jouent les premiers rôles d'une production assument des rôles de soutien dans la production suivante. Le deuxième principe a trait à la méthode de travail. Les rôles sont choisis collectivement et les acteurs recourent à des techniques de création séquentielles pour, littéralement, construire leur personnage, car il ne leur est pas permis de partir de leur propre personnalité (même en la rendant plus théâtrale). L'acteur de la Vilna doit travailler sur lui-même afin de créer un personnage tout à fait original. Enfin, la Vilna défend le principe de l'équilibre et de l'unité du spectacle. Un metteur en scène est chargé de veiller au respect de ce principe *sine qua non*. Quant au répertoire, il doit être composé d'œuvres dont les qualités littéraires sont reconnues par l'ensemble de la troupe. L'art transcendant les frontières linguistiques et culturelles — le grand art est universel —, la Vilna puise à toutes les sources et ouvre ainsi sa scène aux auteurs étrangers. L'un des fondements de la démarche de la troupe tient évidemment au culte qu'elle voue à la nouveauté. Sous ce rapport aussi, elle s'inscrit dans le grand mouvement des avant-gardes de la modernité.

Le rayonnement de la Vilna est moins dû à ses principes théoriques et esthétiques qu'au retentissement des spectacles qui en découlent. Celui qui l'a imposée et qui a démontré son originalité est sans contredit le *Dibbouk* de S. Anski (pseudonyme de Solomon Zeynwill Rapaport), un ami de la troupe. Ce drame est créé en 1920.

Un *dibbouk* est, selon la légende juive, une âme errante à la recherche d'un corps. Quand elle réussit à s'infiltrer dans une personne vivante, elle l'investit et la hante. L'intrigue de la pièce d'Anski est relativement simple. Deux pères promettent leurs enfants nouveau-nés en mariage, en vue de sceller des alliances familiales. Les principaux intéressés grandissent sans être informés de l'engagement pris en leur nom. Le hasard fait qu'ils se fréquentent et tombent amoureux l'un de l'autre. Ils se jurent un amour éternel. Quand ils arrivent à l'âge adulte, les pères mettent leur promesse à exécution, ce qui brise le serment d'amour des deux enfants. C'est alors que le *Dibbouk* intervient. Le garçon meurt de désespoir et son âme part à la recherche de sa bien-aimée, qu'il trouve et subjugue. Comprenant que la jeune mariée est hantée, son père la conduit chez le rabbin pour l'exorciser. L'opération échoue et la jeune mariée meurt à son tour.

Le texte d'Anski comporte très peu de dialogues, ce qui a amené la Vilna à mobiliser toutes les ressources de la théâtralité juive traditionnelle. Elle recourt au jeu choral, aux mouvements de masse, aux rituels stylisés (en pantomimes), à la danse, au chant, à la musique et aux silences. L'interprétation, la scénographie et la musique (presque continuelle) sont à la fois symboliques et grotesques; elles créent une atmosphère chargée de mystère et d'émotion. Par toutes ces caractéristiques, le *Dibbouk* de la Vilna se rapproche beaucoup plus d'Antonin Artaud et de l'esthétique postmoderne que de Stanislavski.

Dès 1924, la troupe des Hollander et des Skulnick propose au public du Monument une version de *Dibbouk* qu'elle prétend conforme à la création lithuanienne. Si l'on en croit les témoins de l'événement, le spectacle, qui laisse un souvenir impérissable aux Montréalais, reprend effectivement les principaux éléments de celui de la Vilna. Cette impression sera confirmée quelques mois plus tard quand des membres de la célèbre troupe se produiront à Montréal. Arrivés à New York au début de 1924, ils annoncent leur venue pour les 2 et 3 juin. Mitnick a d'abord prévu de présenter la troupe au Monument-National mais, vu le retentissement de l'événement, il se ravise et loue le Théâtre Saint-Denis qui est beaucoup plus vaste. La Vilna revient ensuite à Montréal les 10, 11 et 12 juin 1927. Cette fois-ci, elle joue sur la grande scène du Monument-National. Pour des raisons qui demeurent obscures, *Dibbouk* n'est pas au programme de ces deux visites[13], mais cela n'enlève rien à leur impact sur le public local.

Les apparitions de la Vilna, ou du moins de quelques-uns de ses membres, ont un retentissement extraordinaire, mais n'ont pas l'effet déclencheur qu'avait eu, par exemple, la visite de Sarah Bernhardt auprès des Canadiens français en 1880. En fait, la révolution que la Vilna a déclenchée est bien avancée et, grâce aux Hollander et Skulnick, son influence est déjà très palpable à Montréal quand elle s'y présente pour la première fois.

La venue de certains des membres fondateurs de la Habimah a sensiblement la même résonnance. Leur apparition ne fait que confirmer la domination de ce qu'il est désormais convenu d'appeler le «théâtre d'art yiddish». Ce théâtre d'art est, rappelons-le, moins yiddish que celui d'Adler ou de Goldfaden, dans la mesure où il comprend de plus en plus de pièces du répertoire universel. Quand Chayele Gruber et Mark Schweid, deux des fondateurs de la Habimah, se présentent au Monument le 4 mai 1930, ils jouent une pièce de Rudyard Kipling. Le 15 décembre suivant, Chaim Ostrowsky déçoit amèrement les Yiddish montréalais traditionalistes. Ce grand champion du sionisme, qui, en plus d'avoir participé à la fondation de la Habimah, a fondé le Théâtre d'art de Palestine, donne un «récital» dont la plupart des extraits sont dus à des auteurs étrangers.

À côté de la Habimah et de la Vilna, le Yiddish Art Theatre de New York semble manquer d'audace, en dépit de ses prétentions. Le public nord-américain et celui de Montréal considèrent pourtant son directeur-fondateur, Maurice Schwartz, comme le plus grand homme de théâtre de la scène moderne. Schwartz est indéniablement un acteur de talent et un directeur de théâtre avisé (son théâtre resta en activité de 1918 à 1950), mais le marché du théâtre ne lui a pas permis d'appliquer intégralement les grandes réformes esthétiques et organisationnelles qu'il préconisait. Ceci n'empêche pas que, dans ce qui demeure le plus important écrit théorique du théâtre yiddish nord-américain, *Un meilleur théâtre yiddish peut-il survivre à New York?*, Schwartz, appuyé par Jacob Ben-Ami, hisse dès 1918 le théâtre yiddish d'Amérique du Nord au rang de «théâtre d'art». Le manifeste de Schwartz est fortement inspiré des principes de la Vilna. Il définit le théâtre comme une source de recueillement, de joie et d'élévation dominée par l'art et le souci de la beauté. Tout, dans le processus de création, doit concourir à cette «élévation»: des textes riches et rigoureux, qu'il faut respecter scrupuleusement, un travail intensif de création et de répétition[14], une direction artistique éclairée, qui défend l'unité du spectacle et l'intégrité de l'œuvre.

Dès la fin de la première saison du Yiddish Art Theatre, Jacob Ben-Ami, qui est considéré comme le véritable instigateur du mouvement mis de l'avant par Schwartz, se sépare de ce dernier qu'il accuse de ne pas respecter les principes du manifeste. Ben-Ami ouvre son propre théâtre d'art et publie un nouveau manifeste, plus radical que le précédent, où il préconise le mode de production par compagnonnage, à la façon de la Vilna. Son Jewish Art Theatre ne vit qu'un an! C'est bien la preuve que des compromis s'imposaient et que l'œuvre de la Vilna ne pouvait pas être répétée telle quelle dans le contexte nord-américain.

Le conflit entre les deux champions de la modernité favorise leur popularité. L'intransigeance de Ben-Ami lui vaut d'emblée la sympathie des intellectuels, qui constituent l'essentiel de son public. Lors de sa première visite au Monument les 12, 13 et 14 avril 1929, il joue *l'Idiot* de Dostoïevski et *La Maison de poupée* d'Ibsen (en yiddish), marquant ainsi sa rupture avec les pièces yiddish traditionnelles qu'il juge trop populaires.

Quant à Schwartz, il s'érige en grand défenseur de l'originalité des Juifs nord-américains, exploitant l'attachement de ses coreligionnaires pour leurs nouvelles patries (le Canada et les États-Unis). Il proclame que le théâtre yiddish d'Amérique est différent du théâtre européen, mais qu'il ne lui est pas inférieur. Et pour prouver ses propos, il entreprend une tournée des grandes capitales européennes dès 1924. C'est un triomphe que la presse yiddish d'Amérique souligne avec complaisance.

En réalité, Schwartz s'embarrasse peu de théories et de méthodes. C'est un pragmatique qui, tout en recherchant un théâtre «aussi près que possible de la nature», reste ouvert à toutes les approches. Avec lui et le courant qu'il incarne, le théâtre yiddish, qui intègre désormais les grands chefs-d'œuvre universels, entre dans sa phase de maturité, une phase qui finira, à toutes fins pratiques, avec la fermeture du Yiddish Art Theatre de New York en 1950. Le génie de Schwartz aura été de concilier les prétentions de l'avant-garde aux exigences d'une entreprise commerciale et de séduire les masses sans s'aliéner l'élite. Chacune de ses présences à Montréal est un événement majeur pour la communauté locale. Sa première apparition d'importance remonte au 20 mai 1931[15], sa dernière a lieu le 22 novembre 1955. Entre ces deux dates, la modernité théâtrale aura régné en maître absolu sur la grande scène yiddish qu'était devenu le Monument-National.

Le théâtre yiddish de Montréal s'est maintenu jusqu'au milieu des années 1950. De la Crise à cette date, le Monument-National a reçu systématiquement toutes les grandes vedettes de la scène juive : Samuel Goldenburg (en mars et mai 1930), Leon Blank et Betty Frank (de novembre 1929 à février 1930), Herman Yablokoff (en novembre 1933) et Molly Picon, l'incomparable « Petite First Lady of the Yiddish Theatre[16] », qui reprit ici son formidable succès *Le Petit clown* (de Jacob Kalich et Joseph Rumshinsky). Cette comédie musicale, qui a tenu six mois au Second Avenue Theatre de David Kessler en 1929-1930, est créée au Monument le 25 mai 1930. Molly Picon est probablement la dernière actrice yiddish professionnelle à se produire au Monument-National, puisqu'elle y paraît une dernière fois au cours de l'année 1957, auréolée de ses succès cinématographiques.

Le théâtre yiddish se trouve alors dans une phase de déclin rapide. Les jeunes Juifs, parfaitement assimilés, ne se reconnaissent plus dans cette culture dont ils ne maîtrisent même plus la langue. Quand le rideau de la grande salle tombe sur les adieux de Molly Picon en 1957, ce n'est pas seulement une page de l'histoire du Monument qui est tournée, c'est la moitié de son âme qui disparaît. Malheureusement, aucun *dibbouk* ne vint prendre la place vacante et hanter la scène de la grande salle. Eux aussi avaient disparu !

58– Lionel Daunais dans La Mazourka bleue, *en 1943.*

[Note manuscrite en haut de page:] Grand succès commercial; somptueux; plt conservateur sur le plan artistique

[Note manuscrite:] Charles Goulet et Lionel Daunais

Les Variétés lyriques et le retour triomphal de l'opérette *[annotation manuscrite: 1936 -1955]*

La disparition soudaine d'Honoré Vaillancourt, survenue le 25 janvier 1933, ne fait pas qu'entraîner la dissolution de la Société canadienne d'opérette, elle plonge la colonie artistique francophone de Montréal dans un profond désarroi. C'est donc avec un grand soulagement que la Société Saint-Jean-Baptiste, la critique et l'ensemble des mélomanes apprennent que deux des anciens membres de la Société canadienne d'opérette, Lionel Daunais et Charles Goulet, décident de reprendre le projet de Vaillancourt en fondant une société lyrique vouée elle aussi à l'opérette.

Les Variétés lyriques sont créées sous le sceau du réalisme et de la retenue. Honoré Vaillancourt aimait prendre des risques, Charles Goulet, lui, agit avec pondération et méthode. C'est un homme prudent. Le projet de Variétés lyriques, qu'il dévoile en août 1936, apparaît en effet bien timoré.

> Nous croyons que la population canadienne-française est en mesure de soutenir une troupe d'opérette et qu'elle désire sa présence. Nous présentons d'abord un spectacle. Nous n'annonçons pas de saison. Nous ne demandons pas d'abonnements. Nous ne sollicitons pas de patronage. Nous offrons strictement notre marchandise. Nous verrons aux guichets si notre offre est considérée. Si nous sommes ensuite acculés à un déficit considérable, nous rentrons sous la tente. Si nous faisons nos frais, nous continuons[17]!

C'est ainsi que, le 22 septembre 1936, Geneviève Davis-Lebel, Marthe Lapointe, Lionel Daunais et Charles Goulet, appuyés par l'ensemble choral des Disciples de Massenet[18] — renforcé par un chœur de trente voix — et par les ballets de Maurice Lacasse-Morenoff, convient le public montréalais à la première du *Pays du sourire*, de Franz Lehar, dans la grande salle du Monument-National. Ce spectacle remporte suffisamment de succès pour que Charles Goulet et Lionel Daunais décident de répéter l'expérience.

59– Charles Goulet dans Rêve de valse, *en 1939.*

Dès le 3 novembre, ils invitent le public à une deuxième production. Il s'agit, cette fois, des *Valses de Vienne* des Strauss (père et fils). La distribution compte alors huit rôles principaux. En plus de Charles Goulet et Lionel Daunais, elle comprend des vieux routiers de la scène, dont Gaston Saint-Jacques, et des nouveaux venus que le public adopte d'emblée. Judith Jasmin et Guy Mauffette sont de ceux-là. Dès ce deuxième spectacle, la direction de l'orchestre est confiée à Jean Goulet, le père de Charles, qui la conservera pratiquement jusqu'à la fin des Variétés lyriques. *Les Valses de Vienne* connaissent encore plus de succès que l'opérette de Lehar. Une troisième production est donc annoncée. *Les Maris de Ginette*, de Félix Fourdrain, prend l'affiche du Monument le 1ᵉʳ décembre. Les deux directeurs ont recruté, pour l'occasion, deux chanteuses qui seront parmi les vedettes les plus importantes de l'entreprise, Olivette Thibault et Caro Lamoureux. Ces trois spectacles marquent le début d'une aventure fabuleuse et d'une association exceptionnelle (celle de Charles Goulet et de Lionel Daunais), qui ne s'est terminée que le 30 avril 1955[19] avec la création de *La Fille du tambour-major* de Jacques Offenbach. La carrière des Variétés lyriques s'étend ainsi sur dix-huit saisons qui ont assuré au Monument-National la plus longue série de succès publics et artistiques de son histoire.

L'importance des Variétés lyriques et, à travers elles, du Monument-National dans l'évolution de la vie culturelle et artistique du Québec, est inestimable. Il s'agit de la plus puissante, de la plus applaudie et de la plus durable des organisations artistiques qui ont séjourné au Monument-National, toutes langues confondues. Plus encore que la Société canadienne d'opérette, les Variétés lyriques ont animé et mobilisé la colonie artistique de Montréal. Toutes les grandes vedettes francophones de la scène lyrique y ont brillé, tels Pierrette Alarie, Yoland Guérard, Jean-Pierre Hurteau, Jean-Pierre Jeannotte, Raoul Jobin, Louis Quilicot, Léopold Simoneau et André Turp. Les Variétés lyriques ont aussi recruté les figures dominantes du théâtre local. En plus de ceux mentionnés plus haut, la scène des Variétés a accueilli Fred Barry, Juliette Béliveau, Rita Bibeau, Yvette Brind'Amour, Jean Coutu, Jeanne Demons, Jean Duceppe, Edgar Fruitier, Germaine Giroux, Guy Hoffman, Juliette Huot, Jeanne Maubourg, Lucie Mitchell (la petite martyre d'*Aurore*), Huguette Oligny, Denise Pelletier, Béatrice Picard ou Pierre Thériault. Au total, près de deux cents membres de l'Union des artistes du Québec ont joué, à un moment ou à un autre, sur la scène du Monument à l'invitation de Lionel Daunais et de Charles Goulet. C'est aussi aux Variétés que la scénographie québécoise moderne a pris son

60– *Lionel Daunais, Adrien Lachance, Olivette Thibault
et Caro Lamoureux dans* Naughty Marietta *en janvier 1941.*

envol avec Jacques Pelletier (aux décors et aux éclairages) et Marie-Laure Cabana (aux costumes).

Outre Charles Goulet et Lionel Daunais — les deux directeurs et fondateurs —, les piliers des Variétés ont été Caro Lamoureux, Olivette Thibault, Marthe Lapointe, Gérard Paradis, Henri Poitras et Rita Bibeau. Daunais est demeuré, au fil des années, la principale vedette masculine de la troupe. Olivette Thibault s'y est merveilleusement imposée dans les rôles de soubrettes. Quant à Caro Lamoureux et Marthe Lapointe, dont les voix sont plus amples, elles se sont partagé les premiers rôles féminins.

Au total, les Variétés lyriques ont présenté 1 084 spectacles dans la grande salle du Monument (84 créations et 33 reprises). Si elles ont surtout puisé dans le répertoire de l'opérette française (de Charles Lecocq à André Messager), elles ont aussi touché à l'opéra (Verdi, Gounod, Rossini, Massenet), aux *musicals* anglais et à la comédie musicale américaine, particulièrement pendant la Deuxième Guerre mondiale, alors qu'il était virtuellement impossible d'obtenir de nouvelles œuvres en France. Globalement, les Variétés ont créé soixante et onze opérettes, douze opéras et une revue. Seule cette dernière, *Parlez-moi d'ça*, est une œuvre locale[20]. Pour avoir une idée plus précise de la nature et des goûts du vaste public des Variétés, qui comptaient 14 096 abonnés en 1955, rappelons que les trois œuvres les plus populaires du répertoire ont été *La Margoton du bataillon* d'Oberfeld, *La Belle de Cadix*[21] de Francis Lopez et *Le Chant du désert* de Sigmund Romberg. La première est reprise à trois occasions (en février et décembre 1941, puis deux pleines semaines en mars 1949). *La Margoton du bataillon* est d'ailleurs le plus grand succès de rire des Variétés, ce qui lui vaudra une ultime reprise à la Place des Arts avec Olivier Guimond fils. *La Belle de Cadix* a tenu l'affiche durant vingt-six soirées consécutives en janvier et février 1951. Quant au *Chant du désert*, il a fait l'objet de quatre reprises entre 1937 et 1954.

61 – Yvette Brind'Amour, Carmen Morenoff, Lionel Daunais et Caro Lamoureux dans Valses de Vienne *en 1944.*

Les Variétés lyriques se sont même offert le luxe de quelques créations mondiales dont celles de *Monsieur si bémol* (de Francis Lopez et Raymond Vincy), le 26 janvier 1950, et de *Domino lilas*[22].

Pourtant, en 1955, Lionel Daunais et Charles Goulet décident de mettre un terme à l'existence de leur compagnie et à une association artistique et professionnelle particulièrement fructueuse. Leur mode de fonctionnement n'a pas beaucoup changé depuis les débuts de l'entreprise. Lionel Daunais, l'artiste extraverti et bon vivant, excellent chanteur et comédien accompli, s'occupe principalement de la direction des solistes. Quant à Goulet, tout en coopérant étroitement aux mises en scène, il continue à régler les déplacement des foules, les chœurs et les orchestrations. Toutes les décisions relatives au choix du répertoire, à la distribution et aux scénographies (conçues par Alfred Faniel ou importées de Paris) sont prises à deux, Charles Goulet assumant seul la direction administrative des Variétés.

En dix-huit saisons, Charles Goulet et Lionel Daunais ne connaissent aucun échec irréparable et si, épisodiquement, la critique souligne des faiblesses dans les productions et dans l'interprétation, elle se montre généralement très — trop? — sympathique à l'entreprise. En ce sens, la critique se trouve au diapason des milliers de fidèles des Variétés. Qu'on en juge au ton de ce compte rendu paru dans le *Montréal-Matin* au lendemain de la première de *Victoria et son hussard*, le 17 novembre 1950.

La mise en scène, généralement solide, n'est pas sans erreurs. Les entrées et sorties des chœurs et de certains interprètes pourraient être beaucoup plus précises. Une suggestion, pourquoi ne pas éliminer tous les saluts d'artistes au public et ne pas les garder pour la fin seulement.

Victoria et son hussard est, envers et contre toutes ces petites erreurs, un très brillant spectacle et nous vous le recommandons sans hésitation[23].

Cette pratique du salut en cours de spectacle n'a plus cours en Europe depuis l'entre-deux-guerres. Le fait de la voir perpétuée — en 1950 — aux Variétés lyriques est assez symptomatique. Les Variétés ont en effet mobilisé beaucoup de ressources, créé une formidable activité, mais elles ont peu innové au plan formel. Cela tient sans doute aux contraintes de toute entreprise commerciale qui doit faire ses frais. Maurice Schwartz avait assagi l'avant-garde, les Variétés s'en sont généralement tenues à des valeurs sûres. Cette prudence, pour ne pas dire ce conserva-

62– *Olivette Thibault et Lionel Daunais (au centre) dans Monsieur Si Bémol en 1950.*

Les Variétés lyriques ne savaient pas se renouveler

tisme, caractérise tous les aspects de leurs productions, du choix du répertoire à la conception scénographique. Certes, on y a vu des décors somptueux, des costumes superbes et des ballets — de Lacasse-Morenoff — remarquables, mais rien de révolutionnaire. Si les Variétés lyriques ne se sont guère renouvelées au cours des années, c'est, en partie, parce qu'elles ont été victimes de leur propre succès et sont restées prisonnières du public qui les faisait vivre. Le témoignage de Jean Vallerand, chroniqueur au *Devoir*, rend bien compte de la sclérose dont souffre déjà l'entreprise au début des années 1950.

J'ai pendant plusieurs années assisté à tous les spectacles des Variétés lyriques ; j'avais donc été forcé de constater qu'il y a dans cette troupe ce qu'on appelle un « esprit de la maison ». Puis j'ai été pendant deux ans tenu éloigné des spectacles des Variétés lyriques et ce n'est qu'hier soir que j'ai revu la troupe à l'œuvre. Je constate que le même style y est toujours à l'honneur. [...] je m'en inquiète [...] parce que cela prouve que le « style de la maison » est devenu une valeur commerciale stéréotypée. Je me demande si les Variétés lyriques ne sont pas devenues désormais esclaves du public qu'elles ont formé, esclaves au point de ne pouvoir plus dévier d'un style auquel le public s'est habitué et au sujet duquel il n'acceptera plus aucune « réjuvénation »[24].

Ce public, à vrai dire, a vieilli au même rythme que les variétés. En 1955, ce ne sont plus des jeunes couples et des étudiants qui sortent du Monument-National, bras dessus bras dessous, « un couplet français » aux lèvres, et qui envahissent ensuite les cabarets et *nightclubs* du quartier. C'est plutôt un public mûr et plus sage, qui se fait déposer devant la porte du Monument pour la représentation et en repart aussi vite, évitant de s'attarder dans une rue devenue bien suspecte. Si le public s'est assagi, le genre, lui, s'est usé. La grande vogue de l'opérette française légère et des *musicals* s'estompe en Europe comme aux États-Unis. Les auteurs et compositeurs prennent de l'âge et la

63– Scène d'ensemble de Fridolinons 45.

l'effet de la télévision (1952)

relève tarde à se manifester, de sorte que Goulet et Daunais éprouvent de plus en plus de difficultés à trouver des œuvres inédites.

Et il y a l'effet dévastateur de la télévision. Les Variétés lyriques ont réussi à composer avec la radio, qui recrutait beaucoup de chanteurs et cantatrices, mais elles ne parviennent pas à s'adapter à la télévision (qui apparaît en 1952). Non pas que celle-ci produise beaucoup d'opérettes, mais elle a sur les Variétés le même impact que sur toutes les autres entreprises de théâtre et sur les cinémas. Elle retient le public chez lui. Goulet et Daunais voient fondre leur assistance et ils n'ont plus le dynamisme qu'il faut pour la séduire à nouveau ou pour la rajeunir. Ils s'attendent à éprouver des difficultés à moyen terme et, comme ils se sont fait une gloire de vivre sans aide gouvernementale pendant dix-huit saisons, ils rejettent même l'idée de recourir à des subventions publiques. C'est pourtant là le seul moyen d'assurer la poursuite de leurs opérations. Charles Goulet et Lionel Daunais, en grands seigneurs qu'ils sont, préfèrent tourner la page et mettre un terme à l'une des plus brillantes périodes de toute l'histoire du Monument-National, une période qui est également marquée par une autre organisation étonnante, celle des *Fridolinades* de Gratien Gélinas.

De Fridolin à Tit-Coq : l'effet Gratien Gélinas

Les choses ne vont donc pas trop mal pour ce qui est déjà le plus vieux théâtre en ville et, probablement, le plus mal situé d'entre eux. Car en 1936-1937, au moment où Goulet et Daunais fondent leurs *Variétés* et où Gélinas entreprend sa « croisade du rire » avec Fridolin, le boulevard Saint-Laurent est devenu le cœur du *Red Light District*. La prostitution, le jeu, la pègre, la violence, la pornographie y sont solidement implantés. L'endroit, qui n'a jamais été sûr, est devenu carrément dangereux et sa réputation est telle que les gens respectables ne s'y hasardent plus

64– *Gratien Gélinas, Gaston Saint-Jacques et Muriel Guilbault dans « Marie-Anne s'en va-t-au Moulin » dans Fridolinons 42.*

*Gélinas : la renaissance de
la revue qc*

sans raison. Ceci n'empêche pas la grande salle du Monument-National de connaître la période la plus active de son histoire.

Les succès de Gratien Gélinas au Monument ne font pas qu'y attirer des foules records, ils marquent la renaissance de la grande tradition de la revue québécoise. Ce genre qui, avec les grands mélodrames populaires et les drames religieux de Julien Daoust, avait dominé la scène francophone montréalaise à la Belle Époque, est entré, après la crise de 1929-1933, dans une phase de déclin rapide. Il ne reste des grandes heures de la revue que les personnages colorés et truculents auxquels elle a donné naissance : Ladébauche, la Poune, Tizoune, Baptiste. Mais la stratification du public francophone et le silence des critiques à son endroit ont eu pour effet d'exclure ces héros populaires du champ de la consécration officielle et des salles de répertoire, les confinant aux « scopes » et à d'autres scènes jugées mineures. Celles du Starland et du Roxy, en particulier, ont largement bénéficié de leur présence, mais ni ces scènes ni les autres scènes similaires n'ont pu les soustraire au discrédit qui a frappé tout le théâtre populaire à partir de 1930.

C'est à Gratien Gélinas et à son Fridolin qu'on doit la revalorisation de la revue comme genre théâtral et, dans une certaine mesure, la réconciliation momentanée de deux répertoires et de deux publics — bourgeois et populaires. Les uns sont heureux de retrouver dans ces *Fridolinades* annuelles les gags et les blagues qui font, ailleurs, le succès des Petrie, de Tizoune (Olivier Guimond père et fils) ou de la Poune (Rose Ouellette) ; les autres savourent l'acuité de la critique sociale à laquelle se livre sans complexe ce petit héros effronté et bon vivant. Pour bien des intellectuels, Fridolin participe du même mouvement de renouveau que, par exemple, le roman urbain ou les automatistes.

Gratien Gélinas et Gabrielle Roy ont tous les deux saisi, avec un art exceptionnel, quelque chose d'essentiel dans notre personnalité ethnique. Pour l'instant, le premier se manifeste

la volonté de fonder un T national

au moyen d'un art plus vivant, surtout qu'il incarne lui-même plusieurs de ses créations[25].

La valeur symbolique de Fridolin est en effet indéniable. D'une certaine façon, Gélinas répète, avec son enfant de ruelle, l'action réformatrice que Jacob Gordin avait menée sur les scènes yiddish quelques décennies plus tôt. L'un comme l'autre entendent mettre leur public face à sa réalité. Les *Fridolinades* ne composent-elles pas « une peinture de notre mentalité et de nos mœurs aussi vraie que la vie même, un portrait qui [...] n'est rien d'autre que la réalité[26] » ? La « croisade du rire » de Fridolin remet à l'honneur, sur la scène du théâtre, l'univers, le langage et les personnages canadiens-français qui en avaient été graduellement exclus. C'est ce phénomène culturel d'une grande importance que souligne André Laurendeau dans une chronique de 1941.

Qu'est-ce que Fridolin ? Un gavroche montréalais, une sorte de Charlot canayen et, je m'en excuse auprès des puristes, l'une des créations les plus originales de notre littérature. J'accorde qu'il s'agit de littérature populaire, mais cela ne détruit ni sa valeur ni sa fonction. [...] Il faut que le peuple s'amuse et si nous l'ennuyons, il ira chercher son bien ailleurs. C'est exactement ce qu'il a fait chez nous. Depuis vingt ans, les seuls aliments culturels qu'aient absorbés les masses québécoises ou montréalaises sont des nourritures étrangères. De la sorte, nous cessons insensiblement d'être nous-mêmes [...]. Vous comprendrez maintenant pourquoi j'accorde de l'importance aux tentatives et aux projets de Fridolin[27].

La « croisade du rire » de Fridolin procède de cette même volonté de fonder un théâtre national qui avait présidé à la création du cours d'élocution de l'Association Saint-Jean-Baptiste, à celle des premières Soirées de Famille, à l'ouverture du Théâtre National (de la rue Sainte-Catherine) et à la création de la Société canadienne d'opérette. Après Elzéar Roy, Julien Daoust et Honoré

Vaillancourt, Gratien Gélinas reprend donc le flambeau de l'art canadien-français.

> [...] il faut pour qu'il y ait théâtre [affirme Gélinas] que l'acteur et le spectateur se fondent et se dissolvent l'un dans l'autre, l'homme de la salle se voyant lui-même et murmurant les paroles de l'homme de la scène du même cœur que lui et en même temps que lui, cette union ne sera jamais aussi totale, en principe du moins, qu'entre un auteur et un public de la même essence, de la même souche, du même passé, du même présent et du même avenir. [...]
>
> [Un] théâtre doit être d'abord et avant tout national [...][28].

La présence de Fridolin au Monument attire autant les habitués des Variétés lyriques que ceux du Starland. Ainsi, de 1938 à 1946, ce garnement attachant, affublé de son chandail bleu-blanc-rouge et nanti de son inséparable *sling shot*, ne cesse pas de pulvériser les records d'assistance établis par ses devanciers. *Fridolinons 38* donne lieu à vingt et une représentations, *Fridolinons 46*, la dernière des *Fridolinades*, tient l'affiche pendant quatre-vingt-deux jours[29].

La revue annuelle *Fridolinons* entame sa brillante carrière le 19 mars 1938. Année après année, elle revient sur la scène du Monument-National dans une nouvelle version, mais sans jamais cesser d'être une revue. Chaque spectacle est constitué d'une série de numéros, qui vont du sketch comique à la chanson; du duo d'amour à une peinture cocasse du quotidien (par exemple, les trajets en « p'tits chars »). Tout cela est appuyé par une musique entraînante et se déroule à un rythme d'enfer. Fridolin est le meneur de jeu — le « compère » — de ces revues nouveau genre, qui passent graduellement de l'univers intime de l'adolescent montréalais à l'actualité sociale et politique (avec l'introduction du monologue *Entre vous et moi* en 1941). Au fil des productions, le personnage de Fridolin perd de son importance au profit de

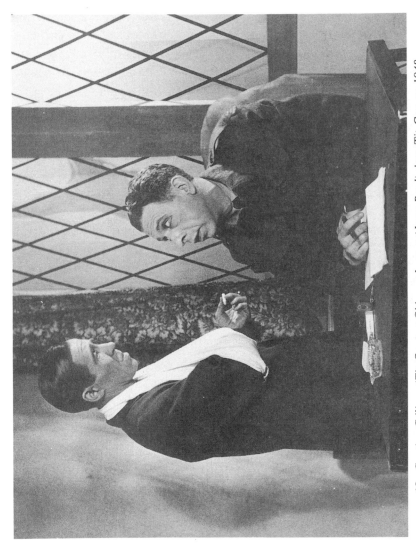

65 – Gratien Gélinas (Tit-Coq) et Clément Latour (Jean-Paul) dans Tit-Coq en 1948.

sketchs autonomes qui contribuent à l'élaboration d'un univers dramatique cohérent.

Les Fridolinades ont mobilisé de nombreux artistes de renom, dont Amanda Alarie, Fred Barry, Juliette Béliveau, Juliette Huot, Clément Latour, Julien Lippé, Henri Poitras, Gisèle Schmidt, Olivette Thibault, J. R. et Fanny Tremblay, la chanteuse Alys Robi et, bien sûr, Gratien Gélinas. L'apport de ce dernier ne s'arrête pas à l'interprétation du personnage de Fridolin et à la conception des textes, dont certains sont écrits avec la collaboration de Claude Robillard ; il est aussi l'un des premiers metteurs en scène modernes du Québec. Gélinas dirige et prépare tous les aspects de chacune des productions avec une minutie et une autorité qui sont depuis passées à la légende. Il a d'ailleurs su s'entourer de concepteurs de talent, parmi lesquels on retient les noms de Jacques Pelletier et Robert LaPalme, aux décors et éclairages, et de Marie-Laure Cabana aux costumes. Cabana et Pelletier travaillent également, à l'occasion, aux Variétés lyriques et avec d'autres troupes du Monument.

Fridolin s'est éclipsé en 1946 pour laisser le champ libre à Tit-Coq qui en est, à bien des égards, la métamorphose. De la revue, Gratien Gélinas est passé au drame. La création de *Tit-Coq* a lieu le 22 mai 1948[30] au Monument-National. Par ce spectacle retentissant, Gélinas avance un peu plus dans son projet de théâtre national. La première de *Tit-Coq*, en laquelle certains ont vu « la naissance éclatante du théâtre québécois[31] », constitue en effet un moment charnière dans l'histoire théâtrale du Québec. En ramenant l'univers québécois, sa langue et ses représentants dans un genre « sérieux », les dégageant ainsi du répertoire burlesque et des mélos auxquels ils avaient été réduits, *Tit-Coq* annonce la fin d'une époque et le début d'une autre, qui aboutira, une vingtaine d'années plus tard, à l'éclosion du « Théâtre québécois ».

La Deuxième Guerre, l'Équipe de Pierre Dagenais et le triomphe de la modernité

La grande période du théâtre francophone du Monument-National, qui commence avec les Variétés lyriques et qui finit avec *Tit-Coq*, couvre donc les années de guerre. Celles-ci sont parmi les plus fécondes de l'histoire du théâtre montréalais, car des formateurs, metteurs en scène et interprètes français, qui fuient la France occupée, viennent trouver refuge à Montréal en attendant la fin des hostilités. Leur arrivée subite donne un formidable élan au théâtre local. De nouvelles troupes apparaissent, qui multiplient les spectacles, bousculent le répertoire et renouvellent radicalement l'esthétique. Comme le souligne le critique Jean Béraud,

> le monde du théâtre à Montréal est devenu très pittoresque depuis quelques mois [en 1942]. Peut-être [était]-on en train de voir se former ce que l'on réclame depuis toujours : une ambiance. Un milieu où l'on parle, où l'on pense, où l'on rêve théâtre[32].

L'effervescence du milieu et l'abondance des spectacles — que le public réclame à grands cris en ces temps difficiles — ont pour effet de réactiver le marché du théâtre de répertoire. On en vient même à manquer de salles. Le Monument-National, qui demeure, malgré ses cinquante ans, l'une des meilleures et plus vastes scènes de la ville, profite largement de cette situation aussi nouvelle qu'inattendue et peut, pour un temps, échapper au naufrage où l'entraîne inexorablement la « Main ». Le Monument devient, grâce à la guerre, un lieu très couru par la nouvelle génération d'artistes. C'est d'ailleurs au Monument-National que se constitue le premier groupe des automatistes, à l'occasion d'un spectacle pour enfants organisé par la comédiennne Alice Zlata, à la fin du mois de décembre 1941[33].

Les artistes français sont à l'origine de la création presque simultanée de quatre troupes professionnelles à Montréal en

1941 : le Tréteau, Comoedia, le Jeune Colombier et la Comédie de Montréal. Chacune d'elles est constituée d'un noyau d'artistes en exil autour desquels gravitent des artistes québécois, qui tiennent les rôles secondaires et de soutien. La formule n'est pas nouvelle, puisque la Compagnie franco-canadienne fonctionnait déjà sur ce modèle en 1880. *1941 - 43*

L'une de ces troupes, la Comédie de Montréal, choisit de s'installer en permanence au Monument-National, dont elle partage la grande scène avec Fridolin, les Variétés lyriques et les artistes yiddish pendant deux saisons entières, de 1941 à 1943. La Comédie de Montréal, fondée par Paul L'Anglais et Marcel Prévost, ne contribue guère au renouvellement du répertoire, mais elle s'illustre par des mises en scène soignées et par quelques belles audaces. Outre Paul Gury, qui en assume la direction artistique, la troupe comprend Jacques Auger, Yvette Brind'Amour, Albert Duquesne, Pierre Durand, Antoinette Giroux, Henri Poitras, Sita Riddez, François Rozet et Marthe Thiéry. Au programme prudent de la Comédie, retenons *La Tentation* de Méré et *La Flambée* de Kistemaeckers, *L'Aiglon* d'Edmond Rostand. Mais, la troupe produit aussi *Le Vrai procès de Jeanne d'Arc*, de Georges Pitoëff, ainsi qu'une création québécoise de Jean Desprez intitulée *Les Amants de Mayerling*.

Ludmilla Pitoëff, veuve de Georges Pitoëff — qui avait fait partie du célèbre Cartel parisien avec Gaston Baty, Charles Dullin et Louis Jouvet —, se trouve parmi les artistes français en exil à Montréal. Avant de constituer sa propre troupe, elle propose à Paul Gury de reproduire au Monument-National le drame de la Pucelle, dans lequel elle avait obtenu un immense succès à Paris peu avant son départ. Ici, la pièce n'a de retentissement qu'auprès de la critique et des intellectuels. Jean Béraud évoque « une soirée bien émouvante où l'artiste ne joue pas un rôle mais réincarne un personnage[34] » Quant à Lucien Desbiens, critique du *Devoir*, il ne tarit pas d'éloges au lendemain de la première. Ludmilla Pitoëff est, dit-il,

*Ludmilla Pitoëf
La Pucelle*

une artiste consommée et qui nous donne une Jeanne d'Arc qui semble bien plus correspondre à la réalité que toutes les autres Jeanne d'Arc qu'on ait pu présenter dans d'autres pièces beaucoup plus fantaisistes que véridiques. [...] L'artiste [...] rejoint les plus grandes tragédiennes que nous ayons connues durant ces quinze dernières années[35].

La réception du public a été moins enthousiaste. Ce « vrai procès », basé sur les registres authentiques, fourmille de renseignements historiques dont l'intérêt est plus documentaire que dramatique. Il reste que « cette pièce inusitée », pour reprendre la formule de Desbiens, marque l'histoire du théâtre local francophone à au moins deux égards. D'une part, elle donne l'exemple d'un jeu intense et intériorisé, qui évoque d'emblée Stanislavski ; d'autre part, elle démontre que l'action n'est pas un absolu dramatique. Vingt ans avant la venue de Ludmilla Pitoëff, les Compagnons de la Petite scène avaient tenté cette même expérience sur la même scène, avec le peu de succès que l'on sait.

Le vrai procès de Jeanne d'Arc n'a pas seulement mis en lumière Ludmilla Pitoëff, elle a fait découvrir d'autres interprètes, dont Jacques Auger (l'évêque Cauchon), François Rozet et Jacques Catelain (deux autres artistes réfugiés). Ce spectacle, tout innovateur qu'il soit, n'a pas que des effets positifs. « La mise en scène est celle qui eut tant d'éloges à Paris et les décors des répliques exactes des originaux[36] », nous rappelle le critique Frédéric Pelletier qui, visiblement, est heureux de voir une compagnie montréalaise reproduire fidèlement une création parisienne, au moment précis où Gratien Gélinas revendique un « théâtre national », authentiquement canadien-français, sur la même scène !

La création montréalaise, après un « triomphe », à Québec, du drame *Les Amants de Mayerling*[37] de Jean Desprez, n'a pas la même résonance, bien que cette pièce, évoquant « la grande amour », innove elle aussi. La création de Jean Desprez tient parfois du long récitatif et traite les sentiments avec une grande sobriété. Mais c'est là, semble-t-il, son principal handicap et la cause de son échec. Car, lit-on,

metteur en scène et acteurs se gardent bien de se laisser émouvoir eux-mêmes par cette histoire d'un suicide d'amour, et [...] en conséquence n'osent même pas attenter à la crédulité du spectateur.

La coupe en dix tableaux plutôt qu'en trois actes [...] devient à la scène un morcellement fatal [...] à la croissance des sentiments. Il n'y a pas lieu, évidemment, de parler ici de caractères. Quant à l'intrigue, inutile de dire que son dénouement est prévu[38].

Visiblement, ce spectacle ne vise ni à émouvoir ni à occulter la théâtralité, ce qui agace la critique et désarçonne le public. Mais *a posteriori*, on peut bien se demander si le détachement volontaire dont font preuve les interprètes, détachement accentué par l'utilisation de micros et de haut-parleurs, n'est pas une première application locale du concept brechtien de la distanciation. Il en partage du moins certaines caractéristiques. En dépit de ses réserves, la critique trouve quelques mérites à «ce gros effort de représentation scénique», entre autres celui d'avoir révélé Muriel Guilbault, une jeune comédienne au «verbe sûr» et au talent exceptionnel «sous tous rapports». La distribution comprend encore Jacques Auger, Denis Drouin et Pierre Durand.

La Comédie de Montréal cesse ses activités à la fin de la saison 1942-1943. Elle a, au cours de ses deux années d'existence, produit une quinzaine de spectacles et donné près de soixante représentations dans la grande salle du Monument. Bien qu'on ignore les causes précises de sa dissolution, on sait que ses audaces ne lui valurent jamais la faveur des foules et que, plus souvent qu'autrement, elle dut jouer devant des salles dégarnies. La Comédie de Montréal est la première troupe professionnelle à tenter d'imposer la modernité sur une scène francophone à Montréal.

Sa présence laisse cependant des traces, puisque plusieurs des membres du groupe sont de la première création d'une autre troupe résolument moderne, l'Équipe de Pierre Dagenais.

Fondée à la fin de l'année 1942 par Pierre Dagenais, qui n'a pas vingt ans, l'Équipe ne s'est pas établie à demeure au Monument-National, mais c'est là qu'elle a joué le plus souvent au cours de ses cinq années d'activité et c'est sur la grande scène du Monument qu'elle entame une carrière, aussi fulgurante que brillante, le 14 janvier 1943. Le spectacle d'ouverture est une révélation.

La troupe qu'a formée Pierre Dagenais est tout ce qu'on peut attendre d'une équipe de jeunes gens et de jeunes filles qui abordent ensemble la scène après s'être fait remarquer ici et là, après surtout avoir acquis une formation pour le théâtre qui ne tient pas qu'à l'instinct ou à des dispositions de tempérament, mais aussi à une culture générale, à des aptitudes intelligemment développées, à un sens très précis de ce qu'il faut faire ou ne pas faire sur scène[39].

Dès ses débuts, la troupe s'impose par son professionnalisme et sa rigueur. Pierre Dagenais qui, en plus de jouer, assume la direction générale de l'entreprise, hisse la mise en scène québécoise au rang d'art. Contrairement à cet autre champion de la modernité théâtrale qu'est le père Émile Legault (des Compagnons de Saint-Laurent), qui comprend la mise en scène comme une activité d'animation et de coordination, Dagenais conçoit, prépare et dirige chacun des aspects du spectacle avec une grande précision, ce qui n'exclut chez lui ni la sensibilité artistique ni la créativité. Toutes les productions de l'Équipe sont marquées par un souci d'unité qui touche autant le jeu des acteurs et les scénographies, que la musique de scène. Si Dagenais rejette le compagnonnage, qu'il considère anarchique, il tient à ce que la création soit le fruit d'un travail collectif, d'«un travail d'équipe, de confrérie dramatique[40]».

L'Équipe n'a vécu que cinq ans, mais cette brièveté n'enlève rien à son importance historique et à sa qualité. La plupart de ses jeunes fondateurs ont d'ailleurs mené par la suite de brillantes carrières. Ce sont, outre Pierre Dagenais, Yvette Brind'Amour, Rolland D'Amour, Nini Durand, Muriel Guilbault, Jean-Pierre Masson, Huguette Oligny, Bruno Paradis, Gisèle Schmidt et Janine Sutto.

Pour le spectacle inaugural de la troupe, Dagenais a choisi une œuvre du répertoire français contemporain intitulée *Altitude 3200*. Cette pièce de Julien Luchaire traite de la cohabitation d'un groupe d'alpinistes coincés pendant des semaines dans un refuge de montagne. Il n'y a pas d'intrigue à proprement parler, mais des atmosphères et des notations psychologiques. Tout y repose sur l'interprétation des acteurs.

[Tous] jouent avec une sincérité, une conviction, un plaisir véritable qui emportent facilement l'adhésion. Le secret de leur art, c'est de croire à ce qu'ils font. Ils ne jouent pas, ils vivent, ils n'interprètent pas, ils éprouvent vraiment les sentiments qu'ils nous dévoilent sur le plateau[41].

Créée à peu près en même temps que *Le Vrai procès de Jeanne d'Arc* et *Les Amants de Mayerling*, qui ouvrent la voie au symbolisme et à la distanciation, *Altitude 3200* entraîne le jeu réaliste vers de nouveaux sommets, bien que l'usage de masques, lors du spectacle, ait des «vertus poétiques [qui] n'auront pas échappé à ceux qui rêvent d'un théâtre dépouillé[42]». Forte de ce premier succès, la jeune troupe se lance à l'assaut de la *Tessa* de Jean Giraudoux dès le 30 septembre suivant. Dagenais, dont la performance dans *Altitude 3200* avait éclipsé celle de ses camarades, a déçu «ses jeunes admiratrices en ne se réservant aucun rôle dans la distribution de *Tessa*. Il ne tient pas à ce que les spectateurs se rendent au théâtre pour telle ou telle vedette», précise le critique Roger Duhamel. En l'absence de Dagenais, ce sont Paul Gury, un vieux routier des scènes montréalaises, et

66– Roland D'Amour, René Chaput, Micheline Loranger et Nini Durand dans Altitude 3200 *de Julien Luchaire en 1943.*

Janine Sutto qui dominent cette nouvelle production très réussie. Janine Sutto, en particulier, soulève l'enthousiasme des critiques. «C'est elle qui lui confère sa légèreté douloureuse [à la pièce], son rythme émotif». «Cette jeune artiste est splendidement douée, mais elle ne se limite pas à exploiter paresseusement ses talents. Elle joue de toute son âme et c'est ce qui la rend si émouvante[43]».

Quelques mois plus tard, soit le 13 janvier 1944, l'Équipe présente *L'Homme qui se donnait la comédie* d'Emlyn Williams. Roland Chenail, Lilianne Dorsenn, Roger Garceau, Micheline Loranger et Denyse Saint-Pierre se joignent à Pierre Dagenais, Gisèle Schmidt et Janine Sutto pour assurer le succès de ce fait divers, dont la force réside dans l'analyse psychologique des personnages. Puis, le 11 mai 1944, l'Équipe remporte le plus grand succès populaire de son histoire. La pièce au programme

leur plus grand succès

est *Marius* de Marcel Pagnol, dont la version cinématographique vient de connaître un formidable triomphe sur les écrans montréalais. L'audace de Dagenais est donc bien grande. Recréer l'univers marseillais, avec l'accent, est d'autant plus risqué que des comparaisons s'imposeront. Mais la magie joue en faveur de l'Équipe. Dès le lever de rideau, la vaste salle du Monument, remplie à pleine capacité, se transporte dans le Vieux-Port, au petit bar de César et tombe sous le charme d'un César colossal magistralement incarné par Ovila Légaré. Sa composition fait oublier celle de Raimu. Quant à Janine Sutto, elle égale la remarquable Fanny d'Orane Demazis. Pierre Dagenais, dont l'accent marseillais ne convainc personne, parvient paradoxalement à camper un Marius d'une grande crédibilité. Mais ce n'est pas là sa plus grande réussite.

Pierre Dagenais, tout en incarnant très justement Marius, a réussi là une direction artistique extraordinairement soignée, qui n'est pas une copie de celle du film et qui n'a rien pourtant à lui envier. Il a su inspirer ses interprètes selon le ton même, dans le mouvement précis qu'exige une pièce de cette longueur et de cette variété infinie de jeux, de tonalités, de tempos[44].

Éloi de Grandmont, critique au *Devoir*, va encore plus loin. « La mise en scène bien réglée » et la discipline des comédiens de *Marius*, « voilà ce à quoi [tous] devraient tendre[45] ». L'Équipe profite de l'élan donné par *Marius* pour créer *Fanny*, du même auteur, le 7 décembre 1944. Le succès de *Marius* est presque égalé.

La troupe, qui est devenue l'enfant chéri du théâtre montréalais après seulement deux années d'existence, délaisse provisoirement la scène du Monument-National pour d'autres lieux (dont le jardin de l'Ermitage, où elle crée *Le Songe d'une nuit d'été*, et le Gesù, où elle donne une version mémorable du *Huis clos* de Jean-Paul Sartre, en présence de l'auteur). Elle y revient le 18

67– Ovila Légaré et Camille Ducharme dans Marius de Marcel Pagnol en 1944.

68– *Janine Sutto, Rose Rey-Duzil, Nini Durand, Roland Chenail et Ovila Légaré dans* Fanny *de Marcel Pagnol en 1944.*

octobre 1947 avec *Les Parents terribles*. La pièce reçoit un accueil mitigé. On reproche des outrances et des longueurs au texte de Jean Cocteau, mais on soulève aussi des lacunes dans la mise en scène et l'interprétation de l'Équipe. Pierre Dagenais se risque ensuite à produire une pièce de son cru, intitulée *Le Temps de vivre*, sur la grande scène du Monument. La critique est négative et le public boude la création, qui tourne au désastre financier. L'Équipe ne s'en remettra pas. Pierre Dagenais, qui a été l'instigateur et l'âme de cette troupe pendant cinq années, aura également été son fossoyeur. À une époque où il n'existe ni régime de subvention publique ni mécénat d'importance, toutes les organisation théâtrales professionnelles sont tenues, pour survivre, de se constituer un public fidèle fondé sur un système d'abonnement. Pour ce faire, elles doivent organiser des saisons régulières de quatre à cinq productions. Or, lors de sa dernière année d'existence, l'Équipe ne produit que deux spectacles. Dagenais justifie ce choix par le fait « qu'une troupe qui possède une dizaine d'interprètes et un seul metteur en scène ne peut monter cinq spectacles par saison[46] ». L'argument ressemble à celui que Jacob Ben Ami opposait à un Maurice Schwartz très pragmatique un quart de siècle plus tôt. Faute d'habitués, faute de subvention externe, Dagenais n'a d'autre choix que de financer lui-même ses propres productions. L'engagement d'artistes de renom, tels que Paul Gury et Ovila Légaré, est extrêmement coûteux, comme le sont, du reste, les superbes décors et costumes que Jacques Pelletier et Marie-Laure Cabana créent pour la troupe.

L'intransigeance de Dagenais, si elle entraîne l'Équipe à sa perte[47], a pour effet de rehausser la qualité générale des spectacles produits au Québec. Elle a créé de nouvelles normes de qualité artistique et a donné au Monument-National certains de ses plus beaux spectacles.

Derniers moments marquants

Les années de guerre voient une autre troupe prestigieuse se produire au Monument-National. Il s'agit des célèbres Compagnons de Saint-Laurent qui n'ont pas encore le statut de troupe professionnelle, mais qui en possèdent toutes les caractéristiques. Ils créent l'*Athalie* de Jean Racine sur la grande scène en mai 1941. La pièce n'avait encore jamais été produite au Québec, en dehors des scènes scolaires. Pour cette première, Émile Legault choisit d'intégrer les chœurs de Mendelsohn à la tragédie et d'en confier l'exécution à Charles Goulet et aux Disciples de Massenet. Quant au personnage d'Athalie, il permet à Sita Riddez de connaître son premier triomphe « dans un personnage enfin à sa taille ». La critique est dithyrambique au point qu'on peut se demander si cette *Athalie* n'est pas, à ce jour, la plus grande réussite des Compagnons. L'excellente interprétation de l'ensemble de la troupe, puissamment appuyée par le chœur des Disciples, est mise en relief par une superbe scénographie.

Du strict point de vue scénique, le spectacle était ravissant et suggérait des impressions neuves. La fraîcheur et l'harmonie des costumes, la majesté des immenses portes du temple, la lumière qui baignait mollement les colonnes et jouait en tons adoucis sur les draperies, tout s'unissait pour créer une ambiance presque mystique aux vers immortels[48].

Mais cela ne suffit pas pour attirer le public. Les quatre représentations du chef-d'œuvre racinien, du 26 au 29 mai, ont lieu devant des auditoires passablement dégarnis. Racine, il est vrai, n'est pas aussi abordable que Pagnol. Les Compagnons connaissent plus de succès avec la *Farce du pendu dépendu* d'Henri Ghéon, donné dans le cadre des activités des Jeunes Laurentiens le 27 novembre 1945. Cette production sympathique est bien loin de l'audace dont avaient fait preuve les Compagnons de la Petite scène vingt ans plus tôt avec la pièce *Mort à cheval* du même auteur.

Elle est bien loin aussi de l'originalité de la piécette *Les Trois princes*, qui fait partie du programme de *Madeleine et Pierre 45*, dont la création a lieu le 30 décembre 1944. Ce spectacle «féérique, moral, éducatif» est une adaptation théâtrale du célèbre feuilleton pour enfants d'André Audet que diffuse CKAC de 1938 à 1947[47]. *Les Trois princes*, qui constitue la deuxième partie de ce spectacle mémorable, est rehaussé par les costumes et décors du peintre Alfred Pellan. Ceux-ci marquent une nouvelle date dans l'histoire de la scénographie québécoise puisque, selon toute vraisemblance, c'est la première utilisation de décors non référentiels sur les scènes locales. L'œuvre scénographique de Pellan fait d'ailleurs si forte impression que les Compagnons de Saint-Lauremt lui demandent de concevoir la scénographie de *La Nuit des rois* de Shakespeare qu'ils présentent au Gesù en mars 1946[50].

Madeleine et Pierre 45 comporte également une très belle chorégraphie conçue par Élizabeth Leese sur une musique de Paul Roussel. Parmi les jeunes artistes qui participent à l'événement, notons Marjolaine Hébert et Roland d'Amour. Le spectacle *Madeleine et Pierre* revient pendant quelques années à l'occasion des fêtes de Noël et du jour de l'An.

Un autre feuilleton radiophonique populaire envahit la scène du Monument-National pendant une semaine durant trois années successives. Il s'agit d'*Un homme et son péché* de Claude-Henri Grignon. La pièce reprend, sous le titre de *Paysannerie*, les principaux personnages et les thèmes et situations du radio-feuilleton. La troisième *Paysannerie*, donnée le 26 mars 1946, comprend une distribution éclatante qui réunit Estelle Mauffette (Donalda), Hector Charland (Séraphin), Fred Barry, Juliette Béliveau, Adjutor Bourre, Eugène Daignault, Colette D'Orsay et Jeannette Teasdale. Alfred Faniel brosse à cette occasion des décors d'«un grand pittoresque».

Parmi les autres grands succès populaires du Monument-National au cours des années 1940, il faut retenir la désopilante revue *Ça atomiqu't'y?* d'Henry Deyglun, dont la création a lieu le 31 décembre 1945. Cette revue d'actualité à grand déploiement, qui tourne en dérision la guerre, a peu à envier aux meilleures *Fridolinades* de Gratien Gélinas. La verve d'Henry Deyglun donne vie à toute une foule de personnages colorés, superbement interprétés par ces artistes de renom que sont Roger Baulu, Juliette Béliveau, Miville Couture, Mimi D'Estée, Denis Drouin, Juliette Huot, Lucie Mitchell, Jacques Normand et, surtout, la chanteuse de genre Alys Robi. Jacques Pelletier et Marie-Laure Cabana signent les décors et les costumes de cette production mémorable, dont les arrangements musicaux sont dus à Lucio Agostini et dont les ballets sont dirigés par Elizabeth Leese.

Durant cette période d'intense activité, le Monument continue à recevoir de nombreux organismes amateurs. Certains reviennent périodiquement sur la grande scène. C'est le cas des étudiants de l'Université de Montréal, dont *La Revue Bleue et Or* remporte un triomphe systématique dès sa première édition en 1934. C'est le cas également des Jeunes Comédiens de Sita Riddez. La scène du Monument accueille aussi, à quelques reprises, des pageants historiques de grande envergure dont celui qui marque le 300e anniversaire de la fondation de Montréal en 1942.

L'un des plus importants spectacles amateurs de cette période est sans doute la production du drame biblique *Tobie* de Gustave Lamarche, le 10 mai 1947. Créée au Collège Rigaud neuf jours plus tôt, *Tobie* mobilise 160 participants et un imposant ballet dirigé par Maurice Lacasse-Morenoff. Ce grand spectacle, conçu à l'occasion du centenaire de l'arrivée des clercs de Saint-Viateur au Canada, désarçonne la critique, parce qu'il « défie toute classification ».

[Il] tient à la fois du mystère moyenâgeux, de la tragédie grecque et même du théâtre contemporain, mais la note prédominante de ces quatre actes, ou actions, [...] semble être

69– Alys Robi, vers 1940.

l'union du mysticisme religieux à la franchise d'expression de la Bible[51].

La musique de scène de Gabriel Cusson, « étincelante et d'une remarquable variété », fait cependant l'unanimité.

La fin de la guerre et, avec elle, le départ de nombreux artistes étrangers, entraînent un ralentissement des activités théâtrales. Les troupes, moins nombreuses et plus stables, se fixent graduellement dans des salles mieux appropriées à leurs besoins. Gélinas jette son dévolu sur l'ancien Gayety's et ex-Radio-Cité, qu'il rebaptise Comédie Canadienne, et les Compagnons obtiennent finalement leur propre théâtre. Une grande partie des troupes d'amateurs et des troupes scolaires qui fréquentent le Monument le délaissent graduellement au profit du Gesù. Quant aux amateurs juifs, ils disposent maintenant d'un grand centre communautaire et y produisent la majorité de leurs spectacles. L'agonie du Monument, accusée par une rue «qui fait la honte du pays», semble désormais irréversible.

Notes du Chapitre V

1. René O. Boivin, « La Sainte-Catherine », *La Patrie*, 25 novembre 1930, p. 7.
2. Cité par Pierre Day, *Une histoire de La Bolduc — Légendes et turlutes*, Montréal, VLB éditeur, 1992, p. 63-64.
3. Il paie tout de même un loyer qui est très abordable.
4. Voir l'article que lui consacre Philippe Laframboise dans l'*Encyclopédie de la musique au Canada*, Montréal, Fides, 1983.
5. Cité dans le *Montreal Music Year Book 1931*, Montréal, Montreal Music Year Book Registered, 1931, p. 25.
6. Qui sont les responsables des ventes et des relations publiques.
7. Anonyme, « Une noce canadienne-française en 1830 », *Le Canada*, 18 octobre 1930, p. 6.
8. Ce type de distribution était d'ailleurs très fréquent au sein des troupes d'amateurs les plus prestigieuses. Ces dernières confiaient la direction artistique — plutôt que la mise en scène — d'une production à une vedette de la scène professionnelle qui, en plus, jouait le premier rôle.
9. Gustave Comte, « La bonne lutte », « Théâtre, musique, cinéma », *La Patrie*, 3 novembre 1924, p. 18.
10. Ou Sochat ou encore Shochat.
11. Les Yiddish Players sont officiellement locataires du Monument-National, où ils ont leurs locaux, de 1927 à 1937.
12. Israël Rabinovitch, cité par David Rome. *op. cit.*, p. 35.
13. Au Saint-Denis, elle avait joué *Yenkel Shmid* de David Pinski et *Champs verts* de Peretz Hishbein. Au Monument, elle donne *Sans coeur*, une pièce de Louis A. Miller.
14. Voir Nahma Sandow, *op. cit.*, p. 261-262.
15. Dans un entrefilet du *Canadian Jewish Chronicle*, le journaliste laisse entendre que Schwartz serait déjà venu à Montréal en 1920 ou 1921. Nous n'avons pas trouvé de trace de ce passage (voir « Maurice Schwartz and Yiddish Art Theater at the Monument National », XVIII-52, 15 mai 1931, p. 15).
16. Voir l'article de Fedya Joel qui porte ce titre (*Canadian Jewish Chronicle*, 9 mai 1930, p. 4).
17. Charles Goulet, *Sur la scène et dans la coulisse*, Montréal, ministère des Affaires culturelles du Québec, collection Civilisation du Québec, 1981, p. 51.
18. Les Disciples de Massenet logeaient également au Monument-National. Ils s'y sont parfois produits, particulièrement à titre de chœur d'accompagnement.
19. Il y eut d'autres spectacles par la suite, en particulier à la Place des Arts, mais qui ne relèvent plus officiellement des Variétés lyriques.
20. Charles Goulet et Lionel Daunais en sont les auteurs. Cette revue en deux actes et quinze tableaux a été jouée du 26 au 29 septembre 1940.
21. Thérèse Laporte jouait le rôle de Maria Louisa et Olivette Thibault celui de Pepa. Pour camper le personnage de Carlos Medina, Charles Goulet avait fait venir Rudy Hirigoyen de Paris. Lionel Daunais, Henri Poitras et Pierre Thériault complétaient cette imposante distribution (pour les rôles principaux).
22. Charles Cuvillier en a signé la musique, Léon Uhl, le livret.
23. Anonyme, « *Victoria et son Hussard* est un brillant spectacle », *Montréal-Matin*, 24 novembre 1950, p. 12.
24. Jean Vallerand, « Les Variétés lyriques présentent *Madame Butterfly* de Puccini », *Le Devoir*, 26 septembre 1953, p. 6.
25. Jacques de Grandpré, « Fridolinons 46 », *Le Devoir*, 8 octobre 1946, p. 5.
26. *Ibid.*

27. André Laurendeau, « À propos de Fridolin et d'art populaire ». Pour un cinéma canadien-français », *L'Action catholique*, 30 janvier 1941, p. 4.

28. Extrait de l'allocution intitulée *Pour un théâtre national et populaire* prononcée par Gratien Gélinas à l'Université de Montréal le 31 janvier 1949.

29. Jusqu'à près de 140 représentations pour les deux organismes en 1945-1946. Soulignons, à titre comparatif, qu'une saison régulière du TNM compte actuellement 125 représentations (contre 64 au cours de sa saison 1951-1952) et que celle du Quat'sous en totalise 100. Normalement, une production fait l'objet de vingt-cinq représentations en 1990.

30. Après la relâche d'été, la pièce était reprise au Gesù où on célébra sa 200ᵉ représentation le 22 mai 1949.

31. *Jean Cléo Godin et Laurent Mailhot*, le Théatre québécois, Montréal, Hurtubise HMH, 1970, p.34.

32. Jean Béraud, *350 ans de théâtre au Canada français*, Montréal, Cercle du Livre de France, 1958, p. 245.

33. Françoise Sullivan, Bruno Cormier et Pierre Gauvreau, trois des futurs signataires du *Refus Global* y participent avec un *Petrouchka* chorégraphié par Sullivan sur une musique de Stravinski (voir Bourassa et Larrue, *op. cit.*, p. 135-137).

34. Jean Béraud, *op. cit.*, p. 246.

35. Lucien Desbiens, « Une Jeanne d'Arc inoubliable », *le Devoir*, 30 janvier 1942, p. 4.

36. Frédéric Pelletier, « Jeanne d'Arc », *Le Devoir*, 32 janvier 1942, p. 8.

37. Ce titre est celui du manuscrit. Le titre à l'affiche, plus discret, est *La Tragédie de Mayerling*.

38. Jean Béraud, « Un drame de Jean Desprez évoquant la grande amour », *La Presse*, 13 mars 1942, p. 16.

39. Jean Béraud, *op. cit.*, p. 250.

40. Roger Duhamel, « *Tessa* ou la nymphe au coeur fidèle », *Le Devoir*, 1ᵉʳ octobre 1943, p. 4.

41. Roger Duhamel, « *Altitude 3200* », *Le Devoir*, 15 janvier 1943, p. 9.

42. *Ibid.*

43. Voir note 40.

44. Jean Béraud, *id.*, p. 252.

45. Éloi de Grandmont, « Marius », *Le Devoir*, 16 mai 1944, p. 4.

46. Jacques de Grandpré, « Saison de travail soigné pour l'Équipe », *Le Devoir*, 1ᵉʳ octobre 1947.

47. Après l'époque de l'Équipe, Dagenais continue pendant quelques années à produire des pièces sous le titre « Pierre Dagenais présente ».

48. Lucien Desbiens, « L'*Athalie* des compagnons », *Le Devoir*, 27 mai 1941, p. 4.

49. Renée Legris, *Dictionnaire des auteurs du radio-feuilleton québécois*, Montréal, Fides, 1981, p. 35.

50. Cette même scénographie sera ensuite reprise par Jean-Louis Roux au TNM en 1969 (voir à ce propos Bourassa et Larrue, *op. cit.*, p. 155, note 222).

51. Romain-Octave Pelletier, « Tobie », *Le Devoir*, 8 mai 1947, p. 5.

Chapitre VI

Le naufrage du Monument

Ultimes sursauts artistiques : Trenet, Piaf et Salvador

La Société Saint-Jean-Baptiste est inquiète. Les revenus de la grande salle diminuent considérablement et la promiscuité des «populations étrangères» lui pèse de plus en plus, ce qui amène ses dirigeants à envisager la vente rapide du Monument-National. Celui-ci a terriblement vieilli et sa grande salle nécessite des améliorations que la Société n'a pas l'intention d'entreprendre. Le voudrait-elle qu'elle n'en aurait sûrement pas les moyens ! Son principal souhait, pour l'heure, est de «transporter son siège social dans un endroit de la métropole plus convenable pour le groupe ethnique qu'elle représente». Cet endroit se trouve à l'angle nord-ouest des rues Saint-Denis et Sherbrooke[1].

Délaissée par la Société Saint-Jean-Baptiste, abandonnée par Gratien Gélinas et les Juifs, qui lui préfèrent le His Majesty's et la Comédie Canadienne, incapable de soutenir la concurrence des nouveaux théâtres qui se multiplient en ville, la grande salle du Monument s'enfonce progressivement dans l'obscurité. Autant les années 1938-1948 ont été brillantes, autant les dix années suivantes sont désespérantes. *après 1948*

Quelques initiatives, trop peu nombreuses, viennent interrompre à intervalles réguliers ce pénible naufrage. Parmi elles, signalons la visite de Charles Trenet, de Jean Clément, d'Édith Piaf, qu'accompagnent les Compagnons de la chanson, et, enfin, d'Henri Salvador. Après Théodore Botrel, le «chantre breton»

70– Charles Trenet, vers 1945.

qui séjourna souvent à Montréal au début du siècle et qui chanta
à quelques reprises sur la scène du Monument, la chanson française populaire connaît un formidable regain de popularité avec
des vedettes aussi adulées du public québécois que Tino Rossi et
Maurice Chevalier.

Charles Trenet, qui arrive à peu près en même temps que
Chevalier, chante au Monument-National le 14 août 1946 et il est
bien possible qu'il ait déjà paru sur cette scène le 14 juillet de la
même année. Le «Fou chantant» y revient ensuite le 28 avril

71– Édith Piaf, vers 1950.

1947 pour une série de trois récitals puis, selon toute vraisemblance, en octobre ou novembre 1948. Après Charles Trenet, c'est le ténor léger Jean Clément qui se produit dans la grande salle le 14 juillet 1947 avec les cent choristes du Choeur de France. C'est ensuite au tour d'Édith Piaf qui, accompagnée par les Compagnons de la chanson, donne à la grande salle son ultime succès de masse en français. Du 7 au 12 septembre 1948, la « plus grande chanteuse de France » subjugue sa foule d'admirateurs avec ses airs les plus célèbres. Le moment est d'autant plus émouvant qu'il marque la première visite de Piaf au Canada et la

72– Carmen Morenoff, vers 1935.

fin de son association avec les Compagnons de la chanson. L'un de ces derniers, Paul Buissonneau, quitte d'ailleurs le groupe et s'installe au Canada où il entreprend une longue carrière théâtrale, à titre de comédien, de metteur en scène et de directeur de théâtre (il est le fondateur de la Roulotte et du Théâtre de Quat'Sous). Deux autres collaborateurs des Compagnons, Pierre Roche et Charles Aznavour, reviendront ensuite fréquemment au Québec et y séjourneront parfois pendant de longues périodes.

Deux ans après la visite de la « môme Piaf », c'est le chanteur comique Henri Salvador qui vient dérider le public du Monument. Auréolé de son Grand Prix du Disque 1949, et précédé par sa chanson *Clopin-Clopant*, Salvador fait sa première canadienne au Monument le 28 octobre 1950.

Ruth Sorel et Jean Desprez

La danse offre également quelques ultimes frissons au Monument moribond. Ruth Sorel et ses Ballets se produisent une première fois sur la grande scène le 3 juin 1948, créant à cette occasion le ballet *Mea Culpa, Mea Culpa*, dont le livret est dû à Michel Choromanski. Le caractère abstrait de cette œuvre contraste avec la première de *la Gaspésienne* qui est donnée, sur la même scène, le 19 mai 1949. L'œuvre, fortement teintée de folklore, « est menée à vive allure et se conforme exactement à la musique saine et sans prétention de [Pierre] Brabant[2] » La chorégraphie de Sorel, très dynamique, séduit par son expressivité, mais aussi par ses qualités plastiques. Elle donne lieu à des performances brillantes de la part des jeunes élèves de Ruth Sorel, dont Carmencita Gallagher, Yves Chatel et Alexander McDougall.

Après ces intermèdes mémorables, le théâtre revient à l'honneur sur la grande scène. En octobre 1949, celle-ci accueille en effet cette déroutante *Cathédrale[3]* de Jean Desprez, dont le caractère libre-penseur et la crudité bousculent de nombreux préjugés.

73– Henri Poitras, vers 1935.

L'histoire de ce couple concubin, en rupture de ban, qui se double d'une mésalliance — elle est d'un milieu ouvrier, lui de la grande bourgeoisie — et d'une incursion dans le monde inquiétant des artistes, a quelque chose de frondeur. La critique, unanimement défavorable, condamne cette œuvre ambitieuse, où elle ne voit qu'« un spectacle monté à grands frais, qui fait du bruit et dont peu de gens pourtant seraient en mesure de dire aujourd'hui ce qui s'y passait[4] » Le spectacle d'« un prêtre parfumé dans les bras d'une bourgeoise hystérique» et d'une pucelle déflorée au moment précis où succombe sa grand-mère — le tout agrémenté d'un dialogue «sale[5]»—, a quelque chose d'audacieux, voire de provocant, mais il est surtout maladroit. Et la brillante distribution qui le sert n'est pas en mesure de racheter les faiblesses du texte et les mauvais choix de l'auteur-metteur en scène. Cette distribution comprend plusieurs anciens de l'Équipe, dont Janine Sutto et Roger Garceau qui assument les rôles principaux. Quant à la scénographie, très élaborée, elle fait appel à toutes les ressources techniques modernes, mais, c'est du moins l'avis de la critique, elle s'enlise dans un tape à l'œil qui ne suscite aucun émerveillement.

Le Théâtre du Rire, le Rideau-Vert et le Théâtre-Club : dernières institutions

Après cet épisode controversé, le Monument a droit à un dernier sursis grâce à l'initiative de Henri Poitras, qui y établit son Théâtre du Rire, et grâce au Théâtre du Rideau Vert, qui s'y installe provisoirement.

Henri Poitras, qui est de toutes les grandes manifestations artistiques depuis plus de vingt ans, envisage de redonner vie au théâtre comique que la modernité a eu pour effet d'éliminer des salles respectables. Depuis 1940 en effet, le répertoire comique a été singulièrement absent des scènes montréalaises qui se sont spécialisées soit dans le théâtre de répertoire (le théâtre sérieux), soit dans le burlesque et le vaudeville (américain). Henri Poitras juge qu'il y a, entre ces deux voies, un créneau à exploiter. Il n'a pas tort. Fondé en 1950, son Théâtre du Rire remporte quelques heureux succès pendant un peu plus de deux saisons. Son répertoire, exclusivement emprunté au boulevard français, oscille de la comédie légère au vaudeville (français). Parmi ses productions les plus marquantes se trouvent *Le Tampon du capiston* d'André Mouezy-Éon (en janvier 1952), l'éternelle *Marraine de Charley* de Brandon-Thomas, dans la version française de Maurice Ordonneau (en mai 1951), *Le Doyen des enfants de choeur* de Maxime Léry (en novembre 1950) et *J'y suis... j'y reste!* de Raymond Vincy et Jean Valmy (en septembre 1951). Le Théâtre du Rire ne révolutionne rien avec ce répertoire amusant et léger, mais il évite les sentiers trop battus.

La compagnie de Poitras n'a pas l'envergure des Variétés lyriques, mais adopte un rythme de production assez comparable. Elle crée en moyenne une nouvelle pièce par mois, soit sept à huit productions par année, qui fait l'objet de deux à trois représentations. C'est trop peu pour assurer la subsistance de ses membres qui doivent se trouver des engagements ailleurs. Parmi ceux-ci, mentionnons, outre Poitras qui est la vedette de la troupe, la présence de Rita Bibeau, Jeanne Demons, Jean Duceppe, Olivette Thibault et Juliette Béliveau, qui fait du *Tampon du capiston* un immense succès populaire. On ne sait pas avec certitude ce qui a entraîné la fin du Théâtre du Rire, mais il ne fait pas de doute que sa disparition est liée à la dégradation de la situation sur la « Main » et à celle du Monument lui-même.

Aussi, c'est avec étonnement qu'on apprend la venue du Théâtre du Rideau Vert dans la grande salle au cours de l'hiver 1956. Le Théâtre, qui, à cette époque-là, n'a pas de salle attitrée[6], y donne *Sonnez les matines* de Félix Leclerc, du 16 février au 8 mars 1956. Cette création est acclamée par le public, qui y voit un bel exemple de « théâtre canadien », mais la critique se montre sévère.

Rideau Vert

On parle beaucoup cette saison de «théâtre populaire canadien», en même temps que l'on en réalise assez peu. Félix
Leclerc semble en avoir trouvé la formule comme en se
jouant. Il se répète sans vergogne pendant huit tableaux, ne
se soucie guère d'aller au fond de son sujet, mais il connaît
assez bien son public pour le capter et le satisfaire[7].

Si le public reçoit l'œuvre avec sympathie, il est surtout
sensible à la performance des interprètes, qui sont Guy Beaulne,
«le curé tout rond à tête d'apôtre», Edgar Fruitier, son vicaire,
Juliette Béliveau, la bonne du curé «raide et égarée», ainsi que
Jean-Pierre Masson, Juliette Huot et Julien Lippé.

Sonnez les matines est suivie, en octobre de la même année,
d'une autre création favorablement accueillie par la critique,
cette fois. Il s'agit d'*Anastasia* de Marcelle Maurette, dans une
mise en scène de Jean Desprez, avec Yvette Brind'Amour dans le
rôle-titre. Ce «succès indéniable» d'«un chef-d'œuvre de caté-
gorie B»[8] permet quelques belles performances d'acteurs parmi
lesquels on note, en plus d'Yvette Brind'Amour, Jean Duceppe,
Edgar Fruitier et Henri Norbert. En mars 1957, le Rideau Vert
crée *Dona Rosita*, de Federico Garcia Lorca, dans la grande salle.
La critique n'est pas indulgente pour la mise en scène de Florent
Forget, mais le public, lui, a fort bien réagi et a apprécié la
somptueuse distribution de ce spectacle ambitieux (avec, en plus
de Gérard Poirier et d'Yvette Brind'Amour, Monique Mercure,
Rose Rey-Duzil, François Rozet et Marthe Thiéry).

C'est à peu près à la même époque, en février 1957, que le
Théâtre-Club donne «l'une des plus extraordinaires réussites de
mécanique théâtrale que Montréal ait connue. Mise en scène
réglée par un plateau tournant[9]». Il s'agit des *Trois mousquetaires* d'Alexandre Dumas. Ce spectacle, mis en scène par Jacques
Létourneau, comprend une formidable distribution au sein de laquelle on retient Paul Berval, Monique Lepage, Monique Miller,

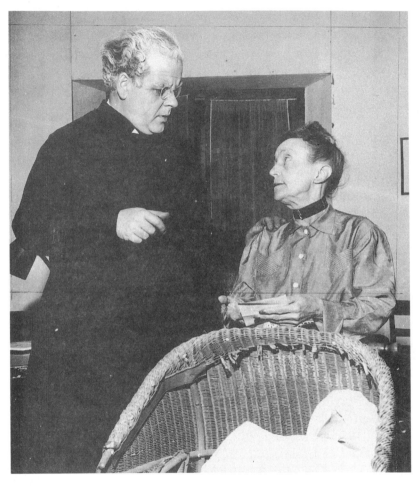

74– Guy Beaulne et Juliette Béliveau dans
Sonnez les matines *de Félix Leclerc en 1956.*

Gilles Pelletier, Gérard Poirier, Marcel Sabourin et Lionel Villeneuve.

Deux ans plus tard, Clémence Desrochers présente, dans la
vaste salle du Monument, une comédie satirique sur la télévision
et la politique qui va définitvement lancer sa carrière d'humoriste
et monologuiste. *Qu'a rise donc d'elle* est créée le 4 mars 1959.

Quelques étoiles de la scène juive viennent également donner un dernier souffle de vie à la grande salle. Maurice Schwartz y fait, du 24 au 28 décembre 1955, l'une des dernières apparitions publiques de sa fabuleuse carrière dans le rôle de Simche Meyer Ashkenazi de la pièce *Les Frères Ashkenazi* d'I. J. Singer. Quant à Molly Picon, dont le cinéma a fait une immense *star*, elle y présente, au printemps 1957, un numéro de variétés qui comprend ses morceaux les plus célèbres. Ce sont des amateurs juifs locaux, regroupés autour de Dora Wasserman, qui présentent la toute dernière pièce yiddish de l'histoire du Monument. Le Yiddish Drama Group of the Jewish People's School, devenu depuis le Théâtre yiddish du Centre Saidye Bronfman, donne à cette occasion *Tevye le laitier* de Sholom Aleichem en janvier 1964.

Menaces de démolition

Après ce sursaut, le Monument-National s'enfonce dans un long silence. Le navire amiral de la « Main » a sombré avec sa rue. Celle-ci est devenue, dans les années 50, le paradis de la pègre, celle de l'est et celle de l'ouest, qui y cohabitent. De temps en temps, des escarmouches éclatent entre les deux organisations criminelles, laissant leur lot de cadavres. La « Main » est, pour elles également, une zone libre dont il faut préserver la neutralité.

La pègre montréalaise est d'une puissance inouïe. Elle contrôle l'immense majorité des clubs de nuit, bars et lieux de spectacles du boulevard, tandis que, plus au sud, dans le quartier chinois, sévit un régime de protection qui, quoique plus discret, n'en a pas moins ses violences. Le Monument-National, ce « sanctuaire où seront chantées les louanges de la patrie », se retrouve ainsi bordé d'une bonne dizaine de maisons closes, de maisons de jeux (particulièrement de barbottes) et de centres de paris illégaux. C'est d'ailleurs un peu au nord du Monument, au coin de Saint-Laurent et Ontario, que se trouve la plus importante centrale téléphonique de paris d'Amérique du Nord.

75– *Pearl Levy (Golde) et Peter Blythe (Tevye) dans Tevye le laitier de Sholom Aleichem, par le Théâtre yiddish du Centre Saidye Bronfman, en 1964.*

le crime organisé à Mtrl

Pour donner une idée claire de l'ampleur du crime organisé à Montréal à cette époque, rappelons que la pègre locale emploie près de 12 000 personnes et a un chiffre d'affaires de l'ordre de cent millions de dollars, ce qui représente près du double du budget régulier de la ville[10]. Si l'on ajoute à cela que, dès 1953, la télévision a pour effet de forcer le recyclage des petites salles de spectacles et de concert encore actives en boîtes de striptease, on comprend davantage les réticences du public ordinaire à se risquer dans le secteur. La situation est devenue d'autant plus intolérable que pour être aussi puissante, la pègre doit bénéficier d'appuis solides en haut lieu. La pression populaire pousse les autorités à instituer une vaste enquête publique dont la responsabilité est confiée au juge François Caron. Jean Drapeau, qui n'est pas encore maire, et Pax Plante participent activement à cette initiative mémorable dont le rapport est rendu public le 8 octobre 1954. Il en découle une série de mesures correctrices aux effets bien discutables. L'opération, dite du « grand nettoyage », est menée rondement par le nouveau conseil municipal qui est élu peu de temps après la publication du rapport Caron. Jean Drapeau est désormais maire de la ville et son action vigoureuse laisse des cicatrices profondes, en plus de porter un coup fatal à la vitalité de la rue. Des immeubles entiers sont détruits sous les prétextes les plus divers : travaux d'élargissement de la rue Dorchester (devenue ensuite boulevard Dorchester, puis boulevard René-Lévesque), construction du métro, aménagement d'îlots de verdure (encore inexistants), etc. La rue subit une saignée dont la brutalité n'est pas sans rappeler les grands travaux de 1890. Aujourd'hui comme alors, l'objectif véritable des autorités est de lui refaire une virginité.

Déjà très mal en point, le Monument-National ne survit pas à la croisade de purification de la Ville. Laissé à lui-même par la Société Saint-Jean-Baptiste, qui est aux prises avec d'énormes problèmes financiers, le Monument-National n'est plus qu'un vieux bâtiment décrépi, jeté en pâture aux entrepreneurs et spéculateurs de

tout acabit. Il fait l'objet de tractations aussi interminables que
saugrenues. Certains proposent de faire de la grande salle la plus
vaste discothèque de la ville, d'autres songent à transformer
l'immeuble en centre de production de télévision privée, d'autres
encore pensent y aménager des entrepôts, mais quelques-uns
rêvent déjà d'ériger à sa place un immense gratte-ciel qui fera
l'orgueil de Montréal. En 1960, un groupe plus sérieux que les
autres, dirigé par G. L. Gewurz, qui avait acquis l'île des Soeurs
quelques années plus tôt, dépose une offre d'achat à la Société
Saint-Jean-Baptiste. Le coût de la transaction est fixé à 400 000
dollars et la Société exige une caution de 10 000 dollars. L'offre
d'achat est signée, mais l'acheteur se désiste à la dernière minute
et perd sa caution. La même situation se répète en 1963, alors que
Madame Colin A. Gravenor prend possession du bâtiment pour
400 000 dollars. Elle doit le rétrocéder à la Société pour défaut
de paiement. Ces hésitations et ces projets morts-nés s'expliquent
principalement par la mauvaise réputation de la rue qui a tout
d'une zone sinistrée. Les gros investisseurs hésitent à y entreprendre des projets de construction majeurs et les petits investisseurs, qui seraient prêts à acheter le Monument pour le conserver
tel quel, reculent devant l'ampleur des travaux de rénovation qu'il
requiert. Depuis 1940, en effet, la Société Saint-Jean-Baptiste
s'en est tenue à des travaux d'entretien minimaux et, si l'on
exclut le démantèlement des loges de la grande salle (et le prolongement du balcon jusqu'au mur de scène, comme en 1895),
devenues dangereuses, le Monument est demeuré inchangé. Il n'a
toujours pas d'ascenseur !

L'éveil post-moderne et
l'action des locataires : le sursis

Faute de pouvoir vendre son Monument, la Société Saint-
Jean-Baptiste se résigne à le louer. Là encore, le voisinage des
bars suspects et des boîtes de striptease joue contre elle. En 1960,
cependant, le Conservatoire d'art dramatique de Montréal, qui

n'a pas encore de locaux fixes, loue quelques bureaux dans l'immeuble, ainsi que la grande salle pour y tenir ses spectacles et ateliers de production. Si cette présence, qui dure jusqu'en 1963, ne redonne pas à la grande salle son éclat d'antan, elle refait du Monument-National un centre d'éducation artistique qu'Elzéar Roy, le fondateur du cours d'élocution et des premières Soirées de Famille, n'aurait certes pas renié. Deux ans après le départ du Conservatoire, la grande salle reprend vie grâce à l'École nationale de théâtre du Canada qui est, comme le Conservatoire, en quête de locaux. L'École n'a pas non plus l'intention de s'éterniser au Monument et elle se contente de signer un bail de trois ans avec la Société Saint-Jean-Baptiste. À son arrivée sur les lieux, elle découvre cependant un bâtiment qui, en dépit de son état piteux, offre de formidables possibilités. Elle installe ses entrepôts, ses ateliers de couture et de menuiscric au-dcssus dc la grande salle, sous les combles, tandis que les étudiants envahissent graducllcment tout l'immcublc, à l'exception des locaux loués du rez-de-chaussée et des bureaux qu'occupe encore la Société Saint-Jean-Baptiste. Les étudiants ne tardent pas à décourir les vertus de la grande salle et à lui redonner toute son animation d'antan. En dépit de ses infortunes, la vieille scène au plancher incliné inspire le respect. Elle a un passé, une âme. Elle vit. Les étudiants finissent par se persuader qu'un fantômc l'habite, c'est le Fantôme du Monument. Il aurait élu domicile dans les vieilles loges situées sous la scène. Artiste complet et polyglotte, il serait excellent orateur, de surcroît ! Mais des témoins tout à fait fiables, affirment avoir observé une légère claudication dans sa démarche, ce qui porte à penser que ce fantôme est bien celui de Sarah Bernhardt[11]. La Divine ne se serait jamais pardonné d'avoir boudé la grande salle en 1905. Tiraillée de remords, elle hanterait les lieux, non pas depuis sa mort survenue en 1923, mais depuis que l'École nationale de théâtre les fréquente !

Le Fantôme fait preuve de beaucoup de bienveillance à l'égard des élèves de l'École, leur inspirant parfois de belles

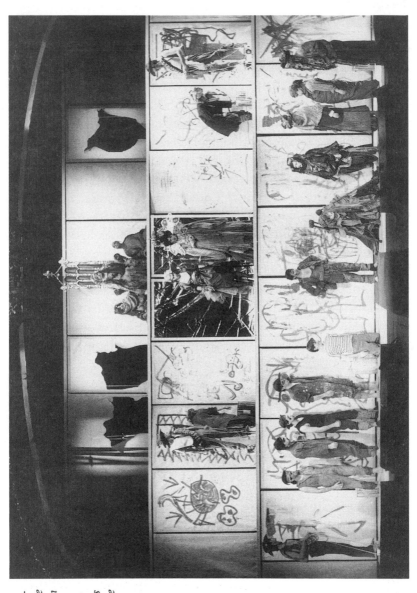

76– Scène d'ensemble des Paravents de Jean Genet, mise en scène d'André Brassard, exercice public des étudiants de l'École nationale de théâtre du Canada du 23 au 27 février 1982

envolées. C'est le cas des Jeunes Comédiens, la troupe attachée à l'École, qui présentent dans la grande salle, dès le mois d'octobre 1965, *Leçons d'amour de Monsieur Molière* et *Hommes et bêtes*. Ces deux pièces, mises en scène par Jean-Pierre Ronfard, connaissent un succès phénoménal, tant au Monument qu'en tournée, puisqu'elles donnent lieu à 208 spectacles et attirent près de 100 000 spectateurs. Parmi les Jeunes Comédiens qui contribuent à la réussite de ces productions, se trouvent Jean-Luc Bastien, Roger Blais, Sophie Clément, Louisette Dussault, Louise Forestier, Nicole Leblanc et Monique Rioux. En janvier 1966, les élèves de l'École créent un autre événement marquant au Monument. Il s'agit du *Plus heureux des trois*, d'Eugène Labiche, qui attire 3 000 spectateurs en cinq soirs. On se croirait revenu à la grande époque de Fridolin. Robert Charlebois, Michèle Magny, Mouffe et Francine Racette, entre autres, sont les vedettes de ce spectacle mis en scène par Gaétan Labrèche. En plus du Conservatoire d'art dramatique et l'École, le Monument abrite une autre institution prestigieuse au cours de cette période. Il s'agit des Grands Ballets canadiens qui y séjournent en 1967-1968.

En novembre 1969, l'École transforme l'ancienne salle de dessin du quatrième étage en un petit théâtre qu'elle baptise tout simplement «le Studio». Il s'agit donc, après la grande salle, l'Éden et le Starland, de la quatrième scène du Monument-National! L'année suivante, la Société Saint-Jean-Baptiste reprend ses démarches en vue de vendre l'immeuble et fait des propositions en ce sens à l'École, qui n'est guère enthousiaste. D'une part, le prix fixé est bien au-dessus de ses moyens; d'autre part, elle a d'autres projets en vue. Elle espère bien, en effet, obtenir les subventions qui lui permettront de construire son propre théâtre ultra-moderne. Mais d'ici là, il faut bien qu'elle présente les productions de ses élèves quelque part et le Monument-National pourrait être envisagé comme une solution de dépannage, tout à fait provisoire. Reste à trouver l'argent. Un membre torontois de son

Bureau des gouverneurs offre d'acheter le Monument-National et d'en laisser l'usufruit à l'École pour une période de sept ans. Ce délai permettra à celle-ci d'amasser tous les fonds nécessaires et de mener à terme ses projets de construction. À l'issue de ces sept ans, elle n'aura qu'à déménager dans ses nouveaux locaux et à revendre le Monument-National au mécène torontois pour la somme symbolique d'un dollar.

L'offre n'est pas tout à fait désintéressée, car la construction annoncée du Complexe Desjardins va fatalement provoquer une hausse du prix des terrains du secteur, mais elle ne manque pas non plus de générosité. L'École, qui ne doute pas un instant de l'issue de ses démarches, accepte cette proposition, en se promettant bien de déménager au bout de sept ans. Et, comme pour mieux s'en convaincre, elle achète un terrain à cette fin au coin des rues Laurier et André-Julien.

Le 30 septembre 1971, à la suite d'une entente spéciale avec Argel Holdings Ltée, l'École achète le Monument-National pour la somme de 225 000 dollars et devient propriétaire en titre de l'immeuble pour une période maximale de sept ans[12].

L'avenir du Monument-National n'est pas assuré pour autant, car tout laisse présager que le futur propriétaire projette de le détruire après la période d'attente convenue. C'est au cours de ces années, soit en mai 1976, que la Société Saint-Jean-Baptiste quitte définitivement ses bureaux de la « Main » pour s'installer dans l'ancien club de réforme du Parti libéral, au 82 de la rue Sherbrooke ouest. Elle met ainsi un terme à quatre-vingt-trois ans de présence et d'activité dans cet immeuble, dont tous semblent avoir oublié la valeur historique et que, visiblement, personne ne veut habiter. Des particuliers et des groupes de pression se manifestent cependant, ici et là, et font valoir l'importance patrimoniale de l'immeuble. Phyllis Lambert et le groupe Sauvons Montréal, devenu depuis Héritage-Montréal, mènent la campagne de sauvetage et demandent avec insistance l'intervention du ministère des Affaires culturelles. Lui seul peut décider de la préservation de ce « lieu à la valeur historique, patrimoniale et architecturale exceptionnelle ». Leur appel est entendu. Le 12 novembre 1976, Jean-Paul L'Allier, ministre des Affaires culturelles, déclare le Monument-National « bien culturel classé[13] ». La sauvegarde de l'immeuble qui contribua de façon si remarquable à la vie culturelle de la « Main » et de Montréal est enfin assurée, mais personne n'ose prédire comment.

« Mais qui voudrait de ce vieux Monument ? » Le projet de l'École nationale de théâtre

La classement du Monument réduit à néant les projets d'Arthur Gelber, le mécène providentiel, et donne un peu mauvaise conscience à l'École nationale de théâtre, qui espère toujours amasser les dix millions de dollars nécessaires à la construction de son théâtre de la rue Laurier. Mais Gelber, qui ne voit plus aucun intérêt à devenir propriétaire d'un bâtiment historique, demande à l'École de conserver la propriété du Monument et de lui rembourser sa mise de fonds, avec intérêt et plus value. C'est sans grand enthousiasme, encore une fois, et pour les mêmes raisons qu'en 1971, que l'École accepte la proposition de son créancier et qu'elle devient officiellement propriétaire du Monument-National en janvier 1978, pour la somme de 412 000 dollars. Quelques mois plus tard, de multiples indices l'amènent à conclure que son projet de construction neuve ne se concrétisera jamais. Trois de ses dirigeants, Jean-Louis Roux, alors directeur, Jean-Pol Britte, son administrateur, et Tibor Egervari, qui est membre du Bureau des gouverneurs, envisagent des solutions de remplacement. Celle qui s'impose immédiatement est la restauration du Monument-National. Si la conjoncture politique et économique ne permet pas à l'École d'obtenir des fonds pour un théâtre neuf, la sensibilité accrue des Québécois envers tout ce qui a trait à leur patrimoine culturel pourrait bien faciliter la réalisation d'un vaste projet de réfection du Monument. L'École

77– Le studio Du Maurier en cours de construction en 1993. Il occupe une partie du sous-sol et du rez-de-chaussée, là où se trouvaient l'Éden et le Starland.

décide donc d'entreprendre des démarches exploratoires en ce sens. Le «vieux Monument dont personne ne veut»[14] sera peut-être sauvé, mais comme par défaut!

En 1984, grâce à des subventions d'Ottawa et de Québec, l'École charge l'organisme Héritage-Montréal d'entreprendre «une étude de praticabilité relative à la réfection du Monument-National»[15], en collaboration avec l'architecte Paul Faucher de la firme Blouin et Associés, qui s'était déjà illustrée par un ambitieux projet de rénovation de la Comédie Canadienne (l'actuel TNM). À mesure que l'étude progresse, l'importance historique du Monument se dessine avec de plus en plus de netteté. L'École nationale de théâtre, qui avait emménagé dans ce lieu sans enthousiasme et qui s'était lancée dans le projet de restauration poussée par les circonstances, prend progressivement conscience de la valeur de son monument oublié et change d'attitude à son endroit. Le Monument n'est plus, pour elle, une solution de rechange stratégique ou un pis-aller, c'est un joyau patrimonial à sauver.

L'étude, réalisée entre 1984 et 1986, insiste sur cet aspect qui devient primordial. Le rapport qui en découle est transmis aux ministères concernés et à la Ville de Montréal en 1986. Un an plus tard, Jean-Louis Roux qui, avec Jean-Pol Britte, est le principal instigateur du projet, quitte la direction générale de l'École. Son successeur, Paul Thompson, prend le projet en mains.

À partir de cette date, les événements se précipitent. Des négociations débutent entre la Ville de Montréal, le gouvernement fédéral et le gouvernement provincial. Le 5 septembre 1989, Marcel Masse, ministre fédéral des Communications, et Lise Bacon, ministre des Affaires culturelles du Québec, annoncent le versement d'une contribution de 385 000 dollars, afin d'élaborer le plan préliminaire du projet de restauration du Monument-National. Consenti dans le cadre de l'Entente auxiliaire Canada-Québec sur les Équipements culturels et du

Programme d'initiatives culturelles du ministère des Communications, ce montant constitue un premier versement sur les douze millions de dollars promis pour les travaux de restauration et de réaménagement proprement dits. Dès ce moment, en effet, l'École a bien fait valoir que les travaux entraîneront la démolition de certains espaces intérieurs, particulièrement au sous-sol et au rez-de-chaussée, ainsi que des modification importantes à la grande salle et à sa scène, en vue de les rendre plus conformes aux exigences du marché actuel.

La firme Blouin et Associés, qui a participé au projet de praticabilité, obtient le contrat de restauration du Monument et dépose son concept architectural, piloté par Paul Faucher, en avril 1990. Le concept comporte trois volets complémentaires : la restauration proprement dite, le parachèvement du bâtiment historique et le réaménagement des espaces. La restauration «minutieuse et respectueuse» des composantes intérieures et extérieures du bâtiment d'origine se trouve ainsi doublée d'un «parachèvement métaphorique» des éléments d'architecture prévus par Perrault, Mesnard et Venne, que les circonstances n'ont jamais permis de terminer. Quant au réaménagement des espaces intérieurs, il vise à moderniser la grande salle, réduite à 780 places, à créer un studio d'essai de 250 places et un café-théâtre de 100 places. Il prévoit aussi l'installation d'une billeterie moderne au rez-de-chaussée et la pose d'un ascenseur et d'un puissant monte-charge. Aux espaces publics, voués également à une utilisation collective, s'ajoutent les lieux de formation technique et pédagogique requis par l'École pour mener à bien sa mission éducative.

Un rapport préliminaire, déposé le 10 mai 1990, prévoit que l'ensemble de ces travaux s'élèvera à douze millions et demi de dollars, auxquels il faudra ajouter environ cinq millions de frais divers pour un total de dix-sept millions et demi[16], ce qui implique que l'École trouve des souces de financement privées pour arrondir son budget. Entre le moment où l'aval des gouvernements est acquis et le début des travaux, il s'écoule environ dix-huit mois au cours desquels la direction de l'École nationale de théâtre est complètement renouvelée. Monique Mercure succède à Paul Thompson au poste de directrice et Jean-Pol Britte prend sa retraite, après plus de trente ans comme administrateur. C'est son adjoint, Simon Brault, qui prend la relève et qui assume la coordination des travaux pour l'École. Du côté de la firme Blouin et Associés, devenue entre-temps «Les Architectes Blouin, Faucher, Aubertin, Brodeur, Gauthier», les choses ont également changé. Paul Faucher, qui assume la responsabilité du chantier, travaille en collaboration avec le jeune architecte Éric Gauthier, qui est chargé de projet. Ils sont co-concepteurs et co-responsables des travaux exécutés par la firme Axor, qui agit comme gérant du projet.

Le 21 juin 1993, quand le public montréalais pénètre à nouveau dans «son» monument, comme il l'avait fait cent ans auparavant, il peut juger de l'ampleur des modifications apportées au bâtiment. Si la façade est demeurée inchangée et inachevée, l'intérieur, à la hauteur du rez-de-chaussée et du sous-sol, a subi des transformations majeures. Les espaces occupés autrefois par le Starland (au centre du rez-de-chausée) et par l'Éden (au sous-sol) ont été démolis pour faire place à un studio-théâtre de 13,5 mètres sur 16 mètres. Cet espace, muni d'une galerie étroite sur ses quatre murs, peut adopter toutes sortes de configuration (de la scène à l'italienne à l'espace éclaté) et accueillir de 135 à 200 personnes. Quant à la zone initialement prévue pour abriter le café-théâtre de 100 places, qui se trouve à l'entrée de l'immeuble, elle a été conservée, mais n'a pas été aménagée, de façon à demeurer polyvalente. C'est là que le festival du Théâtre des Amériques a tenu sa conférence de presse en avril 1993.

Après avoir gravi les marches de l'escalier de marbre et être entré dans la grande salle, le public peut facilement observer les trois changements majeurs qui y sont survenus. Sa profondeur a été réduite de 29 mètres à 21 mètres pour des raisons d'acoustique et

78– Vue de la grande salle du Monument-National pendant la restauration en 1993.

de confort. Cette modification a entraîné une légère augmentation de la pente du plancher incliné, au parterre comme au balcon. Ces travaux ont bien sûr réduit la capacité de la salle qui peut désormais accueillir 810 places (31 à l'orchestre, 454 au parterre, 289 au balcon et 36 dans les baignoires).

L'autre changement marquant et visible apporté à la grande salle est la remise à niveau (à l'horizontale) du plancher de la scène, qui a entraîné l'abaissement du cadre de scène d'environ un mètre. Parmi les autres modifications notables survenues dans la grande salle se trouve l'installation d'une fosse d'orchestre escamotable, munie d'un treuil hydraulique, qui peut, le cas échéant, servir d'avant-scène. L'autre modification visible est la suppression des huit baignoires (du parterre). Quant aux loges (de l'étage supérieur), elles reprennent sensiblement l'agencement qui prévalait à la fin du siècle dernier. Les architectes ont conservé les fauteuils d'origine, qu'ils se sont contentés de faire rembourrer, et ont préservé l'essentiel de la décoration intérieure. Par contre, tout ce qui a trait à la mécanique et aux facilités techniques de la salle a été détruit et complètement renouvelé.

Quant aux autres parties du bâtiment, elles ont été conservées dans leur état initial, ou peu s'en faut. La façade n'a pas été parachevée, les architectes ayant résolu de ne pas compléter l'œuvre de Venne, Perrault et Mesnard. Ce faisant, ils ont entériné, avec un siècle de retard, les coups de crayon ravageurs de Laurent-Olivier qui ont fait de la façade du Monument ce qu'elle est encore aujourd'hui. Si les niches restent vides, le foyer de la grande salle, agrandi grâce au déplacement du mur du fond, devient l'âme historique du Monument puisqu'y sont exposées, en permanence, des sculptures représentant les principaux occupants du bâtiment.

Cette cure de rajeunissement, qui n'est ni une restauration ni une rénovation, préserve cependant l'essentiel de ce qu'a été le Monument-National et, surtout, elle a pour effet de métamorphoser un immeuble moribond, dont persone ne voulait, en un centenaire fringant, prêt à affronter l'an 2000.

Notes du Chapitre VI

1. Extrait de la lettre envoyée par Jean Séguin, président général de la Société, au président du comité exécutif de Montréal, en septembre 1961 (Fonds SSJB, Bibliothèque nationale du Québec, 06M, P82, 26-176, microfilm n° 7893, p. 375).

2. Gilles Marcotte, « La Gaspésienne, aux Ballets Ruth Sorel », *Le Devoir*, 20 mai 1949, p. 4.

3. Henri Poitras, Albert Duquesne, Pierre Durand, Jean Duceppe, Robert Rivard, Antoinette Giroux, Denise Pelletier, Gisèle Schmidt et Janine Sutto participent à cette production énorme.

4. Jean Béraud, *op. cit.*, p. 272.

5. Voir Jean Vincent, « La Cathédrale », *Le Devoir*, 26 octobre 1949.

6. Il n'emménagea dans sa salle actuelle de la rue Saint-Denis (l'ancien Chanteclerc-Stella) qu'en 1960. Auparavant, il s'était produit au Gesù, au Monument, au Théâtre des Compagnons et à l'Anjou.

7. Pierre de Grandpré, « *Sonnez les Matines* », *Le Devoir*, 18 février 1956, p. 5.

8. Pierre de Grandpré, « Anastasia », *Le Devoir*, 15 octobre 1956, p. 7.

9. Jean Vallerand, « *Les Trois mousquetaires* ou le père Dumas n'est pas mort », *Le Devoir*, 1er février 1957, p.9.

10. La plupart des données statistiques et factuelles que nous avançons relativement aux activités du crime organisé sont tirées du réquisitoire de Pax Plante intitulé *Montréal sous le règne de la pègre*, Montréal, s.éd., 1950.

11. Sarah Bernhardt se fait amputer la jambe droite en 1915. C'est pour cette raison qu'elle a joué assise ou couchée lors de ses deux dernières apparitions montréalaises, au His Majesty's en octobre 1916 et décembre 1917.

12. Jean-Pol Britte, « Chroniques de l'École nationale du théâtre du Canada », *L'École / The School*, Montréal, Stanké, 1985, p. 42.

13. Règlement 76-1653. *Gazette officielle du Québec*, 8 décembre 1976. Le classement date du 12 novembre 1976.

14. L'affirmation est de Jean-Pol Britte.

15. Jean-Pol Britte, *lo. cit.*, p. 49.

16. Avec les contingences (deux millions et demi, les frais d'honoraires (deux millions) les aménagments paysagers (400 000 dollars), le total global grimpe à 1 750 000 dollars (voir le document produit par l'École nationale de théâtre et intitulé *Restauration du Monument-National — Un projet en marche*, Montréal, ENT, 1990, n. p.).

Conclusion

En dépit de sa démesure, le rêve de Laurent-Olivier David, de Joson Perrault et de leurs collègues de 1890 s'est en partie réalisé. Le Monument-National existe et continue, cent ans après son inauguration, à dominer de ses quatre grands étages tout le secteur sud du boulevard Saint-Laurent, la «Lower Main», comme on l'appelait autrefois.

Si l'histoire du Monument est bien le résultat d'un projet irréaliste et mégalomane, elle est aussi le fruit d'une invraisemblable succession d'erreurs et de circonstances imprévues. Navire amiral dépêché dans des eaux hostiles qu'il devait soumettre à son autorité, il a été livré à lui-même, puis ballotté dans un mer agitée, entouré d'une flottille anarchique, hétéroclite et bien tapageuse. La conjoncture a grandement influencé le Monument, elle n'a cependant pas su briser le formidable élan de générosité et d'altruisme qui lui a donné naissance. Conçu comme le «temple» des Canadiens français, il a accueilli tous les démunis de Montréal et leur a offert ses scènes et ses salles sans discrimination. Alors que la Société Saint-Jean-Baptiste se raidissait parfois dans un «patriotisme» étroit, le Monument-National, lui, n'a pas cessé de s'ouvrir à l'altérité. Il en est, à bien des égards, l'incarnation.

Mais le monde est ingrat. Après avoir longtemps bénéficié de son hospitalité, les Juifs l'ont délaissé pour un foyer communautaire ultra-moderne de l'ouest de la ville — le Centre Saidye Bronfman — et les francophones lui ont préféré des salles plus confortables et mieux situées. Quant à la Société Saint-Jean-Baptiste, elle l'a abandonné à la convoitise d'entrepreneurs de

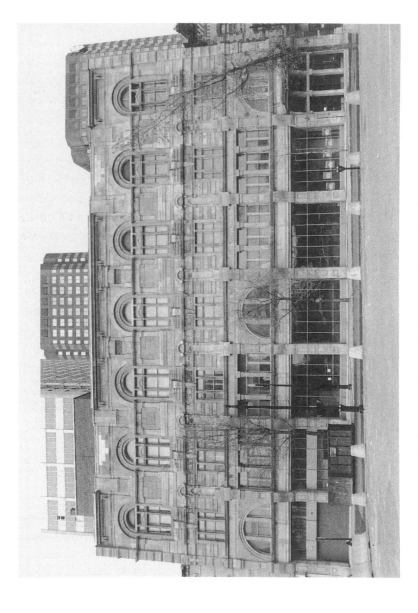

79– Vue de la façade du Monument-National après restauration.

toutes sortes après y avoir vécu les plus grandes heures de sa remarquable histoire. C'est un miracle qu'il ait échappé à la démolition. L'École nationale de théâtre du Canada n'a guère été plus sensible à sa valeur historique et patrimoniale, du moins jusqu'à une date récente, et c'est un peu en désespoir de cause qu'elle s'est résignée à s'installer à demeure dans un immeuble vétuste et inachevé dont, pas plus que les autres, elle ne voulait à l'origine.

La carrière du Monument-National de Montréal, comme son existence et sa survie, s'est donc imposée malgré un contexte et des volontés souvent adverses, mue par une force irrépressible, presque mystérieuse. Mais le résultat est là, imposant, indéniable. Il dépasse tout ce qu'ont pu rêver ses fondateurs et tout ce qu'on peut souhaiter d'un centre communautaire et artistique de grande envergure.

C'est là que l'éducation populaire a véritablement commencé avec ces cours publics inspirés du concept européen et très humaniste d'université populaire. C'est au Monument aussi que le mouvement féministe francophone québécois a fait ses débuts, que le mouvement associatif s'est déployé et que le Congrès juif canadien a vu le jour. Du point de vue artistique, le Monument a été la scène d'innombrables événements de première importance en français, en anglais, en yiddish ou en chinois, dans le domaine de la danse, du chant, du théâtre ou de la musique. La grande scène du Monument a vu l'apogée du «couplet français» grâce à la Société canadienne d'opérette, puis des Variétés lyriques et des vedettes de la chanson française et québécoise comme Édith Piaf, Charles Trenet, la Bolduc ou Alys Robi; elle a vécu les premiers succès populaires québécois grâce à Julien Daoust. Avec la troupe de Vilnius et les Compagnons de la Petite scène, elle s'est ouverte aux avant-gardes; avec Gratien Gélinas, elle a célébré le retour triomphal de la réalité et de la langue québécoises dans notre dramaturgie, avec Ludmilla Pitoëff, Pierre Dagenais, Maurice Schwartz et Ruth Sorel, elle a assuré l'avènement de la modernité. Sur ses petites scènes, du Starland et de l'Éden, le Monument-National a accueilli le cinéma naissant et le burlesque québécois, en pleine germination, incarné par Tizoune, les Petrie et leurs collègues. Et c'est encore ce Monument vieillissant et décrépit qui a accueilli les pionniers de la postmodernité théâtrale associés à l'École nationale de théâtre du Canada. Depuis 1985, cette postmodernité règne d'ailleurs périodiquement sur la grande scène qui accueille, pendant quinze jours, le Festival du théâtre des Amériques.

En dépit de tous ces événements et des personnalités exceptionnelles qui l'ont fréquenté, dans le domaine des arts mais aussi dans celui de la politique, le Monument-National est terriblement méconnu. Il a été effacé de la mémoire collective, après avoir sombré dans le mépris. Il est le monument de l'oubli, on pourrait même l'ériger en monument à l'oubli.

Son sauvetage *in extremis* et sa restauration le ramènent à la vie et permettront, sans doute, pour un temps, d'entendre les échos de ce qu'il a vécu, échos auxquels les étudiants de l'École nationale de théâtre ont donné une apparence fantomatique, celle du Fantôme du Monument. Avant eux, les Juifs y avaient célébré leur dibbouk. L'un et l'autre se confondent aujourd'hui, car l'âme errante du Monument peut réinvestir un lieu à nouveau digne d'elle. Mais le temps est bien révolu où les plus grandes gloires politiques, artistiques, religieuses et intellectuelles d'un pays, toutes confessions ou cultures confondues, pouvaient se retrouver dans un même endroit pour y œuvrer, chacune à sa façon, au bien collectif. L'interventionnisme croissant de l'État et la multiplication des organismes socio-politiques, ainsi que celle de groupes de pression, rendent impossible à présent l'émergence d'un organisme aussi exceptionnel que l'étaient la Société Saint-Jean-Baptiste, à l'orée et au début du XXe siècle, ou les grandes associations juives de l'entre-deux-guerres. Quant à ce fabuleux concours de circonstances qui a permis que se manifestent sur la même scène et presque simultanément les idées politiques et artistiques les plus fécondes de ce temps, il est bien improbable qu'il puisse se répéter à nouveau. Les deux grandes communautés qui ont fait la grandeur du Monument, la communauté canadienne-française et la communauté yiddish, qu'animait naguère une même volonté de survie, ont connu des destinées diamétralement opposées, la seconde ayant pratiquement disparu.

Mais bien qu'il abrite l'une des plus prestigieuses écoles de théâtre d'Amérique du Nord et qu'il entende ouvrir ses deux scènes à l'ensemble de la communauté artistique montréalaise, le Monument-National ne retrouvera peut-être pas tout de suite son bel allant d'autrefois. À moins qu'il ne nous réserve quelques surprises. Ce serait bien dans la logique de ce monument inattendu !

Bibliographie

Liste des principaux ouvrages cités

ALBANI, Emma et POTVIN, Gilles, *Mémoires d'Emma Albani*, Montréal, Éditions du jour, 1972, 206 p.

ANCTIL, Pierre, BUTOVSKY, Mervin et ROBINSON, Ira (dir.), *An Everyday Miracle. Yiddish Culture in Montreal*, Montréal, Véhicule Press, 1990, 170 p.

BÉLANGER, Léon H., *Les Ouimetoscopes*, Montréal, vlb éditeur, 1978, 248 p.

BÉRAUD, Jean, *350 ans de théâtre au Canada français*, Montréal, Cercle du Livre de France, 1958, 320 p.

BÉRAUD, Jean, FRANQUE, Léon et VALOIS, Marcel, *Variations sur trois thèmes: le théâtre, le cinéma, la musique*, Montréal, Éd. Fernand Pilon, 1946, 500 p.

BERNARD, P., *Un manifeste libéral – M. L.-O. David et le clergé canadien*, Québec, Léger-Brousseau, 1896, 170 p.

BLACKWOOD, Byrne David, *The Theatres of J. B. McElfatrick and Sons, architects, 1855-1922*, University of Arkansas, University Microfilms, 1955, vol. 1, 224 p.

BOURASSA, André-G., LARRUE, Jean-Marc, «Le Monument National (1893-1923): trente ans de théâtre dans la salle Ludger-Duvernay», [p. 69-102] *L'Annuaire théâtral*, n° 10, automne, 1991.

BOURASSA, André-G., LARRUE, Jean-Marc, *Les Nuits de la Main – Cent ans de spectacles sur le boulevard Saint-Laurent (1891-1991)*, Montréal, vlb éditeur, 1993, 362 p.

BRITTE, Jean-Pol, «Chroniques de l'École nationale du théâtre du Canada», *L'École / The School*, Montréal, Stanké, 1985, 204 p.

BRYAN, Janice, *The History of the Development of the Yiddish Theatre in Montreal – A Chronology*, Montréal, s. éd., s.d., 12 p.

COLLECTIF CLIO, *L'Histoire des femmes au Québec depuis quatre siècles*, Montréal, Le Jour éditeur, 1992, 646 p.

COLLECTIF GRAP (GROUPE DE RECHERCHE EN ART POPULAIRE, sous la direction de MONTPETIT, Raymond, *Rapport du Groupe de recherche en art populaire. Travaux et conférences: 1975-1979*, Montréal, UQAM, «Département d'histoire de l'art», 1979, 300 p.

CULHANE, John, *The American Circus. An Illustrated History*, New York, Henry Holt & Company, 1989, 504 p.

DAVID, Laurent-Olivier, *Les Patriotes de 1837-1838*, Montréal, E. Sénécal et fils, 1884, 312 p.

DAVID, Laurent-Olivier, *Souvenirs et biographies*, Montréal, Bibliothèque canadienne, Coll. canadienne, 1926, 123 p.

DAY, Pierre, *Une histoire de La Bolduc – Légendes et turlutes*, Montréal, vlb éditeur, 1992, 134 p.

Dictionnaire des œuvres littéraires du Québec, Sous la direction de LEMIRE, Maurice avec la collaboration de Gilles Dorion, André Gaulin et Alonzo Leblanc, Montréal, Fides, tome II, 1980, 1364 p.

Encyclopédie du Canada, Montréal, Stanké, 1987.

Encyclopédie de la musique au Canada, Montréal, Fides, 1983.

GÉLINAS, Gratien, *les Fridolinades 1945-1946*, Montréal, Quinze, 1980, 266 p.

GÉLINAS, Gratien, *les Fridolinades 1943-1943*, Montréal, Quinze, 1981, 346 p.

GILBERT, Douglas, *American Vaudeville. Its Life and Time*. New York, Dover Publications, 1963, 430 p.

GILMORE, John, *Swinging in Paradise*, Montréal, Véhicule Press, 1988, 322 p.

GODIN, Jean Cléo, et MAILHOT, Laurent, *Le Théâtre québécois*, Montréal, Hurtubise HMH, 1970, 254 p.

GOULET, Charles, *Sur la scène et dans la coulisse*, Québec, ministère des Affaires culturelles, «Civilisation du Québec», 1981, 286 p.

GRAHAM, Franklin, *Histrionic Montreal*, Montréal, John Lovell & Son Publishers, 1898.

GRIMALDI, Jean, *Jean Grimaldi présente*, Montréal, René Ferron Éditeur, 1973, 128 p.

GROULX, Lionel, *Mes mémoires*, Montréal, Fides, 4 volumes, 1970-1974.

GROULX, Lionel, *Dix ans d'Action française*, Montréal, Bibliothèque de l'Action française, 1926, 274 p.

GUBBAY, Aline, *A Street Called «The Main»*, Montréal, Meridian Press, 1989, 134 p.

HART, Arthur Daniel, *The Jew in Canada. A Complet Record of Canadian Jewry from the Days of the French Régime to the Present Time*, Montréal et Toronto, Jewish Publications Limited, 1926.

HÉBERT, Chantal, *Le Burlesque au Québec – Un divertissement populaire*, Montréal, Hurtubise HMH, Cahiers du Québec n⁰68, 1981, 320 p.

LACASSE, Germain, *Histoire de «scopes». Le cinéma au Québec*, Montréal, Cinémathèque québécoise, 1988, 104 p.

LACASSE, Germain en coll. avec DUIGOU SERGE, *L'Historiographe*, Montréal, Les dossiers de la Cinémathèque, n° 15, 1985, 60 p.

LAMONDE, Yvan, TRÉPANIER, Esther (dir.), *L'avènement de la modernité culturelle au Québec*, Québec, Institut québécois de recherche sur la culture, 1986, 318 p.

LARRUE, Jean-Marc, *L'activité théâtrale à Montréal de 1880 à 1914*, thèse de doctorat présentée à l'Université de Montréal, «Lettres françaises», 1987, 1022 p.

LARRUE, Jean-Marc, *Le théâtre à Montréal à la fin du XIXᵉ siècle*, Montréal, Fides, 1981, 142 p.

LEGRIS, Renée, LARRUE Jean-Marc, BOURASSA, André-G. et DAVID Gilbert, *Le théâtre au Québec, 1825-1980. Repères et perspectives*, Montréal, vlb éditeur, Société d'histoire du théâtre du Québec, 1988, 206 p.

LINTEAU, Paul-André, DUROCHER, René et ROBERT, Jean-Claude, *Histoire du Québec contemporain – de la Confédération à la crise (1867-1929)*, Montréal, Boréal-Express, 1979, 660 p.

LINTEAU, Paul-André, *Histoire de Montréal depuis la Confédération*, Montréal, Boréal, 1991, 614 p.

MARSAN, Jean-Claude, *Montréal en évolution*, Historique du développement de l'architecture et de l'environnement montréalais, Montréal, Fides, 1974, 424 p.

MARTINEAU, Denyse, *Juliette Béliveau. Sa vie. Sa carrière*, Montréal, les Éditions de l'homme, 1970, 200 p.

NORMAND, Jacques, *Les nuits de montréal*, Montréal, Éd. La Presse, 1974, 190 p.

OLIVER, Michael, *The Passionate Debate. The Social and Political Ideas of Quebec Nationalism 1920-1945*, Montréal, Véhicule Press, 1991, 284 p.

Opéras, sous la direction de GAMMOND, Peter, Paris, Fernand Nathan, 1981, 256 p.

PETRIE, Juliette et LECLERC, Jean, *Quand on revoit tout ça! Le burlesque au Québec 1914-1960* , Montréal (Québec), Montréal, Les Éditions Juliette Petrie, 1977, 224 p.

PINARD, Guy, *Montréal, son histoire, son architecture*, Montréal, Éd. La Presse, 1987-1991, 4 vol.

PLANTE, Pax, *Montréal sous le règne de la pègre*, Montréal, Ligue d'action nationale, 1950, 96 p.

PORTER, John R., *Légaré, Joseph, 1795-1855 – L'œuvre*, Ottawa, Musées nationaux du Canada, 1978, 158 p.

PRÉVOST, Robert, *Montréal, la folle entreprise. Chronique d'une ville*, Montréal, Stanké, 1991, 528 p.

RINFRET, Édouard-Gabriel, *Le théâtre canadien d'expression française*, Montréal, Leméac, 4 tomes, 1975, 1976, 1977 et 1978, xxxiv + 390 p., 404 p., 388 p., 338 p.

RIOUX, Marcel, *La question du Québec*, Montréal, L'Hexagone, «Typo», n° 9, 1987, 276 p.

ROBI, Alys, *Ma carrière et ma vie*, Montréal, Éditions Québécor, 1980, 156 p.

ROME, David, *The Yiddish Theatre* – «*The Adler*» Montréal, National Archives, Canadian Jewish Congress, 1987, 108 p.

ROME, David et LANGLAIS, Jacques, *Juifs et Québécois français* – *200 ans d'histoire commune*, Montréal, Fides, 1986.

ROSENBERG, Louis, *Canada Jews* – *A Social and Economic Study of the Jews in Canada*, Montréal, Bureau of Social and Economic Research, Canadian Jewish Congress, 1939.

ROSENFELD, Lulla Adler, *The Yiddish Theatre and Jacob P. Adler*, New York, Shapolsky Publishers Inc., 1988, 372 p.

ROUX, Jean-Louis, GARNEAU, Michel et HENDRY, Tom, *L'École. Le premier quart de siècle de l'École nationale de théâtre du Canada*, Montréal, Stanké, 1985, 204 p.

RUMILLY, Robert, *Histoire de la Société Saint-Jean-Baptiste de Montréal* – *des Patriotes au Fleurdelisé 1834/1948*, Montréal, L'Aurore, 1975, 564 p.

RUMILLY, Robert, *Histoire de Montréal*, 4 vol., Montréal, Fides, 1972.

SANDROW, Nahma, *Vagabond Stars* – *A World History of Yiddish Theater*, New York, Limelight Editions, 1986, 436 p.

SAINT-JEAN-BAPTISTE, *Processions de la Saint-Jean-Baptiste en 1924 et 1925*, Montréal, Beauchemin, 1926.

SAUVONS-MONTRÉAL, *Le Monument National*, Montréal, Sauvons Montréal, 1976, 12 p.

SEGEL, Harold B., *Turn-of-the-Century Cabaret*, New York, Columbia University Press, 1987, 418 p.

STODDART, Jennifer, et al., *La Glace est rompue*, Montréal, s. éd., 1973, 132 p.

TEMBECK, Iro, *Danser à Montréal. Germination d'une histoire chorégraphique*, Montréal, PUQ, 1991, 336 p.

VLACH, Milada, GALLICHAN, Gilles, et TESSIER, Louise, *Le droit de vote des femmes au Québec*, Montréal, Bibliothèque natioanle du Québec, 1990, 192 p.

WOLFFLIN, Heinrich, *Principes fondamentaux de l'histoire de l'art*, Paris, Gallimard, 1952, 282 p.

ZEIDMANN, Irwing, *The American Burlesque Show*, New York, Hawthorn Books Inc, 1967, 272 p.

Liste des principaux ouvrages consultés

ALBANI, Emma, *Forty Years of Song*, Londres, Mills & Boon Limited, 1991, 288 p.

AUCLAIR, Élie-J., *Figures canadiennes*, Montréal, Éditions Albert Lévesque, 1933, 208 p.

BAIL-MILOT, Louise, *Jean Papineau-Couture. La vie, la carrière et l'oeuvre*, Montréal, Hurtubise HMH, «Cahiers du Québec», 1986, 320 p.

BEAUCHAMP, Hélène, «La vie théâtrale à Montréal de 1950 à 1970: théâtres, troupes, saisons, répertoires», *Le théâtre canadien-français*, Montréal, Fides, «Archives des lettres canadiennes», tome V, 1976, 1004 p., [p. 267-290].

BENSON, Eugene et CONOLLY Leonard W. (DIR.), *The Oxford Companion to Canadian Theatre*, Toronto, Oxford University Press, 1989, 602 p.

BERNHARDT, Sarah, *Ma double vie*, Paris, Édition des femmes, 1980, 2 vol.

BERTEAUT, Simone, *Piaf*, Paris, Robert Laffont, 1969, 464 p.

BONVILLE, Jean de, *Jean-Baptiste Gagnepetit: les travailleurs montréalais à la fin du XIXᵉ siècle*, Montréal, L'Aurore, 1974, 254 p.

BLUMENSON, John J.-G., *Identifying American Architecture. A Pictorial Guide to Styles and Terms, 1600-1945*, New York, W. W. Norton & Company, 1981, 120 p.

BOOTH, Philip, *The Montreal Repertory Theatre: 1930-1961. A History and Handlist of Productions*, mémoire de maîtrise, Université McGill, 1989, 290 p.

BRUMATH, A. Leblond de, *Histoire populaire de Montréal*, Montréal, Beauchemin, 1913, 362 p.

CARON, Anne, *Le Père Émile Legault et le théâtre au Québec*, Montréal, Fides, 1978, 186 p.

CARADEC, François et WEILL Alain, *Le Café-concert*, Paris, Hachette-Massin, 1980, 190 p.

CASTELOT, André, *Sarah Bernhardt*, Paris, Librairie académique Perrin, 1961, 250 p.

COLLECTIF GRAP (GROUPE DE RECHERCHE EN ART POPULAIRE, MONTPETIT, Raymond dir.), *Sports et divertissements populaires à Montréal au XIXe siècle*, catalogue de l'exposition du 29 juin au 3 août 1976, Bibliothèque nationale du Québec, 28 p.

COPP, John Terry, *The Anatomy of Poverty: The Condition of the Working Class in Montreal 1897-1929*, Toronto, McClelland & Stewart, 1974, 192 p.

HARE, John E., «Le théâtre professionnel à Montréal de 1898 à 1937», *Le théâtre canadien-français*, Montréal, Fides, «Archives des lettres canadiennes», tome V, 1976, 1004 p., [p. 239-248].

HÉBERT, Chantal, *Le Burlesque québécois et américain*, Québec, Presses de l'Université Laval, 1989, 332 p.

IBERVILLE-MOREAU, Luc d', *Montréal perdu*, Montréal, Quinze, 1977, 184 p.

LAFLAMME, Jean et TOURANGEAU, Rémi, *L'Église et le théâtre au Québec*, Montréal, Fides, 1979, 356 p.

LAMONDE, Yvan, FERRETTI, Lucia et LEBLANC, Daniel, *La culture ouvrière à Montréal 1880-1920: bilan historiographique*, Québec, Institut québécois de la recherche sur la culture, 1981, 256 p.

LEGRIS, Renée, *Dictionnaire des auteurs du radio-feuilleton québécois*, Montréal, Fides, 1981, 200 p.

MAILHOT, Laurent et MONTPETIT, Doris-Michel, *Monologues québécois 1890-1980*, Montréal, Leméac, 1980, 420 p.

PALMIERI, *Mes souvenirs de théâtre*, Montréal, Éditions de l'Étoile, 1944, 116 p.

PRÉVOST, Robert, *Que sont-ils devenus?*, Montréal, Éditions Princeps, 1939, 124 p.

Index

Achevé d'imprimer
en juin 1993 sur les presses
des Ateliers Graphiques Marc Veilleux Inc.
Cap-Saint-Ignace, Qué.